現代政治の理論と思想

現代政治学提要

西川 吉光

学文社

は じ め に

　本書は，政治学の理論や主要な学説，それに西洋及び我が国における政治思想の展開と代表的な思想家の所説等を祖述し解説するとともに，併せて複雑多様化する現代世界において各国が直面している政治，社会上の諸問題及びそれに対する政治学の取り組みや課題解決のための学理的アプローチについて論及した小品である。

　全般の構成と内容を通観すると，まず前半の第1～3章においては，「政治とは」，あるいは「政治学とは何か」という基礎的な問いかけに始まり，学問としての政治学を習得するうえで必須不可欠な基本的知識や論点について，専ら政治過程論の手法と視点に拠りつつ説明を加えている。それに続く第4～5章は，政治思想史に掛るテキストとして編纂されている。西洋及び日本の政治思想の全てをこの小著の中で取り上げることは紙数の制約上到底不可能であるが，政治の学を思考し，現実社会の有り様やその将来像に思いを馳せる上で最低限これだけは知っておかなければならないと思料される国内外の枢要な政治思想・哲学について，その要諦を記述している。

　また第5章の後半部分では，戦後日本社会及び日本人の政治意識に対して問題の提起をなすとともに，今日の日本が置かれている政治や社会の閉塞状況を打ち破り，国や社会に再び活力を呼び戻し，さらにまた我が国が国際国家としての途を邁進していくためには如何なる政治的思惟が望まれ，かつ求められるかという課題についても言及した。

　そして終章においては，冷戦後のグローバルメガコンペティションの状況の下で，世界各国が等しく抱えている国民格差の拡大化問題をはじめ，コンピュータ技術に代表される各種通信手段の急速な発達やマスメディアの力が社会に及ぼす影響，さらには通信とメディアの相互関係及び両者の機能・役割の変質と変容といったテーマを取り上げている。そのうえで，政治がこうした重要かつ喫緊の諸課題にどのように対応し，如何なる処方を描くべきであるかについて論究を試みている。

本書は，主として大学の法学部や政治経済，国際関係学部等社会科学系の学部において初めて政治学や政治理論，政治思想史等を学ぶ学生を対象に書き下ろしたものであるが，公務員試験等各種試験をめざす人にとっての手頃な参考書となり，あるいはまた一般社会人の方が政治の理論や思想，それに国や社会が抱えている政治的諸課題を考える際のポイント等を要領よく理解できるようにも配慮を施した。なお終章については学部学生や初学者のレベルを越える内容も一部含まれているが，大意が伝わるよう努めて平易に叙したつもりである。

　読者諸兄が本書を通じ，政治の本質や政治学の知的パラダイム，政治を巡る内外の諸思想，思潮といったものを学び，政治への理解や関心がいささかなりとも深まることになれば，筆者にとってこれほど幸せなことはない。

　最後になったが，今回もまた学文社の三原多津夫氏には，本書企画の段階から上梓に至るまで終始多大な御支援と御厚情を賜った。この場を借りて厚く御礼を申し上げる次第である。

　2008年3月吉日

西川　吉光

現代政治の理論と思想
目　次

はじめに

第1章　政治と権力 ──────────────── 7
1　政治とは　7
2　政治主体としての国家　8
3　権力の概念　9
4　権力と権威　11
5　大衆社会と権力構造　12

第2章　政策決定の理論と現実 ──────────── 17
1　政策決定の諸理論　17
2　日本型政策決定の特性　22
3　心理的要因　28
4　組織的要因　35
5　時間的要因　44

第3章　政治制度と政治過程，政治文化 ────────── 53
1　制度的要因　53
2　規範的要因　63
3　社会的要因　66
4　物理的要因　88
5　国際的要因　89

第4章　西欧政治思想の発展 ──────────── 95
1　古代ギリシャとデモクラシーの起源　95
2　中世：キリスト教神学の政治思想　97
3　近世の胎動：絶対国家の理論　99
4　社会契約説と人民主権の理論　101
5　19世紀の政治思想　107
6　イデオロギーの時代と思想　114

第 5 章　日本の政治思想 ———————————————— 133

 1 江戸時代：統治・人倫の政治思想　133
 2 幕末の政治思想　143
 3 明治の思想：大権・国権・民権　147
 4 大正デモクラシーから大東亜共栄圏構想へ　153
 5 戦後の政治思潮　157
 6 日本政治思想の特徴　159

終章　政治学の現代的課題 ———————————————— 173

 1 IT の政治学　173
 2 自由と平等をめぐる政治理論　178
 3 日本的思惟と精神の新たなる作興　189

参考文献　　197

第1章　政治と権力

1　政治とは

　人は一人で生きていくことはできないが，他面，多くの人々がともに暮らす社会の中で自分の欲求や願望をストレートに実現することもまた不可能である。そのため古来より人間は，個人では果たせない数々の利益や価値の獲得をめざして様々な集団や社会システムの形成に努めてきた。こうした「目標達成のための協働の組織化とその活動」に政治の本質がある。アリストテレスは「人間は政治的動物(ポリス)である」と述べたが，国民国家に代表される主権国家の制度も町や村といったコミュニティも，ともに人間が持っている政治的属性が築き上げた産物に他ならない。

　ディビッド・イーストン（D. Easton）は政治を「社会に対する"価値の権威的配分"をめぐる諸活動」と定義する（『政治体系』）が，個々人の価値選択を寄せ集めただけでは共同体にとって合理的な社会的決定を下すことはできず，何らかの仕方で個人の価値選択の範囲を限定し，かつそれを一定の方向に収斂・志向させる必要が生じてくる。そのための一連の活動が「政治」であり，それは「社会を構成する個人や集団がめざす目標達成活動の過程で生じる意見や利害の対立を調整し，あるいはそうした調整メカニズムが機能するような社会秩序を形成，維持するための活動」と捉えることができる。そこでは討論や説得，駆け引き等あらゆる手段を用いて錯綜する価値や利益の調整・統合が図られるが，そのような利益統合のための錯雑厖大な通信と制御の過程を「政治過程（political process）」と呼ぶ[1]。

　さて政治をかように認識した場合，政治の概念に伴う幾つかの特性を指摘できる。まず，そもそも政治活動が必要となるのは個人や集団間で価値や利害が相違，対立するからであり，政治が社会における「対立」状況の存在と不可分の関係にあることが理解されよう。ドイツの政治学者カール・シュミット（C.

Schmitt) は，個人や集団相互における意見や利害の対立を重視し，「友と敵の区別」を政治概念の特性と考えた(2)。また複雑に入り組んだ利害の調整は容易な作業ではなく，そのための専門家ないしは調停者たる"政治家"の出現が必然となり，妥協や実現可能性が彼の専らの行動原理となる。もっとも政治家が調整活動を通じて達成すべき目標は，特定の個人・集団の私的な利益や価値ではなく，共同体全体の利益や価値でなければならない。アリストテレスは善き政治と悪しき政治のメルクマールとして共通善の実現をめざしているか否かを挙げたが，共通善の実現とは公益の実現に他ならない（公共性）。さらに"人が人を動かす"過程の介在が不可避な政治の世界では，力や権力が常に問題となる。マックス・ウェーバー（M. Weber）が「政治とは，諸国家間における関係であるか，一国内の諸集団の間における関係かを問わず，権力の分け前にあずかろうとし，または権力分配に影響を与えようとする努力である」(3)と定義するように，政治行為は常に力の追求とその行使をめぐって営まれる社会活動となる。

2 政治主体としての国家

　政治現象の発現場所に関して，これを国家に限定する立場（国家現象説）と社会集団にまで拡大して捉えようとする立場（集団現象説）がある。政治が人間集団に不可避の社会活動である以上，それは国家に固有の属性ではない。だが政治（politics）の語源がギリシャ語の国家（polis）に由来するように，これまで政治は専ら国家権力の問題として取り扱われてきた。そうした経緯もあり，本書では権力の究極の源泉である国家にかかる作用を考察の主対象とする。
　ウェーバーは国家を「ある一定の領域の内部で，正当な物理的暴力行使の独占を（実効的に）要求する人間共同体」と定義するが(4)，現代社会において「国家」という場合，それは近代国家，即ち，西欧で誕生し，絶対主義国家から発展をみた「国民国家」(nation state) を意味する。それは「人民」，「領土」，それに「主権」の3要素を具有する「主権国家」(sovereign state) でもある。主権とは国家権力の最高・独立性を示す用語で，フランスの政治思想家ボーダン（J. Bodin）によって体系的に論じられた概念である。国家だけが他の集団に優越する根拠は無いとする多元的国家論も存するが，国家と他の社会集団とは性格を

異にするものと一般には理解されている。

国家を政治的にどう捉えるかに関しては、個人に対する強制力発動の権限を有する国家に絶対的な意義を認め、他の社会集団や共同体の上位に位置づけるとともに、国家権力の倫理的意義を重視する一元的国家観(近代国家を理論づけたホッブスやロック、ルソーらの社会契約論者、国家を倫理的理念の現実態として評価したヘーゲル等)や、国家を支配階級による被支配者抑圧の道具と捉える階級国家観(マルクス主義者)、さらに一元的国家観とは反対に、国家もそれ以外の集団も同質の政治機能や権力を保持するとして両者を並列的に捉え、他の社会集団に対する国家の優位を否定し、特定の目的を持つ一集団に過ぎないとみる多元的国家観(ラスキ)等がある。

20世紀に入り、夜警国家から福祉国家、立法国家から行政国家へと国家の性格は大きく変化した。行政国家とは、統治の出力(執行)過程の担い手である行政が、同時に入力過程たる政治(国家の基本政策決定)にも進出して、そこで中心的な役割を営む国家を意味するが、こうした国家の性格変容は国家権力の拡大を伴う過程でもあった。多元的な国家観が生まれたのも、国家の機能・権限の拡大・膨脹に対して自由主義者が警戒感を働かせたことによるものであった。そして最近では"大きな政府"に対して"小さな政府"論が台頭し、また国際関係におけるアクターの多様化や主権国家システムに作用する求心力、遠心力の高まり等を背景に、相対的な視点から国家が把握される傾向にある[5]。

3 権力の概念

権力(パワー)は、政治学の最も重要な概念の一つである[6]。メリアム(C. E. Merriam)が指摘するように「権力は、何よりもまず集団の統合現象であり、集団形成の必要性や有用性から生まれるもの」[7]である。何故そのような統合が求められるかといえば、それは共同体の内外における利害の対立や紛争を調整する必要が生じるからにほかならない。権力は「単なる暴力のことではなく、法的社会的に組織化された支配力のことで、通常は社会心理的な拘束力として現れるが、それで効果がないときは、直接に物理的な強制力として発動される」(矢部貞治)[8]。マックス・ウェーバーは「権力とはある社会関係の中において、抵抗を排除してでも、自己の意志を貫徹し得る各々の可能性を意味する」も

国家に関する理論

	学説	内容
機能によるもの	夜警国家〔消極国家〕	国家の役割は国防と治安に限定されるべきとの資本主義初期の考え方。ラッサール〔独〕が19世紀的国家をこのように批判した。
	福祉国家〔積極国家〕	20世紀的憲法に表現された，国家は国民の生存権を保障すべきもの，福祉政策を行うことを国家の目標とした。
国家の起源によるもの	王権神授説	国王の権力は神から授かった神聖かつ絶対のものであるとして絶対主義を正当化。フィルマー〔英〕，ボシュエ〔仏〕
	社会契約説	社会は契約によって成立。**主権は人民**にある。市民革命の理念。ロック〔英〕，ルソー〔仏〕らが主張。
	国家征服説	国家は力の強いものが弱いものを征服することで成立。オッペンハイマー〔独〕
国家の本質によるもの	国家有機体説	国家は生命を持つ有機体であり，個人は有機体の機能を分担する細胞にすぎない。スペンサー〔英〕ら
	国家法人説	国家は法人としての主体である。主権は国家それ自体にある。ゲルバー〔独〕，イェリネック〔独〕
	階級国家説	国家は資本家階級が労働者階級を支配，抑圧，搾取するための暴力機構である。マルクス〔独〕，レーニン〔ソ〕
	多元的国家説	国家はさまざまな社会集団の1つに過ぎず，集団の利害対立を調整する役割を果たすことで優位性を保つ。ラスキ〔英〕，マッキーバー〔米〕

（出典）市村健一他編『詳説政治・経済ノート』(山川出版社，2007年) 3ページ

のと捉え[9]，ロバート・ダール (R. Dahl) は「Aの働きがなければBは行わなかったであろうことをBに行わせる限りにおいて，AはBに対してパワーを有している」[10]と定義する。モーゲンソーによれば，権力は「他の人の心と行動に対するコントロール」を意味し，政治的権力とは，公的な権力所有者間の，あるいは彼らと一般大衆との相互的コントロールの関係であること，国際政治と国内政治の本質はいずれも権力をめぐる闘争である点で同一であり，ただ一方は国内を舞台とし他方は国際的な領域で行われる違いがあるだけと主張する[11]。

　本書では権力（パワー）を「他者の行動を統制するための一国の一般的能力」[12]と定義し，それを潜在的権力 (potential power) と顕在的権力 (actual power) の2側面から眺める。顕在的権力は「他者の行動に直接影響を及ぼす力」であり，「影響力 (influence)」と称される。国家の影響力は，潜在的な力（一般

的能力＝国力）の存在を前提に，それを特定の政策遂行の手段として個別具体的な問題解決のために活用するもの，と捉えることができる。これは，権力に関する実体的側面（権力の基礎的資源，源泉に着目する考え方）と関係的側面（当事者間の影響力関係に着目する考え方）にそれぞれ対応している。

　例えば，ある男がピストルを用いて銀行強盗に成功したと仮定するならば，彼がピストルを利用して銀行員に影響を与えた行為とピストルそのものとが同義語ではないように，能力（ピストル）に基づいてはいても，能力それ自体と影響力とは別物なのである。しかも影響力はA⇨Bへの一方通行ではなく，A⇔Bであり，その大きさも相手との相関関係によって決せられることになる。さらに影響力が相手の我に対する評価である以上，自己が認識する我の力と相手が我を認識する力との間には差異も生ずる。クレデビリティの問題である。要約すると，影響力とは「手段」であり，それは「能力」に基づき，関係と過程を含む相対的な，また相手の評価の上に成り立ったものといえる。

４　権力と権威

　ある行為者が他の行為者の行動に影響を与える，言い換えれば権力者に対する服従や権力維持の契機となる手段は，「実力」を基礎とする強制や威嚇，「利益」を用いる約束や供与，「対話」による説得，「正当性」を基盤とした権威，それに「シンボル（象徴）」を利用しての操作に類型化できる[13]。このうち実力や利益を行使する場合は，発動（権力）者に高コストを強いるという問題がある。これに対し正当性とは，影響力を行使することが正しいと相手（服従する者）から認められることで，自発的な服従や行動を可能にする。そして正当性の信念が服従する者に植え付けられた時に，権力は権威となる。権威とは服従者の権力に対する自発的是認であり，権威の伴う権力ほど権力者の力の維持に効率的なものはなく，かつ権力関係は最も安定する。逆に権威の伴わないただの権力は，粗野な暴力的強制力に近接する。

　権力が権威を具有するには正当性によって基礎づけられなければならないが，マックス・ウェーバーは権力に正当性を付与する契機として，①カリスマ的正当性，②伝統的正当性，③合法的正当性の3類型を提示した[14]。カリスマ的正当性とは，カリスマ，即ち超人的資質があると信じられている権力者個人に

対する帰依に基づく正当性であり，宗教指導者（教祖）や予言者，軍事・政治的な英雄等がカリスマ的な指導者となることが多い。伝統的正当性は，権力者が則っている伝統や習慣の持つ重みに源泉を持つ正当性である。血統や家系の正当性を基に，祖先から受け継がれた習俗や掟に従って行われる家父長支配はその一例である。合法的正当性とは，権力者の命令・権限などの行使が秩序・制度・地位の合法性に基づく正当性で，カリスマ性や伝統といった非合理的・不安定なものではなく法に基礎を置いた継続・安定的な正当性といえる。近代国家における「法の支配」はこれに該たる。この3類型はあくまで理念型であり，実際社会の権力関係は各類型が微妙に入り交じり，相互補完的に支配・従属の関係を構成している。

最後のシンボル（象徴）を利用しての操作は，相手にその意図が察知されないように，あるいは従わされていることを意識させることなく，権力者の意志の方向に誘導する方法である。政治におけるシンボルは，眼で確かめることができない権力や国家，政治統合といったものを感覚的に表現し理解させる機能を持っており，国旗や国歌がその代表である。なお，政治作用の中心は権力現象だが，それに尽きるものではない。日本では政治を「まつりごと（祭事）」と称してきたが，それは様々な霊的存在への呪術的・宗教的儀式が国家の形成や社会共同体の統治に重要な役割を果たしてきた伝統に由来している。古代社会での祭政一致がそのまま現代政治に妥当するものではないが，政治には構成員間の精神的一体制や共同体への帰属意識，アイデンティティの醸成等非権力的な作用も含まれることを忘れてはならない。英国のウォルター・バジョット（Walter Bagehot）が『英国憲政論』（1867年）において，国家構造の実践的部分（efficient parts）とともに国家の存立に必要とした"尊厳的部分（dignified parts）"もこれに該たろう。

5 大衆社会と権力構造

財産と教養を備えた特権的ブルジョワジーが政治の主体であった18～19世紀の西欧諸国（近代市民社会）とは異なり，現代社会は旧来政治参加の機会が与えられなかった一般大衆も普通選挙の実現で政治過程に組み込まれるようになったことから，俗に「大衆社会」と呼ばれる。大衆社会では，ウォーラス（G.

Wallace)が『政治における人間性』において述べたように，非合理的な感情やムードが政治の方向を決定づける傾向が生まれ，また政治主体であるべき大衆が権力者による操作の対象となり易い。さらに政治的平等の理念が確立されたとはいえ，現実政治の場面では全ての人々が同様の影響力を発揮するわけではなく，政治決定により大きな影響力を持つ一群の人々（エリート）が登場してくる。

　大衆社会における権力分布の状況に関しては，相異なる二つの見方が提示されている。その一つはパレート（V. Pareto）やミヘルス（R. Michels），それにライト・ミルズ（W. Mills）らの立場で，政治社会は不可避的に権力を握る一部の特権的少数エリートと権力から切り離された大衆に分化するものであり，政治的エリートと大衆の距離は広がり，政治権力が少数のエリート（パワーエリート）に集中していると主張する（権力エリート論）(15)。イタリアの政治学者モスカ（G. Mosca）は「人間の歴史は多数者が少数者を支配する歴史ではなく，少数者が多数者を支配する歴史である」と述べたが，国家や政治体制に限らず，人間が作るあらゆる集団は支配の必要性からやがて寡頭政治的な形式をとり，その権力が少数者によって掌握・行使されるようになるのは時代や体制を越えた普遍的な現象ともいえる(16)。『パワーエリート』を著した社会学者のミルズはアメリカ社会を歴史的に分析し，政治家，財界人，軍人という極少数のパワーエリートが大衆支配を行っていると結論づけた。またハンター（F. Hunter）は『コミュニティの権力構造』を著し，アトランタ市における政策決定が一群の企業家によってなされていることを実証的に研究し，権力エリートモデルを検証している。

　権力エリート論に対し，リースマン（D. Riesman）やダールは，現代政治の特徴を一部の政治的エリートと大衆との距離が接近し，権力が様々な拒否権集団に分散したため，これまでのように支配者・被支配者の区別が曖昧化していると主張する（権力多元主義）。権力多元主義者は，特定の上流階級が存在することは認めるが，彼らが統一的な決定や意見によって政治を動かしている事実は無く，問題領域毎に政策決定に影響力を持つ人々や集団は異なっているとして権力エリート論に反論する。

　日本でも権力エリート論に依拠する立場から政財界の三位一体化が主張され，

一方の多元主義グループは政財官の三竦(さんすく)み現象や権力中空論と結びつきやすいが，権力エリート，権力多元論のいずれが真実というよりは，ともに大衆社会における権力と市民の関係を捉えたモデル（一類型）として理解すべきであろう。両モデルともアメリカの社会を前提に築かれたが，権力構造のあり様は国情によって異なり，モデルに合わせて現実を解釈する倒錯に陥ってはならない。日本の場合，出身階層の上下は問題とならず，入学試験をパスし学歴的価値を身につけることで比較的容易に支配階層の仲間入りを果たせる等社会的流動性は高く，権力エリート論者が想定する強固なエリート層を見出すことは困難である。他面，アメリカ的な多元論も，官僚主導の下に進められてきた産業政策や官民協調といった日本政治の特性を説明し尽くせないという問題がある（第2章参照）。

■注　釈
(1) 篠原一・永井陽之助編『現代政治学入門』（有斐閣，1965年）6ページ。
(2) 「敵は競争者，対立者一般ではない。敵はまた人々が嫌悪感をもって憎悪する私的対立者でもない。敵とは同様の人間集団に対立するところの，少なくとも戦うことのありうる，即ち戦う現実的可能性をもった人間集団に他ならない。」C・シュミット『政治の概念』田中浩他訳（未来社，2000年）。シュミットの影響を受けたムフは，種々の対立の不可避性を前提に，それが暴力的なものにならぬよう制御することに政治の本質があるとする。シャンタル・ムフ『政治的なるものの再興』千葉眞他訳（日本経済評論社，1998年）。
(3) マックス・ウェーバー『職業としての政治』脇圭平訳（岩波書店，1980年）10ページ。
(4) マックス・ウェーバー，前掲書，9ページ。
(5) 拙著『現代国際関係論』（晃洋書房，2001年）41～51ページ。
(6) 政治を利害者間の闘争であり戦闘であるとの見方に立てば，政治的実権を握る個人や集団が社会を支配し，自らの利益を引き出すための道具が権力ということになる。一方，政治を正義や秩序を行き渡らせるための努力と見る立場からは，権力は特殊な要求の圧力に対して一般的な利益や公共の福祉を保証するものと捉えられる。M・デュヴェルジェ『政治学入門』横田地弘訳（みすず書房，1967年）。
(7) C・E・メリアム『政治権力（上）』斉藤真他訳（東京大学出版会，1973年）22ページ。
(8) 矢部貞治『政治学入門』（講談社，1977年）16ページ。
(9) マックス・ウェーバー『社会学の基礎概念』阿閉吉男他訳（角川書店，1953年）第16節及び『社会学の根本概念』清水幾太郎訳（岩波書店，1972年）86ページ。
(10) R. Dahl, "The Concept of Power", *Behavial Science*, 1957, No.2, pp.202-203.
(11) ハンス・J・モーゲンソー『国際政治学Ⅰ』伊藤皓文他訳（アサヒ社，1963年）41ページ。

(12) K・J・ホルスティ『国際政治の理論』宮里政玄訳（勁草書房，1972年）256ページ。
(13) こうした諸類型から，権力をめぐっては当事者間に非対称的（一方的）・ゼロサム的な関係だけでなく，パーソンズやハンナ・アレントが指摘するように共同的・非ゼロサム的な関係も存在することが理解されよう。川崎修他『現代政治理論』（有斐閣，2006年）26～32ページ。
(14) M・ウェーバー『支配の社会学（1・2）』世良晃志郎訳（創文社，1960年）
(15) C・W・ミルズ『パワーエリート（上・下）』鵜飼信成・綿貫譲治訳（東京大学出版会，1969年）参照。
(16)「現実においては，組織された少数者が，ただ一つの衝動に従って，組織されていない多数者を支配するのは不可避である。いかなる少数者のものであれ，その権力は，組織された少数者の全体性の前に孤立して立ちすくむ多数者の中の各個人にとっては抵抗し難いものである。同時に，少数者が組織されているのは，まさにそれが少数者にほかならないからである。」ガエターノ・モスカ『支配する階級』志水速雄訳（ダイヤモンド社，1973年）57ページ。モスカと同様，ミヘルスも近代民主主義は組織の存在を抜きにしては語れず，また如何なる組織も少数の幹部に権力を集中させねばその規模を拡大することは不可能であるとし，組織的な要因から政治エリートが輩出すると主張した。ロベルト・ミヘルス『政党政治の社会学』広瀬英彦訳（ダイヤモンド社，1975年）。このほかエリート論には，エリート層と非エリート層の周流が社会の安定に繋がると説くパレートの理論等がある。

第2章　政策決定の理論と現実

1　政策決定の諸理論

　スナイダー（R. C. Snyder）は、政策決定（decision making）を「幾つかの社会的に限定された一連の手段の中から、政策決定者によって想定された未来の状況を実現すべく意図された手段を選択することに帰着する過程」とする。それは、状況を分析し、目標を設定し、その目標を実現する手段、方途を選び出し、決定する一連の活動である。もっとも、国家が決定するとはいえ、現実の決定は政治権力を行使する個人・集団が行うわけで、彼らを「政策決定者（decision maker）」と呼ぶ。政策決定者は通常その国の憲法や法律で定められており、最高決定者は大統領、首相、国王等国家の首長、元首であり、これに対外、軍事、経済、教育等各問題を担当する閣僚らが関与する。一般に政府の決定には議会が関与することが多い。さらに官僚機構は当然として、各種の諮問委員会や審議会、政策決定者の個人的ブレーン等も決定過程に与る。
　クルト・レビン（K. Lewin）は、人間行動を「環境（E）」と、欲求や信念等からなる「人間自身（P）」の二つの変数からなる関数であるというが、政策決定も決定権者たる個人（ないしは集団）と環境の相互作用によって生み出されるものである。その際、決定者を取り巻く一切の外部状況が環境であり、環境は国内環境と国際環境の二つに分けられる。環境は政策決定者を含めた政治システムに対し様々な拘束条件、課題、要求を提示すると同時に、財やサービスの提供、政権への支持等によって政治システムを安定させ、そのガバナビリティを支えてもいる。
　政策決定は、課題設定—政策決定—政策実施—政策評価—新たな課題設定、のフィードバック過程を辿るが、一連の政策決定を理論的、合理的に捉えれば、それは政策決定者が入手し得る全ての情報に基づいて状況を適切に判断し、最大の利益を最小のコストで獲得できる最適の選択肢を選び取る過程を意味する

(合理的政策モデル：rational policy model)。そこでは国家は単一のアクターであり，行為の一つ一つは何らかの明確な要求に合うよう巧みに定式化された目的から生じ，かつそれは当該問題に対する計算された反応である，との仮定が存在している。だが，実際の政策決定はこのように進むものではない。例えば，太平洋戦争開戦に際し時の首相東条英機は「人間たまには清水の舞台から眼を瞑って飛び降りることも必要だ」と語ったが，この言葉は日本の開戦に至る決定過程が既成事実への追随と欧州情勢に対する楽観的便乗論に支配され，対米英戦に対する合理的かつ明確なビジョンなど持ち合わせていなかったことを示唆している[1]。

現実の政策決定は，外部あるいは後世の観察者には不可解な決断としか映らないものが多いが，それは合理的政策モデルに対する不信表明でもある。合理的政策モデルでは，多くの選択肢の中からベストのオプションを選び出すという前提に立つが，実際には全ての選択肢が同時に検討の俎上に上るわけではなく，逐次の検討となるのが常である。その際，ある程度満足のいくチョイスに出会えば，最善ではなくともそれが採用され，以後思考停止となるケースも多い（満足モデル）。あるいは，現状を少しずつ改善していく漸増型の決定スタイルがとられる場合もある（漸増主義モデル）[2]。程度の差はあれ全ての政策決定は何がしかの不合理な過程を抱えているのが常であり，巨大な官僚機構の関与が決定に影響を及ぼす面も無視できない。

そこでグラハム・アリソン (G. T. Allison) は，合理的政策モデルに加え，組織過程モデル (organizational model) 及び官僚政治モデル (bureaucratic politics model) の三つのモデルを提起する。組織過程モデルとは，政策決定者を取り囲む官僚機構の惰性によって決定が下されるというものである。即ち，合理的政策モデルでは政策決定者は一人であるか，あるいは複数でも全員が対外政策の目的や達成手段について意見を同一にするとの仮定（単一アクター）の上に成り立っているが，現実の政府は半自立的で大規模な組織の緩やかな複合体である場合が多く，政府の決定は合目的な計算に基づく選択の産物ではなく，予め定められた行動の標準作業手続きに従い行われると説く。このモデルの特色として，以下の諸点が挙げられる[3]。

① 紛争の疑似解決……政府は当面する複雑な問題を複数の組織に細分化し

て配分する。各組織は自己の標準作業手続きに従って，自己に関連する問題にのみその関心を集中し，与えられた問題を処理する。これは組織の偏狭主義を助長し，全体的な見地からの問題の検討を困難にする。
② 不確定性の回避……組織は専ら解決の目途のつきやすい当面急の問題解決を優先させ，不確定で流動的な将来に関する長期的な問題への対応をためらう。
③ 問題に誘導された探索……組織は，問題が実際に発生した時点で初めて解決への始動を開始し，その際も全ての選択肢への考慮を行わず，一応満足のいく選択肢が見つかればそれで探索を止める。
④ 組織学習……組織は安全を志向し，新たな状況に対しても限定的な探索を通じて対応する。もっとも組織は積極的な解決への動機を全く欠いた反復体ではなく，大きな刺激（予算の大幅増，長期的予算の欠乏，業務遂行上の大失敗等）を加えられた時には，新たな対応を採る。ただし，それもやがて標準的作業手続きに組み込まれ，組織の惰性へと化していく。

組織過程モデルが官僚機構のルーティン化傾向を重視するのに対し，機構内部で展開されるバーゲニングに関心を向けたのが官僚政治（組織内政治）モデルである。これは，政府機構に属する異なった利害や関心，状況認識や影響力を持つ官僚達の駆け引きや妥協の中から決定が下されると考える。ここでのプレーヤーは政策決定に関与する諸個人であり，その行動はゲーム的状況を帯びる。つまり報酬（利益付与）から処罰（利益剥奪）に至るさまざまな手段，例えば命令や説得，取引や交渉，威嚇や仕返し等のテクニックが用いられ，その結果が政策となって表れる。このモデルでは国家の行動の源泉は国益ではなく，当該個人が政府機構内の中で占めている地位に由来する利益ということになる[4]。各プレーヤーの影響力は，以下の要因で決まる。
① 情報を操作処理し得る範囲や能力
② 政策決定の最高位にあるトップリーダーとの信頼関係
③ 当人の専門的能力や当該事案に対する積極的姿勢の度合い
④ マスコミや世論等政策決定機構外からの支持動員能力等の有無

例えば，キューバ危機におけるケネディ政権の対応（米ソ間のエスカレートを招くこと無くソ連製ミサイルを撤去させるため，キューバ爆撃のオプションをとらず隔

離政策を打ち出した）を合理的モデルから捉えれば，隔離政策が最も適した方法であるとの合理的判断が下された結果と解釈されるが，官僚政治モデルでは，エクスコム内部における基地攻撃派（主として軍部強硬派）と隔離を主張する柔軟派の激しい対立，駆け引きの帰結とみなされる。

　もっとも，現実の政策決定には種々の要因が複雑に作用しており，アリソンの3モデルだけで分析し尽くせるものではない。近年では多くの決定モデルが提起されており，例えば，曖昧性下での政策決定モデルとしてオルセン（M. Olsen）やマーチ（J. March）らが唱えるゴミ箱理論（garbage can model）もその一つである。同理論は，決定は合理的なプロセスの産物ではなく，問題点と解決策が無秩序に混在する「ゴミ箱」の中での流動的な選択に過ぎず，「選好に基づいて行動するよりも，行動に基づいて選好する」と見るアプローチである。政策決定に参加する人々は予め選好の基準となる目標を明確に定義づけるようなことはせず，むしろ何を達成するかを曖昧にしておき，自らの行動や選択に柔軟性を持たせ，合意の得やすい状況の下で決定を行い，他人との対立や責任追及を回避するものだと考えるのだ（組織化された無秩序）[5]。そもそも実際の決定過程では，決定者が環境の変化に対応して行動を起こすとは限らず，環境の変化を認知しない場合，知覚してもそれが自分の価値や計画に影響があるとは評価しない場合，さらには行動を起こしても変化に対応できないと諦めて何の決定もせずに終わる場合もある。そのうえ，決定者は常に不完全な情報に基づいて選択しなければならない環境に置かれているものだ。

　そこで，政策決定の合理・非合理性を理解するには，政策決定者の決定に影響を与え，あるいは彼を拘束する多様な要因の存在に目を向けねばならない。スコット（A. M. Scott）は，決定を非合理化するファクターとして以下の項目を挙げる。

① 決定者の目的が極めて不明瞭ないし不明確なので，その目的を有効で実際的な決定に移しかえることが困難である
② 社会の慣習的な態度と展望によって，ある政策選択肢が締め出される
③ 実際の決定が包括的名目的に適合しない
④ 政策間で対立があり，全体の結果が合理性を欠いている
⑤ 政策決定者が，社会全体の利益とは全く別個の利益を追求する

⑥ 政策決定者が賢明な決定を下そうとするが，それに対して国民の十分な支持を得ることができない
⑦ 政策決定者間の意見の相違と軋轢によって，常軌を逸した決定が生まれる
⑧ 考えられる全ての選択肢が決定者の視界に入るとは限らない
⑨ 状況があまりにも複雑であるために，決定者集団はそれを十分に理解することができない
⑩ 決定者の個人的偏向によって，当然考慮されるべき選択肢が排除されてしまう
⑪ 決定者がある問題にあまりにも感情的に関与しているために，効率的に仕事を行うことができない
⑫ 賢明な決定をなしうる許容量以上の決定をある一定期間内に下すよう決定システムに要求されるため，過重負担になる
⑬ 情報過多
⑭ 政策決定システムの中には，当然記憶すべきことを記憶できなかったり，過去の経験から教訓を学ぶことができないことがある
⑮ 人的・機械的不首尾によるコミュニケーションの不完全さあるいは崩壊
⑯ 不十分な情報に基づく決定
⑰ 誤った情報に基づく決定
⑱ 正しい情報が誤って解釈される
⑲ 政策決定システムがいろいろな形で不完全機能を起こし，曲解や行き詰まりを生む [6]

ケネディ大統領の補佐官だったソレンセンも，大統領の決定を拘束する要因に，①その行動が容認される範囲，②採りうる手段の制約，③与えられている時間の制約，④過去の公約の束縛，⑤入手し得る情報の制約の五つを挙げる [7]。スコットは正しい認識を妨げる障害要因を，主観的要因，一般的文化要因，制度的及びコミュニケーション要因の三つに分類する。主観的要因とは，個人の経験・経歴，性格，欲求，持っている情報やそれを適切に解釈する能力，一般的文化要因は，当該国家に対し他国が持っているステレオタイプやナショナリズムを指す。制度的・コミュニケーション要因には組織によって教化された態度や価値，情報や意見の流れの影響，諸手続きのインパクト等が含まれ，これ

らは相互に作用しあうと説く。

ホルスティ（K. J. Holsti）も，政策決定に影響を及ぼす多様な要因を「状況の定義」という概念で捉え，次の七つに纏めている。
① 目的の優先順位及び政策決定者のイメージ，価値，信条，人格あるいは政治的要求
② 国際体系の構造と状況
③ 国家的役割
④ 国内的要求
⑤ 能力
⑥ 一般的な社会的価値と世論や特定の集団の利益
⑦ 組織的要求と価値と伝統[8]

本書では，一国の政策決定にかかわる活動を「政策決定過程」とそれを取り巻く「環境（国内・国外）」に大別するとともに，それぞれに影響を及ぼす要因を，
政策決定過程：①心理的影響要因，②組織的影響要因，③時間的影響要因環境
国内環境：④制度的影響要因，⑤規範的影響要因，⑥社会的影響要因，⑦物理的影響要因
国際環境：⑧国際的影響要因

と，8つのファクターに分類して考察を進めていく。なお国内，国際の各環境が相互不可分となりつつある状況では，国内政治の国際政治化，国際政治の国内政治化という連繋現象が進展している。マニング（B. Manning）はこれをインタメスティック（Intermestic: International Domestic の合成語）の時代と名付け[9]，ローゼナウ（J. N. Rosenau）は連繋政治学（リンケージ・ポリティクス）の枠組みから把握しようとする。国内・国際両政治の境界が不鮮明化し，相互浸透作用が増大している複雑な現実には十分留意しなければならない。

2　日本型政策決定の特性

日本における政策決定の主体は内閣総理大臣及び各閣僚だが，それに与党指導者，官僚上層部，財界指導者の3集団が随時決定過程に関与し，あるいは影響力を行使する（三脚柱システム）。ただし各柱は決定過程と結びつくチャネルの太さ，相互作用の頻度や影響力の強度，演ずる役割の大きさにおいて均斉

第2章 政策決定の理論と現実　23

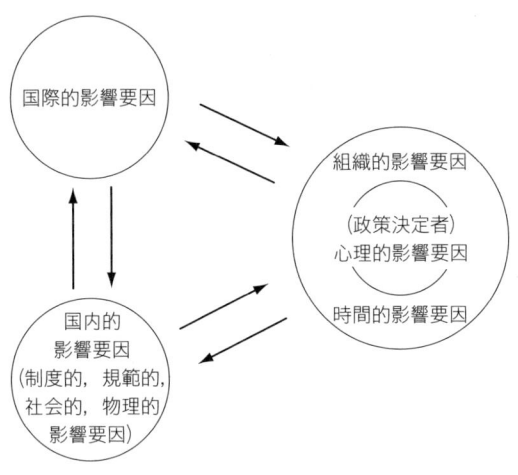

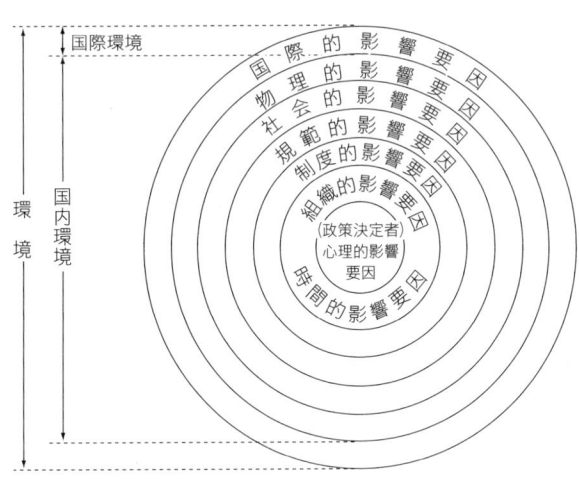

政策決定に影響を与える諸要因

的ではなく，一般には官僚機構が主脚柱でこれに与党が続き，（本来は圧力団体の立場にある）財界が最も細い非均斉的なシステムを形成している[10]。日本型政策決定システムの特徴としては「タテマエと本音の分離」，「集団調和主義」，そして「官僚主導」の3点が挙げられる。修正主義者のウォルフレン（K. van Walfren）は，日本は西欧的な主権国家でもなければ市場経済も存在せず，異質な非公式システムによって社会が支配されていると指摘するが，我が国の場合，国家・社会の基本的枠組み（理念型：タテマエ）は諸外国から導入しつつも，潜在的あるいは水面下で在来の日本的システムが"ホンネ"として機能し続ける。それは，社会の根本秩序をなす法規範においてもしかりである[11]。このシステムの二重性がウォルフレン的な批判を引き起こす一因となっているが，集団主義に慣れ親しんだ日本人相互の間ではタテマエとホンネの併存，矛盾は織り込み済みなのである。

次に集団調和主義であるが，利害対立の存在を前提に，政治的リーダーシップの発揮によってそれを調整し共同体の健全な運営を図ることが政治本来の任務である。しかるに我が国では共同体構成員間の調和や協調を重視し，利害対立の不在を理想化し，対立があってもそれを無いものと擬制して共同体運営が行われることを意味する（満場一致主義）。例えば裁判制度が日本の社会で一般化しないのは，それが紛争や対立の存在を公然の前提とし，当事者の内面的な意志とは無関係に，訴訟ルールの巧みなゲーム的操作によって正否を明白化させることを日本人は嫌うからである。善と悪，主体と客体という西洋的二元対立の概念や思考パターンの不在がその根底にはある。

「政治は決定であると言われるが，日常の経験で決定を実感できる場面は，今日あまり存在しない。決定が何時なされたか，殆ど分からないケースばかりで，決定がなされたけれども，事態は変わらぬということも多く，決定が無いのに事態はおし移ってしまう場合も少なくない。……このようなことになぜなるのかといえば，……自己主張よりも全体の纏まりを重んずることになり，異化よりも馴化を優先する「馴成社会」であるからである。」[12]

没我状況的で調和優先の日本社会の政策決定にあっては，"対立の事前回避（半強制的全員一致）"やムード，その場の雰囲気への追随（山本七平のいう"空気"の支配），さらに"リーダーシップの欠如"といった現象を招来し易く，そ

れは決定における"非政治性"あるいは"非権力性"と言い換えることもできる[13]。先のウォルフレンは『日本権力構造の謎』の中で、「日本は、責任をもって政治的決定をできる権力中枢が存在」せず、政財官界などの半自治的なグループ間のパワーバランスによって政治が運営されており、しかも各グループは究極的な責任を負わない無責任体制」だと述べている。河合隼雄は日本神話の内容を基に、政策決定機構の中心に絶対的な権力が存在せず、その回りの勢力均衡と調和によって決定がなされるという「中空構造論」モデルを提唱している[14]。

「政治家は官僚には強いが財界(人)には弱い」、「官僚は財界(人)には強いが政治家に弱い」、さらに「財界(人)は政治家には強いが官僚には弱い」という三竦みの相互依存関係の存在や、与党、官僚機構、政府の三位一体化が指摘されるように、我が国の政策決定や権力の構造を見た場合、トップリーダーの強力な指導力の行使というよりも、三脚間の相互依存的関係の中から決定が熟柿的に醸し出されるケースが多い。かような決定のメカニズムは、第一の特性故に法規範や明示されたルールに根拠を持たず、伝統や慣行に由来するため、外部からは不明瞭不透明に映り、また責任の所在が不明確で、無責任体制の誇りを招きやすい。

第三の指摘である官僚主導の特性だが、日本の政策決定過程において官僚が果たす役割の重大性を見落とすことはできない。チャーマーズ・ジョンソン(C. Johnson)は日本の官僚機構を特徴づける四つの要素が奇跡的な戦後の経済発展を可能にしたと指摘する。

① 公共政策の形成と実施におけるジェネラリスト集団を中核とするエリート官僚層の存在
② 官僚がイニシアティブを握り、効果的に行動できる政治体制の存在……立法・司法部門は、"安全弁"としての機能に限定され、また君臨と統治は分離され、政治家は君臨するが、官僚が統治する
③ 行政指導に代表される官民協調方式の存在……国家が持続的発展のために経済に介入しながらも、国家が一方的に優位に立つのでもなく、逆に民間企業が優位に立つのでもない市場調和的国家介入の実施
④ 経済発展についての水先案内人的機関の存在……通産省(現経済産業省)など

政財官の三竦みや三位一体化論と官僚優位論とは相互に矛盾するように見えるが，政治家によるトップダウンの決定が少ないわが国にあって，官僚が種々の利害の事実上の総合調整や政財界の取り纏め役として機能してきた実態があり，ただその際，彼らは決定過程の表面には決して立たずあくまで黒子として振舞うがために，責任所在の不明瞭さや権力構造の中空構造化が論じられるようになったのである。こうした日本的な官僚機構の特性を猪口孝は官僚的包括多元主義と名づけたが，これは欧米に見られる権力や統治の構造とは異質な類型である。

さらに我が国官僚機構における稟議制度やセクショナリズムの強さ等も日本政治に影響を及ぼしている。まず稟議制度とは，案件について課長等の管理者ではなく，その部下たる下位者が起案し，一定の文書による記載，捺印の形式でそれが関連部門を回議され，順次，階級制を上昇して上司の決済が得られる一連の手続きである。このシステムでは，全員が決定過程に参加し得ること，ライン部門が管理者のスタッフ機能としても働くこと，関連部門に情報が周知徹底されやすいこと，回議により決定前の調整が可能となること等の利点がある反面，最終的決定に至るまで長時間を要すること，下位者からの積み上げ方式のため上位者のリーダーシップが弱まること（下克上的意思決定の蔓延），各自の権限と責任が曖昧化すること，文書による回議のため文言解釈がまちまちとなったり，文言上の"テニオハ調整"や"美辞麗句的玉虫色解決"が先行し実質的な調整が伴わないといった弊害が多い。

セクショナリズム（割拠性）が強くなるのは，もともと官僚は専門的立場から自己の所掌権限あるいは所属する組織本位で思考・行動し，大局的観点から行動することが少ないからだ。自らの組織防衛の意識に加え，各官庁・部局には圧力団体や党派の利害も密接に絡んでいるため，ともすれば既得権の維持に固執し，現状改変は容易でない。自民党政務調査会における部会や法案を審議する国会の常任委員会も官庁別に組織されている。官僚は国家公務員といいながらも各省庁によって採用され，その任命権者は各省庁大臣であるため，公務員の所属省庁への帰属性は自ずから強まる。エリート官僚や各省庁の中枢に位置する官僚ほど，所属する組織への帰属意識や忠誠心は高い。

旧憲法下の内閣制度では，首相は同輩中の首席に過ぎず，各大臣は平等で，

首相は他の大臣を指揮監督することができなかった。さらに内閣には連帯責任制がとられず，各大臣が天皇を単独で輔弼することになっていたから各省の独立性は強かった。これに対し現憲法の内閣制度では首相は他の大臣より強い権限，地位を有し，内閣は連帯性を持つようになった。しかし実際の内閣は派閥や諸勢力の均衡の上に成立するのが常で，大臣の交代も激しい。これでは大臣が自らの省庁を統括することは難しく，逆に大臣が省庁の利益代弁者になりかねない。閣議が利益代弁者の寄り合い所帯に堕すれば，政府の意思決定や方向づけを妨げる場と化し，内閣は何らの指導力も発揮できない。一省庁の内部では上位下達の原理から調整はできても，省庁相互は対等で，そのうえ日本的な蛸壺的セクショナリズムが強く働くため，省庁間の対立を官僚機構の枠内で調整することは不可能に近い。高度成長期にはパイの拡大が見込めたから，利益の拡散配分によって妥協を図り，あるいは問題を糊塗できたが，低成長の時代にはパイの争奪戦が激化し，政策に方向性を打ち出すことは難しい。

　政治主導によって行政の凝集性を高めるには，内閣総理大臣が強力なリーダーシップを発揮するとともに，内閣の総合調整，指導機能を強化する必要がある。例えば，従来内閣を構成する職員は各省庁から派遣される出向官僚で充てられてきたが，ともすれば彼らは自らの出身官庁に目を向け，内閣のために仕事をするというよりは逆に親元の省庁に官邸の動きや情報を提供する連絡役となりがちで，大局的な見地に立って総理大臣を補佐することは望み難い面があった。こうした弊を是正するため，内閣は既存の官僚機構に頼らず，政治的任用の活用によって民間や学界から優秀な人材を確保する等自らの手でスタッフを整備すべきである。また全省庁の予算や人事権を内閣が直接掌握することも肝要だ。さらに閣僚の任命に際しては人材を厳選し，かつ長期間大臣職を継続させることで，省庁に対する政治的統制力を高める必要もある。左上がりの持続的な成長路線が望めなくなった以上，無駄を省きメリハリの効いた効率的な行政の執行は時代の要請であり，そのためには半ば自立的な省庁が互いに牽制鼎立しあう八ヶ岳型の官庁構造を改め，内閣が主導する富士山型の集約的な体制に再編成しなければならないのである。

　ところで，日本にパワーエリートは存在するであろうか。我が国の政財官界にも一定の同質性が見出せるが，それは欧米のような出身階級や出身地域，所

属宗教団体等に関わるものではなく学歴である。身分や出自，親の職業には関係なく，誰でもいわゆる難関大学を卒業すれば各界におけるエリートの卵として遇される。幹部候補生に対する組織の期待は高く，それが彼らの勤労意欲を向上させる。また若い頃からジェネラリストとして組織中枢での勤務体験を与えられ，幹部の目にとまりやすいため抜擢の機会にも恵まれる。しかも大学同窓の絆が各界横断的に張り巡らされ，それが相互調整の潤滑油として機能するため，調整力の高さあるいは人脈の強さとして本人の能力評価にプラスに働き，結果的に彼ら学歴エリートが各界の要職を独占する傾向が生まれる。

　こうした学歴主義は，欧米社会以上に本人の能力に基づいた徹底したメリットシステムとして働き，また立身出世機会が平等に保障されている点では評価できるが，反面，実力よりも学歴，点数優先主義と堕しやすい。また学歴エリート間の競争が激しく昇進には減点主義の論理が働くため，保身の術の産物として現状維持の政策を生みやすい。さらに青年期のたった一度の選別が終生にわたる評価基準として固定化する弊害もあり，新たな時代を乗り切るための大胆な発想やビジョンの豊かさ等国家転換期に必要とされる人材の確保という面では問題も大きい。

③　心理的要因

　理論的には政策決定を取り巻く環境は無限大であり，決定者はあらゆる外部状況の変化を把握せねばならないが，現実に彼が政策判断を下す際の前提となるのは，あくまでも自己が認知した環境であり自然状況そのものではない。政策決定者が誤った情報に頼るか，手掛りを誤解するか，あるいは自分の好みに合うようにメッセージを解釈すれば，彼が心に描いた環境（それに従って彼は行動する）は真実の環境とは全く異なったものとなる。スプラウト夫妻（H.&M. Sprout）は前者を「心理的環境」，後者を「実践的環境」と呼び，心理的環境が決定者によって知覚される決定の限界であるのに対し，実践的環境は「全知の観察者」によって知覚され，可能な効果的行為の限界を規定するものとする[15]。

　グリンスタイン（F. I. Greenstein）らはサイコポリティクス（精神政治学）を提唱するが，実際の政策決定は実践的環境が心理的環境によって制約された中で下されることになるわけだ。心理的環境を規定する要因には，決定者の持つ

イメージ体系 (image system) 及び信条 (あるいは価値) 体系 (belief system) が挙げられる。政策決定者は国内的環境と国際環境における事象についての情報を受けるが，それを自らのイメージ体系と信条体系の濾過器を通すことによって，自分なりに状況を考察把握し，採るべき政策を決定するのである。それ故，政策決定に携わる人数が少ない程，彼らのイメージや信条，個人的性癖等が決定

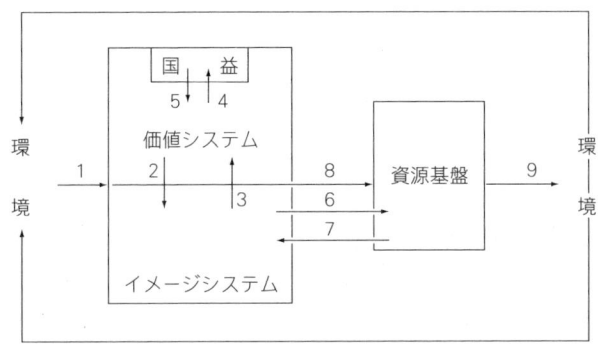

政策決定のプロセス

に及ぼす影響は大きくなる。政策決定のプロセスは図及び次の通り。

A：環境の変化を政策決定者が知覚する (→ 1)
B：政策決定者のイメージシステムは価値システムに影響され，反対に価値システムもイメージシステムによって影響される (→ 2, 3)
C：政策決定者の国益認知プロセスは，彼の価値システムに影響し，また，この価値システムは国益をどのように捉えるか，という際に影響を及ぼす (→ 4, 5)
D：政策決定者は状況に関して彼らが抱くイメージや価値，国益認知に加え，資源基盤に対する考慮を行う (→ 6, 7)
E：政策決定者による決定 (→ 8) は，国家の資源基盤を利用して実施に移され (→ 9)，そして国内外の環境にインパクトを与える。
F：この行動によって，循環はまた新たに始まり，再び決定者のイメージ体系，価値体系は環境から刺激を受ける (→ 1)

● イメージと信条

　人間は，自己を取り巻く環境へのイメージに従って行動するものであり，政策決定者といえどもそれに変わりはない。イメージとはケネス・ボールディング (K. Boulding) によれば，「人間の持っている主観的知識」であり，その人の過去経過の総合的結果として出来上がる。チャールズ・マクレランド (C. McClelland) はイメージを「幾つかの事実を他のものよりも容易に記録することを可能にさせる精神的かつ情緒的な一種のフィルターであり，人間と外界との間に位置する」[16] ものと定義する。人は環境に反応しているつもりでも，実際には環境に対する自らのイメージ（ウォルター・リップマンはこれを偽の環境と呼ぶ）に反応しているに過ぎない。

　時間の不足，誤報，助言者の欠如や情報源の不足等政策決定者を取り巻く情報の流れは，物理的な障害や限界を伴っている。変形しさらには手垢のついた情報に決定者の価値，信条等主観的なフィルターが付加されるため，彼の抱くイメージは常に現実とは大きく異なるのである。またイメージは一度形成されると固定化し，修正が効き難い（イメージの恒久性）。それ故イメージは絶えず out of date なものとなり易い。また人は自分の予期したように物事を認識し，解釈したがる傾向 (cognitive consistency) を持つため，新事態への対応やデータ，情報の選択に際しても，自己の既存イメージに合致するように解釈し，あるいは合致する情報だけを選びがちとなり，益々歪みを大きくしてしまう。

　新たな情報に接し，既存イメージを如何に柔軟に修正し得るかという点で，イメージはオープンイメージ (open image) とクローズドイメージ (closed image) に分けられる。オープンイメージとは，既存イメージが外的環境に合致するよう柔軟に修正され得る場合をいう。クローズドイメージはその逆である。具体的なイメージがオープンかクローズドかは，人により事案により相違する。O・ホルスティ (O. R. Holsti) は，1953年から59年にかけてのダレス国務長官の議会証言や演説434件を収集し，それを基に彼の対ソ認識を分析した。それによると，ソ連の国力や政策に対するダレスの敵対度認識は時とともに一連の変化を示したが，ソ連に対する一般認識だけは他の指標とは歩調を揃えず終始一貫低数値，つまり悪いままで推移し，ダレスの対ソイメージが5年間クローズドであったことを証明した。一方1971年から76年にかけて国家安全保

障補佐官や国務長官を務めたキッシンジャーの発言を分析したH・スター（H. Starr）の研究では、個別事案に留まらずソ連に対する一般認識もその都度柔軟に修正されており、キッシンジャーがソ連に柔軟かつオープンなイメージを抱いていたことが示されている(17)。さらに、イメージは物事を認識するに際して、それを単純化して捉える傾向を助長する。イメージが機能的であるためには簡便さが必要だからだ（ステレオタイプ）。

なお、人は「在る」ことについてのイメージばかりでなく、「在るべきこと」についても自分なりの認識を持っている。それが信条体系（belief system）である。イメージ体系が、ある事物が如何なる状態に在るか、あるいは在ったか、ないしは在るだろうかといった事柄に関する主観的知識の体系であり、物事に対する価値判断を含まないのに対し、信条体系とは物事が「どう在るべきか」に関する主観的知識の体系であり、価値の体系とも呼べる。政策決定にあたっては、イメージと並んで、決定者自身の価値観も影響を及ぼすのである。価値とは、躾、さまざまな集団の中での政治的社会化、訓育と個人的経験の結果であり(18)、自身の行為と他人の行為を評価する際の基準となるものである。この他、その地位から生じる役割（role）認識も決定者を拘束する。決定者が自己の役割をどう考えるかであり、その地位、立場からくる役割が決定者個人の信条と矛盾齟齬を来す場合もある。

● 歴史的類推

政策決定者は、他の政策決定者が過去に行った決定を参考に、それを現下の事案に類推適用することで不確定性の減少に努めるケースが多い。英国のイーデン首相は、1956年の中東におけるナセルの行動を1930年代のヒトラーの政策と非常に類似したものと認識し、チェンバレンの宥和政策失敗の轍を踏まぬためには武力の示威こそが唯一の対処法と考えてエジプトへの英国軍の侵攻を決断した。ベトナム戦争の際には、アメリカの政策決定者の脳裏に、当時（1960年代）の東南アジアの姿とやはり30年代のヨーロッパがオーバーラップしていた。第2次世界大戦後、ソ連の中東、東欧への勢力拡大にアメリカが強い態度で臨んだのも、アメリカの政策決定者がスターリンとヒトラーを重ね合わせていたためだとアーネスト・メイ（E. R. May）は指摘する。

「かってアメリカ政府が、ファシストやナチの行動をアメリカの安全保

障を脅かすものとみなしてこなかったのは誤りであった，という考えである。この考えに従うなら，第2次世界大戦が不可避になったのは，西欧民主主義諸国がファシズム諸国家の膨脹主義的攻撃性の持つ脅威にすぐ気づかず，しかもその脅威が顕在化し始めた時にもそれに抵抗し得なかったからだということになる。だから，一度トルーマンの側近達が1940年代の事態の展開を，30年代のそれに類似したものとみなし始めた時，彼らは30年代の教訓を40年代に適用し，かっての膨脹主義国家に対して前任者らがとるべきだったと自分達が考えている態度を，今こそとるべきであると決意するに至ったのである。」[19]

朝鮮戦争勃発の時も，トルーマン大統領は1930年代の類推から米軍の即時介入を決意している。

「私の世代において，この事件は強者が弱者を攻撃した最初のことではなかった。私は満洲，エチオピア，オーストリア等の幾つかの前例を思い出した。どの場合にも，如何に民主主義国の行動が不味くて，侵略者に機先を制されたことか。朝鮮における共産主義体制は，ちょうどヒトラーやムソリーニや日本人が10年，15年あるいは20年前に行動したと同じように動いていた。もし韓国が陥落するのを許せば，共産主義者達はこれに勇気づけられて，アメリカの海岸により近い諸国まで蹂躙するようになるだろうと考えた。」[20]

1930年代の教訓は，戦後の政策決定者の判断を強く拘束したのである（ミュンヘンシンドローム）。

● パーソナリティとリーダーシップ

パーソナリティとは一個人の特徴であり，その人間を独自のものとする生得的及び獲得的な心的属性の全体である。また，政策決定者が如何に偉大でも，彼一人で諸事を成し遂げることは不可能だ。そこで決定者と彼を支持・協力する者との関係，つまりリーダーシップが問題になる。リーダーシップとは，集団内部の構成員の動機づけを強化し，その能力の最大限発揮によって集団目標の達成をめざすために，指導者（リーダー）と追随者（フォロアー）の間に形成される影響力の過程を意味する。リーダーシップは指導者の統率力（指導力）と理解され易いが，これは正しくない。それはリーダーシップの基礎にはなり得て

もリーダーシップそのものではない。リーダーシップはあくまでもリーダーとフォロアーとの間の影響関係を意味し、またフォロアーへの力による強制や不本意な服従の強要は含まず、自主・自発的な協力関係の存在が前提とされる。

リーダー及びリーダーシップ本来の機能は目標の達成にある（目標達成機能）が、そのためには集団を維持しその力を教化する役目も必要となる（凝集化機能）。ウィナー（N. Wiener）らの研究によれば、リーダーシップ行動のうち目標達成機能は全体の 9.8 ％に過ぎず、90％以上は仲間への配慮や組織作り等凝集化機能に向けられている。リーダーシップには様々なタイプがあり、例えばこれを「代表的リーダーシップ」と「創造的リーダーシップ」に分類することができる。前者は当該集団の利害を代表し、あるいは集団の期待を象徴する人物が発揮するもので、安定した政治社会で成立する典型的なリーダーシップである。後者は従来の価値体系そのものの変革を意図することによってリーダーシップを獲得するもので、カリスマ的指導者が発揮することが多い。ホワイト（R. K. White）らが少年集団を用いて行った実験では、専制的、自由放任的、それに民主的リーダーシップの３種類のうち、専制的リーダーシップは、仕事量は最大だが強制された義務感によるものでフォロアーの満足感に乏しく、リーダーに対する攻撃性が増大する。他方、自由放任では欲求不満と分裂が助長され、自発性と協力を生み出す民主的リーダーシップが最も大きな作業効果を得られることを明らかにした。

ところで、ラスウェル（H. D. Lasswell）はパーソナリティやリーダーシップの特色から人間を煽動家、行政家、理論家の３タイプに分類する。煽動家タイプは他人の情緒的な動きに鋭敏で極めて自己陶酔が強く、雄弁あるいは文筆の技能を発揮して情緒的反応を掻き立てることに長けたタイプで、危機や革命的状況に適した性格である。行政家タイプとは、公に規定された枠内で活動をスムーズに運営させることに長じたタイプをいう。理論家タイプとは、観念や思想を操作する才能を持つ者のことである。これらは理念型であり、現実の人間は各要因を複合的に併せ持っている。性格とその者が属す組織とは別だから、官僚の全てが行政家タイプではないし、煽動家タイプが皆政治家になっているわけでもない。またスタインブルナー（J. D. Steinbruner）は行動の大枠を形作る思考様式に着目して、条規型、理論型、ノンコミットメント型の３分類を提

唱する。条規型とは，所与の規制や条文等で枠づけられた思考と行動しかできない融通性の乏しいリーダー。ノンコミットメント型は条規型とは反対に行動の幅が広く，状況の変化についてのフィードバック情報に敏感に反応するタイプで，一旦約束したこともその後の変化でコミットを拒否する横暴さが発揮されるタイプ。理論型は何らかの体系化された理論や原理を持ち，それに固執するタイプで，変化しつつある現実やデータよりも既にある理論からの演繹を優先させる[21]。

さらに戸川猪佐武は，政治家をイデオロギー型，軍事独裁型，事務管理（行政官）型，政略型，開発型の五つに分類する[22]。イデオロギー型リーダーシップの政治家とは，精神的・情緒的なものやイデオロギー的権威を源泉にリーダーシップを発揮するもので，レーニン，トロツキー，毛沢東など共産主義国家の創成期に見られる。このタイプの政治家は，政権を掌中に握っていない時代には，対立者を倒し政権を奪取するまでは革命，独立を展開し，自己が政権の座に就くと反対のイデオロギーを持つ者を粛清し独裁を敷くことが多い。共通した欠陥としては，イデオロギー至上，教条主義に流れ，現実に適した政策が遂行できなくなる。軍事独裁型にはスターリン，ヒトラー，ムソリーニらがいる。彼らは必ずしもイデオロギーのみに強く拘束されるだけでなく，領土の拡大や富の増加等，野心や征服欲求の強いタイプでもある。事務管理型は，国家が一応の路線，政策を設定し終わった後，その実施を管理するに巧みなタイプで，コスイギン，ブレジネフ，アイゼンハワーらをこの類型に挙げている。政略型にはメッテルニヒ，ダレス，ミコヤンらがおり，政治技術や権謀術数を駆使するいわゆるマキャベリストタイプである。最後に開発型とは，新しい路線，政策を志向し，それらを樹立，実施していくことに政治の比重をかける政治家を意味する。混乱の時期に輩出し，新しい国家，政体を築き上げ「一時代を画した」「新時代を開いた」と称される人物はこれに該る。フルシチョフ，ケネディ，ド・ゴール，アデナウアーらをその代表とする。混迷，動乱の時代にはイデオロギー型，軍事独裁型が，反対に国家・社会が安定を迎えた時には開発，事務管理型のパーソナリティを持った政治家が台頭するといえる。

近年では精神分析・心理学の見地から政策決定者のパーソナリティ形成過程を分析する試みも盛んだ。アレクサンダーおよびジュリエット・ジョージ（A. L.

& J. George) によると，政治的妥協を極度に嫌い，自己の理想主義的思想をドグマ的に擁護し，自らの強力な政治支配を強く求めたウィルソン大統領の性癖は，厳格かつ専制的な長老派教会の牧師であった父親に負けまいと張り合ってきた幼児体験に由来するという。ウィルソンにとって政治権力の獲得とは，幼児期父親に傷つけられた自尊心を回復する手段であり，代償であった[23]。

● 政治家（リーダー）の資質

最後に，良き指導者，政治家の資質とは何であろうか。マキャベリが政治支配者の資質として一番重視したのは獅子の「強さ」と狐の「狡さ（ヴィルチュ）」であった。前者は権力意思，野心，勇気，精力等を含めた精神的な強靭さであり，後者には術策や機略，知恵，聡明さを含めている。マックス・ウェーバーは，「情熱」と「責任感」と「先見性」を挙げた。ニクソン元米大統領は，「大胆さ」と「ビジョン」の二つが偉大な指導者とそうでない者を分ける資質とした。大胆さとは，大きな危機に直面したとき，無為のための口実を捜すことなく，行動のための方策をつかもうとする意志力を意味し，かかる能力を有する者のみが部下の忠誠心の対象となり，人々の支持を勝ち得ることができる。ビジョンあるいは先見力については，指導者たる者は眼前の現象を越えて遠くを見越し，世界を変える歴史の潮流を感じ取らねばならず，如何に経験が豊かでも凡人には見えないものが見える者でなければ国家の指導者は努まらないと喝破する。

変革期である程指導者には先見力やビジョンの豊かさが求められ，大衆の群化，アノミー，アパシー化の中で既存の社会秩序や構造を変革させるには，強力なリーダーシップが必要となる。マスメディアの発達による情報量の増大や利害関係の複雑化等で，政治家が高いカリスマ性を保持することは難しくなりつつあるが，強いカリスマ性を求めて情報やイメージ操作に走る危険性もある。強力なリーダーシップを持つ政治家の出現待望と，世論操作の危険性が表裏一体で同居しているのが今日的状況なのだ。

4 組織的要因

● 官僚制

官僚制は，古代の西アジアや中国の始原国家が大規模な治水・灌漑工事等を行うにあたって編み出した社会システムで，以後，国家機構の発達とともに活

用され，軍隊の組織・統率の技術として軍事分野にも応用された。現代では一般組織・集団の巨大・複雑化に伴い，社会全般の官僚制化が顕著である。近代官僚制はマックス・ウェーバーの挙げる諸条件，即ち公私の分離や分業の合理化，階級性，能力中心原則等を満たすことによって[24]，主観的，恣意的な要素を排した最も能率良い組織として，複雑化する現代社会に不可欠の存在といえる。また官僚機構の存在は政策の継続一貫性を確保し，政治的中立性を保つうえでも重要である。

　もっとも，マックス・ウェーバーが官僚制を近代組織運営の合理的道具と評価したのは，家父長的支配に基づく家産型官僚制（中世の家臣団や中国の科挙等）等前近代の非市場志向的制度との比較論においてであった。現代ではマートン（R. K. Merton）やラスウェルらが指摘するように，自由主義経済の下で活動する私企業と比べ，官僚機構の非能率性が問題視されるのが専らである。官僚機構は本質的に拡大と自己増殖を求めるため，肥大化と非効率化の悪循環に陥りやすい（パーキンソンの法則）。創設当初は本来の任務遂行に邁進する情熱的人間が組織を支配するが，機構の拡大に伴い諸規則，分掌が精緻・複雑化するとともに，調整に従事する管理職員の数や比率が増加し，それがさらなる組織の肥大化と柔軟かつ迅速な適応力の低下を招く。また過去の実例や旧来の組織運営ルールが墨守され，故事や法規に精通した保守的人間が重要な存在となる（保守主義の蔓延）。そのうえ官僚機構の成熟化につれて，職員は本来の業務遂行よりも自分たちの地位や処遇の向上に目標を移行させる傾向がある（共同体化）。企業と比べ競争原理から隔離されているため，官僚機構の保守・自己目的化は顕著である[25]。

　さらに巨大集団と化した官僚機構は，時として政策決定者に心理的な圧力を加え，あるいは官僚機構内部の意思形成プロセスに以下のような負の影響を及ぼす場合がある。

①　個人では正誤の判断ができず決断がつかない時，自分の判断を集団の決定に委ねがちとなる。

②　集団の凝集性が高い程不同調者は少なくなる。集団には異質なものを排除し安定を確保しようとする同調圧力が普遍的に存在し，あるメンバーが同調すれば他のメンバーに対する同調圧力が増大し，結果的に集団内の価

値あるいは行動の同一化が進行する。その結果，集団の同質化も進行し，革新的な提案が否定されてしまう（同調圧力）。
③ 決定が自分にとって納得のいかないとき（不協和），同調者を募ったり，あるいは自分が周りに同調したりする。集団の中では不協和を作り出す選択より，それを低減する選択が求められる。

②のように集団の凝集力が高い場合には，代替案を検討しようとする動機が封じ込められてしまい，以下のような病理現象を招くことになる。

1) 過度の楽観主義：過大なリスクを負いやすく，また決定の再検討を促すような警告（注意情報）が無視されやすい。その結果，代替案や政策目的，あるいは組織が支持している選択肢に内在するリスクについて十分な調査や分析が行われない（社会的手抜き）。
2) 自己中心的正当化：組織決定の道義的正しさについて無条件の確信を持ちやすい。その決定の正しさについて組織メンバーが共有する「安心感」を損なうような情報や警告を排除しようとする。そのため情報の収集や提案が不十分となり，情報があってもその処理過程に偏りが生じる。
3) 自己検閲：組織メンバーは自分が組織の選択（決定）に対して持つ疑問や反論を自己抑制しがちである。従って，選択肢の再検討や不測の事態に備えての対処計画が欠落する[26]。

このほか，集団討論によって討論前の態度がより極端な方向に変容したり（集団極化現象），互いの立場を忖度し過ぎて誰も欲していない決定を下す（過剰忖度現象）ケースもある[27]。かって優秀な人材と強大な権限を誇り，国政を左右する大勢力となった旧軍部が，極めて独断，硬直的で，しかも手前勝手で甘い見通しの作戦指導を続け，国家を焼土と敗北に導いてしまった一因にこの集団思考の弊が与かっていた。

官僚機構の膨脹に伴い，外的環境に関する情報が巨大組織を通過する過程で新鮮さ，正確さを奪われ，あるいは変質し（情報スラック），上層部の適切な政策決定を妨げる問題もある。そもそも他者から受け取る情報には誰かの主観的判断や意思決定が付加されており，自然事象そのものとは異なっていることに留意せねばならない。官僚機構による情報の遅延，詳報の欠落，濾過現象についてグレアム・アリソンは次のように述べている。

「情報は末端の収拾源から組織の上層部まで，瞬間的に送られるわけではない。事実は組織の最高責任者に届かないで，"組織の中に"眠っていることさえありうる。情報は組織の階級構造のあらゆる段階で，ふるいにかけて選別される。各担当者が吸収できる情報の量は，一日に利用できる時間の量によって厳しく制限されているからである。上層部の高官達が，百か国以上の情報源から届く報告を，いちいち検討することは不可能だ。しかし，上司に見せる情報を決める下僚達が，上司の抱える問題を掌握していることはまずない。最後に，後で考えると，はっきりした兆候であるような事実も，しばしば事件となって具体化するまでは，周辺の"騒音"と区別がつかないことが多いのである。」[28]

こうした"正しい情報との隔絶"が，政策決定者を一部助言者（の主観），事実の過度の単純化等の虜となし，また誤ったイメージを生み出す温床となるのである。さらにラスキ（H. J. Laski）が指摘するように，官僚の政治支配が市民的自由に与える危険性にも注意が必要だ。官僚制は国民の行政参加や情報公開に対しても忌避的態度をとる。官僚はその専門的知識や技能によって自らの地位を保持し，またそれがエキスパートとしての誇りを生み出しているため，知識・技能や経験，専門性に対して強い信仰を持ち，一般国民の関与に懐疑的となるのだ。

● 日本の官僚制

明治以降，西欧列強へのキャッチアップが最優先の国家目標とされた日本では，プロシャやフランスに範を求め，帝国大学の整備および高等文官試験制度の採用を軸とする官僚制度が整備された。即ち1886年に帝国大学令が発布され，官吏養成のために東京帝国大学が設置され，翌年には文官試験試補および見習い規則が制定され試験任用制が採用された。試験というメリットシステムの導入は家庭環境や階級に拘らず優秀な人材の官界への登用を可能にし，藩閥支配の政治行政システムからの脱却を実現した（ただし，当初は東京帝国大学卒業生は無試験で試補に任用されていた。この特典が廃され，高文試験の受験が課せられたのは1893年以降のこと）が[29]，反面，東大という特定大学出身者が官界の主流を独占することになり，供給源の異常な片寄りや官僚（天皇の官吏）＝優秀イメージの定着は"お上重視"や"お上に頼る"国民性をさらに助長させた。

辻清明は近代日本官僚制の特色について，①組織面における独特の階級制（外見上の階級制にもかかわらず強い割拠主義の内在），②行動形態における明治期に形成された特権的性格の残存，③意思決定過程における稟議制の存在を指摘，さらに行動形態の様式として，後見的支配の成立，差別観の公認，官職私有観の慣行，権威の序列化，官職と人格の未分離の5点を挙げる[30]。明治以来，日本の官僚制は強力な政策決定力を保持したが，戦後もGHQによる占領政策が"間接統治"となった結果，官僚機構が占領政策の主たる代行機関となり民主的改革の洗礼を受けず，本質的部分は聖域として残置された。そのため，官僚主導の政治行政体質は戦後も継続した。エズラ・ボーゲル（E. F. Vogel）やチャーマーズ・ジョンソンらは，日本は強い官僚主導国家で，高度経済成長は官僚の指導力や行政指導によって達成されたと指摘している。『通産省と日本の奇跡』において「資本主義的開発国家」の概念を提唱したジョンソンは，アメリカのように政府が市場経済の法的規制しか行わない「規制国家」に対置させて，日本のような「開発国家」では政府が戦略的な産業の保護育成計画を推進すると論じた。こうした官僚主導の手法は戦後誕生したものではなく，その起原は1935年の重要産業統制法に求められる。戦前の国家総動員体制が形を変えて敗戦後も存続していた。我が国は，戦時的な総動員体制で高度経済成長を実現させたのである。

　もっとも，官僚機構といえども企業や業界の利害と離れてその権力を行使したり，一方的に自らのビジョンを押しつけることはできない（1960年代における特定産業振興臨時措置法の失敗等）。公式・非公式な制裁力をバックとしつつも，一義的には各業界の利害や意図を汲みとったうえで，長期的な利潤や利益還元を担保に，その保護，育成のために指導力を行使してきたとみるのが妥当であろう[31]。その際用いられた日本行政システムに独特の手法が，行政指導であった。行政部には政策執行のために法律を補完する諸規範（政令，省令，告示，通達等）作成の権限が付与されているが，それとは別に行政機関が「特定の行政目的達成のため，直接の法的強制力を発動することなく，任意の調整というプロセスによって，個人や業界，企業に働きかけ，その協力と同意取りつけをめざす行政活動」が行政指導である[32]。

　企業の大型合併（日産・プリンス自動車，八幡・富士製鐵の合併等）や不況期の需

給調整等行政指導の名の下に進められた経済産業政策は枚挙に隙がなく，また業界内部の利害調整を図るため，権威ある第三者機関として企業サイドから官庁に仲裁者の役割を求め，指導を仰いだケースも存在した。官僚機構が行政指導に頼る理由には，対応の迅速性や損害賠償請求回避の利点等が挙げられるが，そこには，明確な基準の不在，責任の曖昧化，救済手段の不在，官民癒着の危険性や政治家の介入を招きやすいこと（石油闇カルテル事件やリクルート事件の例）等の問題点も存在する。"任意性"についても，官による実質的な制裁の発動が常に指導の背後に垣間見える。また企業による"自主規制"という行動様式もあり，行政指導との境界は著しく不明瞭である。こうした我が国独特の企業と行政の関わりは，諸外国から非難の対象となった。

そこで行政の透明性を高めるため，1993年に行政手続法が制定された。同法は「処分，行政指導および届出に関する手続きに関し，共通する事項を定めることによって行政運営における公正の確保と透明性の向上を図り，もって国民の権利利益の保護に資すること」（第1条）を目的とし，許認可を行う基準を明確化させるとともに，許認可等の申請・取り消し処分についての手続きや行政指導のルール（指導に従わなかった者への不利益扱いの禁止や書面交付による責任の明確化等）等が明定された。95年には情報公開法も制定され，官僚が情報を独占し，閉鎖空間の中で一方的に行政運営を進め市民はそれを受容するだけという旧来の枠組みを排する動きが出ている。今後は一層の開示と公開，透明化に努め開かれた行政をめざすとともに，非営利組織等新たな社会組織との連携も深めることで，グローバルガバナンスの視点に立った相互補完的な関係の構築をめざすべきであろう。

ところで，戦後日本では官僚機構が議院内閣制の下で自民党による長期一党支配体制（55年体制）と結びつき，官僚が行政（執行過程）のみならず議会に代わり法案を作成する傾向（官僚機構の立法・審議過程への関与）が強まり（司法機能さえも担っている）[33]，官僚，政府，自民党（与党）の間に安定継続的な関係（世に政財官の三位一体化と呼ばれる現象）が生まれた。この傾向がもたらした影響について岩井奉信は次のように述べている。

「三位一体の関係の確立は，官僚制の側にとっては，安定した保守政権を背景に，長期的な展望に基づいた政策形成を可能にした。同時に政策に

正当性を付与する最終的な決定が国会でなされるものの、その責任は一体となった政府・与党が負うために、官僚性が党派的な紛争の矢面に立たされることを防ぐことにも役立った。一方、自民党にとって、官僚制と一体化することは、官僚制の政策能力を活用することによって、政策立案のコストを著しく軽減することに寄与した。そして官僚制の政策形成過程を通じて、自らの支持集団に対して利益を誘導することもできるようになった。さらに官庁単位に包括的に系列化されてきた社会的利益を自らの支持勢力に転化させることをも可能にしたのである。このように自民党と官僚制との結合は両者に大きな利益をもたらした。ただし、この利益の実現は両者がイコール・パートナーであることが前提であった。そこで両者は役割分担に基づく強い協力関係を樹立していったのである。それは自民党に独自の政策形成能力の獲得を遅らせることになり、制度的に優位にあったにも拘らず、結果的に官僚制に対抗する国会の政策形成能力の獲得を遅らせることに繋がったのである。」[34]

　なお、自民党の政策形成能力に関して言えば、同党による一党優位時代の継続は、閣僚・大臣の在任期間の短期化傾向（1955年以降の閣僚の平均在職期間は約1年）を生み出した。頻繁な内閣改造の目的は、閣僚の人事権行使による総理総裁派の党内権力基盤の強化にあったが、派閥構成員数に応じた公正な閣僚ポストの配分と頻繁な交代は党内に万遍なく権力参与の機会を供与し、政権党の分裂を回避することには寄与したものの、反面、議員が閣僚に至るまでに歩むべき経歴のルートが築かれ、この党内年功序列の形成は人材活用に道を閉ざし、自民党の官僚化や内閣の活力低下を招いた[35]。しかも、戦後における戦前政治家の公職追放に対処すべく、吉田茂が政策立案能力を身につけた官僚を多数政治家に起用したことを契機として[36]、以後、官僚出身政治家が保守政党において優位を占め、またその集票組織を政党が活用するという現象も恒常化し、官僚政治の色彩はさらに強められた。つまり、日本において官僚は政策立案者であると同時に、政党への人材供給源、さらには集票マシーンとしての機能をも果たしてきたのである（自民党議員の約3割が官僚出身）。また自民党政権の長期化は、官僚意識の保守化傾向を強めることにもなった。

　ただし三位一体化という場合も、権力の一枚岩的構造が存在するわけではな

い。そうした錯覚は，ミルズ理論をそのまま日本に適用することによって生じる誤解といわねばならない。実態は，官が政策遂行の主体となったうえで，三者間の相互依存，協力や役割分担の関係が公式・非公式の両面で固定・ルール化し，政策決定手順やコミュニケーションの円滑化がもたらされたというに過ぎない。よって三者一体の意志が形成されているわけでなく，また政財官もその内部では多様な欲求やセクショナリズムが併存している。巨視的な関係で見れば，政―財―官のサークル相互には官僚主導的相互依存体制が作用しつつも，微視的つまり具体的案件の処理をめぐっては，イッシュー毎に関係する各業界―官庁（各部局）―自民党各部会のサークルがいわばユニットとして機能し（オニオンリング構造），異なるユニット間でのバーゲニングが展開されることになる。政財官の一体化といわれながら，他面，わが国の政策が非体系的でタコ壺化の様相を呈するのはそのためである。この駆け引きにおいては，権限の強い官庁あるいは部局が優位を占める場合が多いが，劣勢な側は業界の下支え（例えば集票力等）を基に自民党との連携強化を図ることで対抗しようとする。さらに事案が高度に政治問題化した場合には政府・自民党（有力者ないし派閥）の裁定によって最終決着をみることになる（ちなみに各リングは既存利益維持を求める拒否権行使集団でもあり，これが大胆な政策決定を阻む要因として作用することにもなる）。

　もっとも，官僚政治あるいは官僚制と政権政党の一体化とはいっても，持ちつ持たれつの与党と官僚機構の力関係はいまや党高官低の傾向にある。それは，官僚機構が政権政党の統制に服さねばならない議院内閣制の下，自民党政権の長期化によって，官僚の政策立案能力が自民党という特定政党に従属させられていったためであり，政権政党は専ら人事を通じて官僚機構を押さえ込んでいった。ただ，党高とはいっても政策決定の重心が政府から与党に移行したわけではない。日本の政策決定が官僚の立案能力を基盤とすることは変わりなく，官僚の進めようとする政策への政治関与の度合いが高まった程度と捉えるべきであろう。むしろ，本来行政部がなすべきミクロな利害調整に政治家が介入したことで，国家政策のビジョン構築や大所高所の判断等本来的任務が疎かとなり，政治家自身の能力低下を来すことにもなった。政治家がなすべきは利権への介入ではなく，官僚機構を使いこなし，かつ官僚制にその向かうべき方

向を明確に指示することにあるはずだ。そのため，政治家が政策遂行のイニシアティブを発揮できるよう，各省庁には政治家のポストとして従来の政務次官に代えて副大臣（原則2名）が置かれ，さらに大臣政務官（原則2名）も新設された（国家行政組織法の改正：1999年）。

　党高官低に加えて，低成長によって財政を影響力行使の梃子に使いにくくなったこと，高度経済成長の達成等戦後復興期のような明確な国家目標が消失したこと，さらに規制緩和や社会の官僚批判の風潮等も官の地位を低下させる要因として作用した。公務員年金の引き下げや安価な宿舎の提供廃止，天下り規制の強化が打ち出され，さらに先例踏襲型の官僚的メカニズムを打破し行政に活力と柔軟性を持たせるため，民と官の人材交流（民間人の国家公務員への期限付き任用制度の導入）も進められている。こうした潮流が変わらぬ限り，今後も官僚の国政に及ぼす影響力は長期低落を続けるであろう。ここに，官僚，特に国家を背負っているのは自分達だという強い自負心を持つキャリア組官僚の挫折感が生まれるのである[37]。政治主導の確立や，時代に対応し得る新たな官僚機構の構築は喫緊の課題だが，改革が単なる官僚叩きに終わったのでは意味がない。政治的リーダーシップ不在の状況が未だ克服されていない中で，徒に官僚の士気を喪失させ，職業としての公務員の魅力を徒に低下させるばかりでは，日本の将来に禍根を残すことになろう。

● **審議会**

　行政部には多数の審議会が設けられており，我が国の場合，各省庁が所管する審議会の数は法律に基づく公式なものだけでも2百を越える。審議会には諮問機関的性格のものと審査・検定機能を果たすものがあるが，政策決定に影響を及ぼすのは主に前者である。審議会が多数設置されるのは，政策の正当性や権威・方向づけ，あるいは官僚機構に求められる中立性確保を一層高める等の目的からである。

　なお総理大臣等政策決定者個人の私的諮問機関が設置される場合もある。沖縄返還交渉では，佐藤総理の私的助言者集団であった「沖縄問題等懇談会」（1967年8月設置）が重要な役割を果たした。大平政権では九つの政策研究グループが首相の私的諮問機関として設置されたが，政策遂行に最も私的諮問機関を活用したのは，トップダウン型政治をめざした中曽根内閣であった。専門的知

識の機動的吸収や，世論及び官僚機構の操作，説得等を目的としたものが多い。

5 時間的要因

いかなる政策決定にも時間的な制約が伴う。決定とは外部の状況変化に対するリアクションであり，またレスポンスである以上，out put としての政策決定ないしその実施には少なからずのタイムラグが発生するが，リアルタイムの対応を期待される以上，このラグを少しでも短縮する必要性に決定者は迫られる。時機を失した決定は，単なる無価値的行為にとどまらず，多大の被害を国におよぼす危険性すらあるのである。

この時間との競争は，政策決定者及び決定機構に対し心理的ないし物理的な圧迫感を加え，非合理的な決定を生みやすくさせることになる。さらに，時間的緊急性のほかに，過去からの拘束も考えねばならない。

●危機決定

「危機（crisis）」という言葉は元来医学上の用語であり，患者の生死に決定的な影響を及ぼす可能性の高い病状の変化を意味したが，それが転じ，ある一つのシステム，有機体の存続にとって決定的な意味を持つような変化が切迫している状態を総称する言葉になった。国家関係における危機とは，当該問題に関与している他国との関係が良くも悪くもなる――平和か戦争か――の turning point である。チャーチルは「戦争か平和かの決定が紙一重である，敵対行為発生前の緊張した日々」と解し，またグレーベ（Greve）も「緊張の基礎となる利害関係の対立を，武力によって解決しようとする緊急の危険を内包する二国間，あるいは多国間関係の緊張した状態を指す」ものと定義している[38]。

危機の特色には，①政策決定者に許された決定時間が短く，②事態が決定者に与える脅威が高く，しかも，③事態の発生が決定者に予期されなかった状況，の3点が指摘できる[39]。それゆえ危機の大小は，①政策決定者に許された時間の長短，②当該事態の認識（予測）可能性，③当該事態の進展が国家あるいは政策決定者に与えるであろうと推量される被害の甚大性（脅威の大小）という三つの要因の相関関係によって決せられる。ハーマン・カーン（H. Kahn）は，危機の発生に随伴する状況の特色として次のような点を指摘する。

① 事態は，高度の複雑性を引き起こすように集中する

② 時間の圧迫が増大する
③ 情報の適切性が減少する
④ 不確実性が増大する
⑤ 諸装置（手段）のコントロールが効かなくなる
⑥ 決定を下す人々が極度の個人的緊張（ストレス）の中にある
⑦ 国内及び同盟国間の決定やバーゲニングの関係が変化する[40]

また政策決定（危機決定）のスタイルも、以下のような点で平時とは異なっている。
① programed decision の不可能性
② 政策決定単位の小人数制
③ 統一的決定
④ トップリーダーの役割の増大

稟議制に根ざす我が国の政治行政システムにおいては、決定に時間がかかり、しかも関係者全員の同意が得られねば成案が上部に持ち込まれない等危機状況下の決定能力に問題の多いことは、阪神大震災をはじめ幾多の史例が示している。

ところで国際的な危機状況の下では、当事国の一方または双方が、早晩戦争は不可避であり、こちらが先に攻撃せねば相手国に先制攻撃をかけられるのではないかとの不安感にかられ易くなる。危機の発生自体を防ぐことが何よりも肝要だが（危機の未然防止）、仮に危機が生起した場合、先述のような不安を防ぎ、先制攻撃のインセンティブを除去する等事態を悪化させない取り組みが必要である（危機管理）。また不幸にして危機対処を誤り、事態がエスカレートして紛争等が勃発した場合には、被害の極限や紛争の早期収拾に努めねばならない。危機の防止、管理、それに紛争の早期収拾といった一連の時系列的対応を総称して危機安定（crisis stability）と呼ぶこともある。

● 危機管理

「危機管理（crisis management）」とは、ある危機状態に際して、基本的な国家利益を放棄することなく、戦争へのエスカレーションを阻止し、問題の平和的解決をめざすすべての措置をいう。危機の管理、克服は戦争防止の一形式であり、国家の歴史と同様に古くから存在するテーマだが、核兵器の発達した第

2次世界大戦以降，その重要性は急激に高まっている。グレーベが述べるように，「危機が先行していない出し抜けの戦争，危機克服の失敗や中断を原因としない戦争は，今日非常に考え難」く，従って「現実の安全保障政策にとっては，戦争戦略よりも危機戦略の方がより重要」となっている。

クライシスマネージメントは，組織的・技術的対応と人的・精神的対応に区分して考えることができる。技術的・組織的な対応の第一は，十分に張り巡らされた信頼し得る情報・通信網の設置，第二は潜在的対立国とのコミュニケーションの保障，第三に国家内あるいは国際組織における確立した危機対策機構の建設である。このうちコミュニケーションについては，ホットラインのような公式チャネルの強化に留まらず，非公式チャネルや暗黙の意志伝達経路の活用にも取り組むべきである。国際危機が生起した場合の行動規範を大国間で事前に作成することも一つの方法である。第三の危機対策機構の整備では，国内レベルのものとして米国の国家安全保障会議や英国の危機内閣等が挙げられるが，たんに組織を作るだけでは十分でなく，法制をはじめソフトウエアの整備も必要である。また考えられる危機的状況を予測して，事前に複数のシナリオを作成し，対処要領のシミュレーションや演習を実施しておくことも大切だ。さらに世界的な危機管理を行うにあたっては，覇権システムの安定や国連機能の強化，地域協力機構の整備活用等も必要となってくる。

次に人的な整備としては，危機決定に耐え得る人材を育成，確保することである。重大な結果を招来する決定が迅速になされねばならない危機状況下においては，指導者の個人的役割が増大する反面，許容時間の短さ，問題の重要性，そしてそこからくる肉体的精神的疲労等のため決定者の心理状況は平常とは大いに異なったものとなる。一国の指導者には，こういったプレッシャーに打ち勝つだけの強靱な精神力が必要だ。また強いリーダーシップや決断力が求められる。さらに危機決定に臨んで政策決定者が配慮すべきポイントとしては，

① 複数のコミュニケーション回路を活用する等情報の収集に全力をあげること
② 軍事行動のテンポを意図的に落とす等して，相手国に状況把握や意思決定あるいはコミュニケーションのための十分な時間を与えること
③ 相手国に大規模な戦争に訴える準備をしていると受け取られるような行

動や威嚇を控えること
　④ 事態が硬直化することのないように努めること
　⑤ 常に相手の立場に自己を置く姿勢をとること
　⑥ 相互の利害に著しい不均衡が生じないよう是正すること
等が重要である。
　成功裡に危機を処理するためには，情報収集力や政策決定者の指揮能力，リーダーシップ等の人的・組織的な能力に留まらず，crisis bargainig を有利に進めるための影響力も持たねばならない。なかでも軍事力の存在は不可欠である。重大な危機である程軍事的な威嚇が決定的な役割を果たす例が多く，軍事手段を用いない危機の処理は多くの場合，効果を持たない。その行使は物理的なものであるよりは心理的政治的使用となるケースが多く，軍事行動と政治・外交目的との整合一体化が必要不可欠となる。それは一歩誤れば破局へと通じるわけで，危機決定においては軍事力に対する厳しい政治管理が必要となるのだ。

● 過去からの拘束

　現下の政策決定は，過去にその政権が採ってきた一連の政策内容や公約に拘束される。行政には一貫性や継続性が求められるからだ。それゆえ，官僚主導型の決定スタイルをとる国ほど過去からの拘束の度合いは強いといえる。キューバ危機の時，ケネディ大統領はキューバ問題に対する彼自身の過去における一切の発言の写しを部下に命じたが，それは自身のそれまでの政策を先例とみなし，自ら語った声明を拘束力あるものと考えたからである。さらに，現在の政策が全て過去からの延長線上に位置する以上，前任者の政策やその国の持つ基本方針や価値観，伝統等にも拘束される。キューバ危機の場合も，ケネディは自らが大統領となって以降の政府決定に拘束されただけではない。彼が事前警告無しの空爆案を採用しなかったのは，それが「裏返しの真珠湾攻撃」となり，アメリカの価値観や理念に抵触すると判断したからであるといえる。
　これと似たものに「既成事実の積み重ね」がもたらす拘束もある。木戸内大臣は太平洋戦争を振り返り，「私は，昭和の歴史を顧みて，一口でいえば"あれしか仕様がなかった"と考える。近衛（首相）の性格がもっと強かったら，という人もいる。また平和を願われた陛下が直接に指導なされたら，という声

も聞く。しかし……時の大きな流れに対する既成の力や個人の力の無力さを感じた」と述懐している(41)。"既成事実への屈伏"が弁明に用いられた史例は多いが、時流の勢いや過去からの積み重ねを過度に強調することは政策の弾力性を奪い、かつ政策決定者の責任やリーダーシップの放棄にも通じかねない。

逆に、将来からの拘束が決定に微妙に影響を与えるケースもある。政治指導者は（特に任期も終盤となると）、自分が将来どう評価されるかに心を奪われることが多い。歴史を意識し、偉大な大統領、国家の救世主等と後世に名を残したいとの野望が決定者自身のプレッシャーとなり、決定の方向を左右する要因ともなり得るのだ。

■注 釈

(1) 丸山真男『現代政治の思想と行動（増補版）』（未来社, 1964年）89ページ。
(2) サイモンが提起した満足モデル（satisfying model）やウィルダフスキーの漸増主義モデル（incrementalism model）は、伊藤光利他『政治過程論』（有斐閣, 2000年）37～9ページ。
(3) グレアム・T・アリソン『決定の本質』宮里政治玄訳（中央公論社, 1977年）91ページ以下。
(4) 進藤栄一「官僚政治モデル」日本国際政治学会編『国際政治学のアプローチ』（有斐閣, 1973年）51ページ。
(5) ゴミ箱理論を軍事組織に適用したものとして、ジェームズ・G・マーチ他編『「あいまい性」と作戦指揮』遠田雄志他訳（東洋経済新報社, 1989年）がある。
(6) A・M・スコット『国際政治の機能と分析』原彬久訳（福村出版, 1973年）113ページ。
(7) セオドア・ソレンセン『ホワイトハウスの政策決定の過程』河上民雄訳（自由社, 1964年）34ページ。
(8) K・J・ホルスティ『国際関係の理論』宮里政治玄訳（勁草書房, 1972年）207ページ以下。
(9) Bayles Manning, The Congress, The Executive and Intermestic Affairs, *Foreign Affairs*, Jan, 1977.
(10) 細谷千博他編『対外政策決定過程の日米比較』（東京大学出版会, 1977年）10ページ。
(11) 「日本の法意識によれば、法律を機械のごとく実施して取り締まるのは、あまりにも『融通のきかない』やり方だと考えられる……わが国には、法律は『伝家の宝刀』だ、という考え方がある。法律を『伝家の宝刀』と考えるということは、法律を、社会生活をコントロールするために政治権力を発動するための手段とするのでなく、ただのかざりものにしておく、という考え方を意味する。」川島武宜『日本人の法意識』（岩波書店, 1967年）47～8ページ。
(12) 神島二郎編『現代日本の政治構造』（法律文化社, 1985年）20～1ページ。
(13) 阿部斉は次のように述べる。「欧米の民主主義はあくまでも政治の原理であり、政

治が対立と紛争に決着をつけるという働きをもたざるを得ない。……しかし日本の場合、国家も家族の擬制において理解されてきた以上（家族国家観）、国家はそもそも対立や紛争を含まない集団とされざるを得ない。対立や紛争がなければ、政治も存在の余地がなく、要するに日本の国家は非政治的国家とならざるを得ない。明治以来、日本の政治が集団の和を前提としてきたことは、対立や紛争を非正統的なものとして、政治の世界から排除することを意味していた。対立や紛争は起こらないのが正常とされ、万が一起こったとしても、それらは非日常的で例外的なこととみなされた。したがって日本人は対立や紛争を日常的な出来事として処理していくことには長じていない。」阿部斉他『概説現代日本の政治』（東京大学出版会、1990年）207ページ。

(14) K・V・ウオルフレン『日本／権力構造の謎（上）』篠原勝訳（早川書房、1990年）36ページ以下。河合隼雄『中空構造日本の深層』（中央公論社、1982年）27〜66ページ。
(15) Harold and Margaret Sprout, *Man-Mileau Relationship Hypothesis Context of International Politics*, 1956, pp.7-9.
(16) チャールズ・A・マクレランド『国際体系と諸理論』高柳先男訳（福村出版、1979年）23ページ。
(17) Bruce Russett, Harvey Starr, *World Politics*, W. H. Freeman, 1981, p.315.
(18) K・J・ホルスティ、前掲書、212ページ。なお価値の機能には、自己の正当化、イメージの組織化、ビジョンの構築、目標と手段の決定等がある。
(19) アーネスト・メイ『歴史の教訓』進藤栄一訳（中央公論社、1977年）46ページ。
(20) ハリー・S・トルーマン『トルーマン回顧録（2）』堀江芳孝訳（恒文社、1966年）235ページ。
(21) 山川雄巳『政治学概論』（有斐閣、1986年）51ページ。
(22) 戸川猪佐武『政治家』（角川書店、1982年）67ページ以下。
(23) Alexander and Juliette George, *Woodrow Wilson and Colonel House: A Personality Study*, Dover, 1964.
(24) マックス・ウェーバー『支配の社会学Ⅰ』世良晃志郎訳（創文社、1960年）。
(25) アンソニー・ダウンズ『官僚制の解剖』渡辺保男訳（サイマル出版会、1975年）24〜6ページ。
(26) 早川純貴他『政策過程論』（学陽書房、2004年）25〜6ページ。
(27) 印南一路『すぐれた意思決定』（中央公論社、1997年）290〜2ページ。
(28) グレアム・T・アリソン、前掲書、139ページ。
(29) 人間の専門能力を公職任用の基準とする方式を資格任用制（メリットシステム）という。これに対し政治家が多数の公務員の任用を行う猟官制（スポイルズシステム）がある。猟官制は官職を政治家の選挙運動の報酬物として扱い、政治家の行政への介入を招いたり、継続的専門的な行政の遂行を妨げる危険を伴っている。アメリカでは19世紀半ばまで、ジャクソニアンデモクラシーの下で大規模な猟官制が採られていたが、猟官運動に失敗した者にガーフィールド大統領が暗殺される事件が起きたこと等から、後にメリットシステムに改められた。しかし、現在でも局長級以上は試験ではなく大統領による政治的任用が行われている。

(30) 日本や欧州では終身雇用を前提に，ジェネラリスト育成を主とした任用制度を採っているが，アメリカでは職階性に基づいた開放型の任用制になっており，スペシャリスト志向が強く，欠員に応じて適宜人員が募集され，民間企業や研究機関との人的流動性も高い。反面，各省庁の幹部は政治的任命によるため，政治家や外部の権力によって人事が左右される等猟官制の色彩が強く，行政の継続性や安定性の面で問題がある。

(31) 「今日の日本は，官僚の主導の下に供給者が業界ごとに協調して競争を抑制し，規格大量生産を拡大発展させるのに有利な社会体制を作り上げているのだ。昭和16年以来半世紀にわたって，こうした「官僚主導型業界協調体制」を続けてきた結果，日本では消費者の選択の自由は狭くなったし，消費者物価も上昇した。生徒が個性と独創性を伸ばすことも，地域が特色を出すことも難しくなった。さまざまな情報に接することも，自由に営業することもでき難い。その代わりに，規格大量生産型の工業にはもっとも適した社会を形成することはできたのである。」堺屋太一『日本とは何か』（講談社，1994年）59ページ。日本の官僚機構は，各業界の枠組みとルールを設定し，新規参入の抑制や不況時のカルテルを結ばせるなどして，最弱企業が落後しない程度の競争を展開させてきたといえる（村上泰亮の「仕切られた競争」モデル）。村上泰亮『新中間大衆の時代』（中央公論社，1984年）参照。

(32) 行政指導の定義及びその問題点等は新藤宗幸『行政指導』（岩波書店，1992年）29ページ以下。

(33) 「もっと正確にいえば，官僚はもうひとつの権力である司法までを手に入れているといってもよいだろう。……裁判所が成立した法律を審査するのに対し，行政機構の一角である内閣法制局は，それ以前に，すなわち各省庁が法案を起草したその時点で，それが新憲法下はおろか，明治以来連綿として築かれてきた法律の膨大な体系と整合性があるか否か事前に審査し，否ならば整合性を持つように書き直させるのである。つまり内閣法制局こそ，第一次違憲審査所なのである。こうして日本の官僚は司法の役割も含めて三権をほぼ手中に収めたのである。」五十嵐敬喜他『議会：官僚支配を越えて』（岩波書店，1995年）71～2ページ。

(34) 岩井奉信『立法過程』（東京大学出版会，1988年）152ページ。

(35) 阿部斉他，前掲書，34ページ。自民党では人事を円滑にするため，衆議院当選2回で政務次官，4回なら政務調査会副部会長，そして5回で大臣に任命というように当選回数を基準とした役職決定のルールが形成された。新藤宗幸・山口二郎『現代日本の政治と政策』（放送大学教育振興会，1995年）36ページ。

(36) 1949年の第24回衆議院総選挙において，旧政党人の復活を阻止し自らの権力基盤を固めるため，吉田首相が民自党から50人の官僚を候補者に擁立したのがその発端といわれる。なお，近年では，自民党の官僚化や経歴管理が進み，党幹部に上るためには長期間を要するようになったことから，かってのような次官，局長クラスではなく官僚若手からの政界への転出が増えている。

(37) 官僚機構内部においても，長期計画や国家ビジョンの立案に専念できる体制が失われつつあり，これまで稟議制度の弊害を補ってきた組織内部での自由闊達な意見表明の場も乏しくなっている。こうした職場環境の変化は官僚の気概を喪失させ，小市民意識

を強めさせている。若手官僚の中途退職の増加や自治体首長への転出傾向もこれらと無関係ではない。

(38) グレーベ『国際関係の理論』五十嵐智友他訳（サイマル出版会, 1974年）252ページ。
(39) Charles F. Hermann, ed., *International Crisis*, Free Press, 1972, p.14.
(40) Herman Khan, *On Escalation*, Penguin Books, 1965, p.62.
(41) 勝田龍男『重臣たちの昭和史（上）』（文藝春秋社, 1981年）4ページ。

第3章　政治制度と政治過程，政治文化

① 制度的要因

　一国の政治や政策決定に影響を与える制度的な要因には，政体や政治システム（行政府と立法府の関係，議会や選挙制度等）が含まれる。行政や立法等諸機関の機能や法的関係，相互作用を明らかにすることで政治の基本構造を解明するアプローチは政治制度論と呼ばれ，政治学における伝統的な分析手法の一つである。

●政体・政治制度：行政府と立法府

　国家統治の形態は大きく専（主）制（autocracy）と民主制（democracy）に分けられる。専（主）制は治者と被治者が対立する政治システムで，君主制がその代表である。民主制は治者と被治者が同一人に帰す政治システムで，近代国家の民主制は英国の名誉革命によって政治体制化され，アメリカの建国やフランス革命を経て普遍化された。古代のデモクラシーは直接民主主義であったが，近代デモクラシーは間接（代表制）民主主義を採っている。それはアメリカに代表される大統領制度と英国や日本の議院内閣制に大別できるが，各国とも三権分立のシステムを採り入れている点は共通している。

　なお専主制と似た概念に独裁制（dictatorship）がある。独裁とは「権力の集中」を意味し，権力分立に根ざす民主制とは相容れない。専（主）制は単独者への権力の集中で独裁の一類型だが，独裁は必ずしも一人の人間に権力が集中している必要はない。ナチス支配下のドイツ，ファシストのイタリアが独裁の例だが，旧ソ連や中国等社会主義諸国の政体も権力を分立せず集中させる点で独裁ないし集権主義の一類型であり，西欧民主主義とは異なっている（権力集中制）。また近代以降の政治体制を，民主主義，権威主義，全体主義の三つに区分するアプローチもある。個人の権利・自由よりも全体の利益を優先する政治原理が全体主義で，カール・フリードリヒ（C. J. Friedrich）とズビグニュー・ブレジン

スキー (Z. Brzezinski) は，ナチス等全体主義的独裁の操作的特徴として，一つの包括的な官製イデオロギー，一人の指導者を戴く単一の独裁大衆政党による支配，恐怖政治のシステム（秘密警察とテロル），コミュニケーションの独占，軍の独占，そして経済の全面的中央統制の六つを挙げている（『全体主義的独裁と専制』）。民主主義体制と全体主義体制の中間に位置する権威主義体制は，国家によって認められた少数の個人，団体が限られた範囲で政治参加を許されるもので，フランコ体制下のスペインや発展途上国に多く見受けられ（開発独裁），限定された多元主義や保守的伝統的な心情が体制を支えている点等に特徴がある[1]。

《大統領制》 大統領制とは，行政部の長たる大統領が立法部とは無関係に直接国民によって選出される制度である（アメリカ以外にフランス，韓国も大統領制。ドイツ，イタリアのように議院内閣制をとりつつ，儀礼的・形式的機能しか持たない大統領制を設けている国もある）。行政部と立法部は互いに独立・対等で，別個の選挙で選ばれるため，大統領は議会の信任とは無関係にその地位にとどまり，各閣僚も大統領に対してのみ責任を負い，議員の身分を有する必要もない。アメリカ大統領（任期4年，3選禁止）の権限は大きく，任期中は死亡あるいは弾劾のほかには強制によって職を失うことはないし，閣僚の任免も大統領によって掌握されている。

他方，立法権は議会に専属（全て議員立法）し，大統領には法案の提出権も裁可権もなく，議会の解散権もない。彼の立法への関与は，自己の政策を示す教書を議会に送り法律の制定や予算の審議を勧告し要請することや，可決法案への署名あるいはその拒否に限定される。ただし大統領が拒否権を発動した場合も，議会両院が3分の2以上の多数決で再可決すれば法案は成立する。議会は上院（各州から2名ずつ選ばれ任期6年）と下院（各州から人口比例で選ばれ任期2年）からなり，上院は大統領が締結した条約や外交官，連邦裁判官等高級官僚任命の同意権を持つ。議会は徹底した三権分立原則に従い，大統領の権限をチェックしようと介入してくる。議会は大統領に対する不信任決議権は持たないが，下院の訴追に基づく上院の弾劾決議で大統領を解任することはできる。

大統領制の場合，解散が行われないこととも関連し，大統領や上下両院の選挙が規則的な周期性を持つため，選挙によって民意を問う意義が減殺される。

また選挙前に政治的争点が意図的に作り出され，政治的関心を人為的に高めるという傾向も生まれ易い。大統領制は，大統領の地位が安定しその権限も強いので，迅速かつ大胆な政策を打ち出せる。議会に責任を負わないので，議会との駆け引きに気を使う必要もない。その反面，ニューディール以降の行政国家化を背景に，imperial presidency（帝王的大統領制）と呼ばれるように大統領が独裁化する危険性が潜んでいる。世論の支持が無くなっても即座に交代させられず，また議会との対立，摩擦が生じ易く円滑な政策遂行に支障を来すといった欠点もある。

《議院内閣制》 議院内閣制とは，議会の多数政党が内閣を構成し，内閣が議会に連帯して責任を負い，その地位を議会の信任に依存させようとする制度で，英国で発達した。英国議会は，終身議員からなる上院（貴族院）と任期5年の下院（庶民院）で構成され，選挙で多数を占めた下院の政党が内閣を組織する。下院は内閣不信任決議権を持つが，内閣は総辞職か下院を解散して民意を問うことができる。日本国憲法は，「内閣は，行政権の行使について，国会に対し連帯して責任を負う」（第66条）と明記し，その下で「内閣総理大臣は，国会議員の中から国会の議決で，これを指名する」（第67条）とし，議院内閣制を明確にしている。

権力分立の理論を徹底化した大統領制とは違い，議院内閣制は統治権力の創設・安定に力点が置かれている。立法府と行政府の関係が密（議会多数派がイコール行政府の指導部ともなる）で，議会与党と内閣が一体化しているため一元的な責任政治の遂行が容易である（英国では，政権を担当する場合に備えて，野党が影の内閣を組織する慣例がある）。その一方，与党が安定している場合は主導権は議会よりも政府がとり易く，行政へのチェックが不十分となること，議会内の与野党による駆け引きに政策が左右され易いこと，さらに議会による不信任決議や内閣の連帯責任制から政権の安定性を欠くことなどの欠点がある。フランスの場合は，ド・ゴールの第5共和政以降大統領に強大な権力を与え議会の権限を縮小する一方で，政党分立による政治不安定を克服する狙いから内閣が議会に対して責任を負う仕組みになっており，大統領制と議員内閣制の複合型といえる。

《社会主義国の政治体制》 社会主義国の政治体制の特徴は権力集中制にある。

権力の中枢は政府ではなく共産党であり，党の指導者が強大な政治権力を掌握している。例えば中国では，国家権力の最高機関である一院制の全国人民代表大会は年1回開催され，憲法改正や基本的な法律の制定・改正，国家主席の選挙等を職権とし，その閉会中は常務委員会が事実上の最高権力機関となる。最高行政機関は国務院（他国の内閣に相当）で，その総理が首相に該たる。総理や各部部長・各委員会主任は国家主席及び国務院総理の指名に基づき全人代で決定される。しかし立法，行政，司法の三権とも中国共産党の強い影響下に置かれ，党の指導者（総書記）が国家の真の指導者である。

こうした党（中枢にいる一部指導者）独裁の政治システムにあっては，長期安定的な政策の実施が可能となる。それゆえ外交や安全保障政策については，社会主義諸国の政治システムは好都合と言えるかもしれない。しかし，これは独裁一般にあてはまる欠点でもあるが，決定者に都合の悪い情報が流れにくくなるため，民意を正しく政策に反映できず，恣意的，個人利害優先の決定が下される危険がある。また政治指導者の補充・交代に係る民主主義的なシステムやルートが整っていないため，国民の目の届かぬところで壮絶な権力闘争が常に展開され，特に実力者の死亡，失脚の際には政治的な動揺や混乱が伴い，政治変動を来す例も少なくない。北朝鮮のように世襲によって公の政治権力が私的に継承されるケースさえある。

社会主義国家でも国民の生活水準や教育レベルの向上につれて，西側先進国と同様，現行政治体制への不満や改善要求が高まるが，もともと価値観の多元多様化を認めない政治体制であるため，そうした世論に正面から応えず，また応えきれないために，民衆の不満が鬱積・暴発する危険性を内在させている。さらに社会主義諸国は，情報化時代にも拘らず，権力サイドが政治的理由から情報に対する民衆の自由なアクセスを大幅に制限し，あるいは情報の操作や捏造も恒常的に実施されている。しかし，外部世界の情報をすべて遮断できない以上，情報統制は逆に大衆の政治不信と反感を招き，権力者の権威を失墜させる要因にもなる。その危険が権力者をして一層の情報統制に走らせ，益々政治体制を不安定化させるという悪循環に陥り易い。ケネディ大統領の側近であったソレンセンの指摘は，説得力がある。

「長い眼で見れば，民主主義による態度決定は，その一切の欠陥，失敗

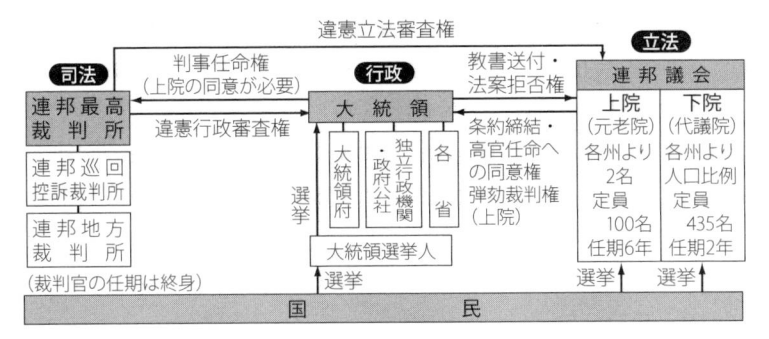

第 3 章　政治制度と政治過程，政治文化　　57

注：上院議員の被選挙権は 30 歳以上，下院議員は 25 歳以上，選挙権は 18 歳以上。

アメリカの政治機構（大統領制）

（出典）『最新図説政経』（浜島書店，2007 年）34 ページ

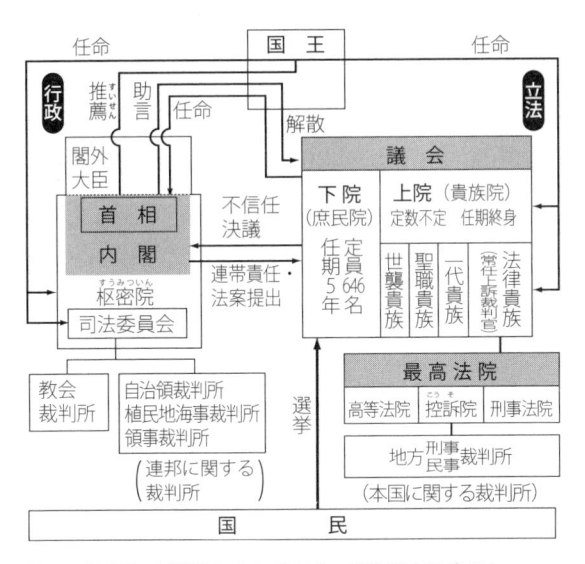

注：下院議員の被選挙権は 21 歳以上，選挙権は 18 歳以上。

イギリスの政治機構（議院内閣制）

（出典）同上，32 ページ

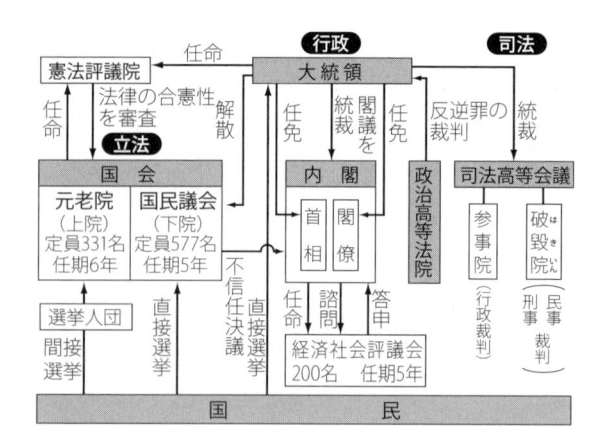

注：上院の被選挙権は30歳以上，下院は23歳以上，選挙権は18歳以上。
フランスの政治機構（半大統領制）
（出典）前出『最新図説政経』，36ページ

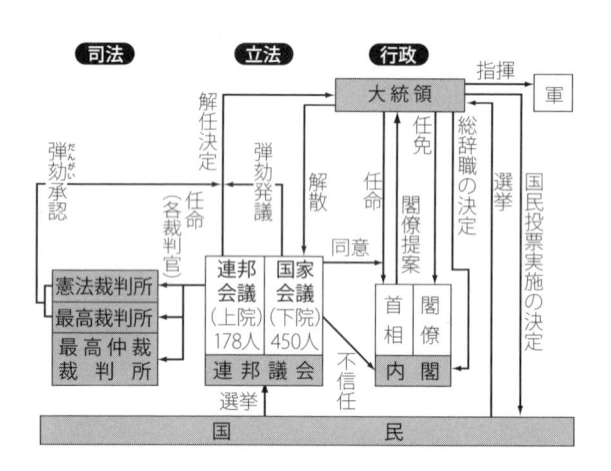

注：上院・下院議員の被選挙権は21歳以上，選挙権は18歳以上。
ロシア連邦の政治機構（半大統領制）
（出典）前出『最新図説政経』，36ページ

中国の政治機構（権力集中制）
（出典）前出『最新図説政経』，36ページ

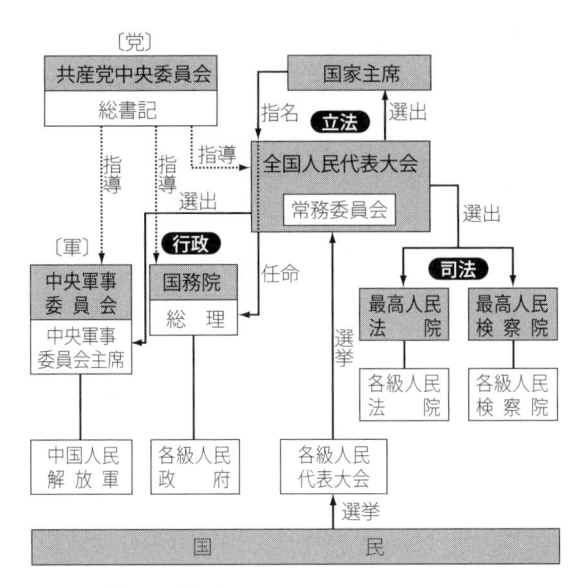

注：選挙権は18歳以上。

にも拘らず，すぐれた決定に到達することを可能にする，と私は信じている。たしかに全体主義的指導者は，その助言者に対して絶対的な支配力を揮い，イデオロギーに関しても絶対的な強制力を持つことができる。だが彼に良き助言者を命じることはできないし，新しい着想を無理強いすることはできない。弾圧と恐怖は機関を完全に掌握するには十分かもしれないが，人々による決定をより良いものに導くことはできない。なぜならば，人間社会における偉大な永遠に残る決定は，人間どうしの価値判断に曝されている人々によってのみなされ得るからである。全体として賢明な決定というものは，その人の知恵が常に根本的批判を受けている人によってのみなされ得る。自由な人間と自由な国家による自発的な統一は，圧政により強制された画一性よりも究極的には安定したものである。長い眼で見れば，責任の無いところに偉大はあり得ない。」[2]

ロバート・ダールは，民主化実現のための必要条件として，全市民に対し①

要求を形成する機会，②個人的あるいは集団的行動を通じてその要求を表現する機会，③政府の対応においてこれらの要求を平等に取り扱わせる機会，の三つの機会が与えられていなければならず，そのためには社会の諸制度が少なくとも以下の八つの条件を満たす必要があるとする。それは，①組織を形成し参加する自由，②表現の自由，③投票の権利，④公職への被選出権，⑤政治指導者が民衆の支持を求めて競争する権利，⑥多様な情報源，⑦自由かつ公正な選挙，⑧政府の政策を投票あるいはその他の要求の表現に基づかせる諸制度，がそれぞれ存在することである。この条件を満たす社会をポリアーキー，反対にポリアーキーから最も遠い社会を閉鎖的抑圧体制と位置づけ，閉鎖的抑圧体制が自由化（公的意義申し立て）だけを拡大すれば競争的寡頭体制に，また参加（包括性）だけが拡大されれば包括的抑圧体制になるとした(3)。

　もっとも，今日では民主主義が最良の政治システムのように一般に理解されているが，プラトンは民主主義に否定的だったし，アリストテレスも民主制が必然的に専制支配に陥る危険性に触れている（『政治学』）。その後も，ジェームズ・ブライス (J. Bryce) が指摘したように，19世紀まで民主主義は秩序と繁栄への脅威として危険思想視され，フランス革命のジャコバン独裁によるテロル政治と一体的に受けとめられ，支配層には恐れられてきた（『近代民主政治』）。現代は民主主義が無批判に肯定される反面，大衆民主主義が進んだことによっ

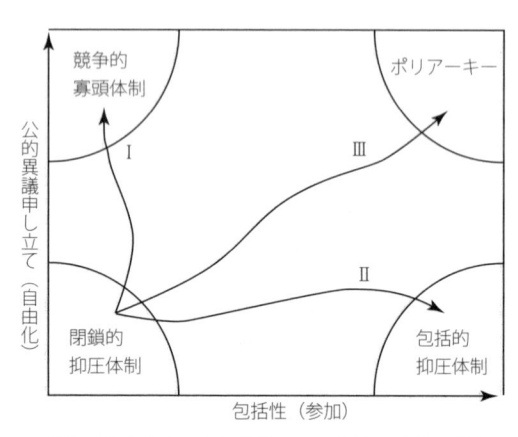

公的異議申し立てと包括性による現実の政治の区分

（出典）　ロバート・A・ダール『ポリアーキー』高畠通敏他訳（三一書房，1981年）11ページ

て，市民の自立性や政治参加の機会及び意欲の減退，少数エリートの出現等多くの問題を抱え，民主主義の美点が神話化しつつあるのが現状だ。

● 議会の機能

議会の機能としては一般に，①行政監督機能，②国民代表機能，③審理機能の三つが挙げられる[4]。またR・ハース (R. Haass) は，議会の役割として以下の諸点を指摘する。

① 議会は，政府と国民を繋ぐ仲介役を果たす。

② 議会は，新しい政策の発表者たりうる。

③ 議会は，「もう一つの声」として，政府の政策変化を早めに外国に伝え，「早期警報」を発したり，交渉に際しては強い姿勢をとって政府の「交渉力」強化に寄与したり，政府間関係が冷却した際，議会人が関係維持を図り，将来の改善の基礎を作る。

④ 議会は，政府の権力乱用，政策の間違いを修正する。

このうち議会が行政部を統制あるいは監督する具体的手段としては，①質問と財政権，②委員会審議，③政府文書の提出・刊行，④宣戦・講和権，⑤条約締結権，⑥大公使その他重要ポストの任命承認権等が活用される。ただし，社会主義国と自由主義国，自由主義諸国でも議院内閣制と大統領制の国とでは議会の影響力が異なることは前述の通りである。

ところで，現代国家は国民の代表機関である議会の機能低下という問題に直面している。その理由として以下の諸点が指摘できる。

① 普通選挙制の実現とともに政党が組織政党に変貌し，党規律が強化され党派間の対立が固定化された結果，議場での討論によって有効な妥協ないし譲歩の可能性が低下し，議会の統合力が減退したこと。

② 国家機能の拡大とともに議会の審議すべき案件が加速的に増大し，十分な討論の時間が確保できなくなったこと。

③ 政治の複雑化と大規模化は大衆の政治参加の意欲を減退させ，議会と社会を結ぶ回路が必要な情報を伝達しなくなり，両者の間に断絶が生まれたこと。

議会機能の低下と相反して，行政過程が社会の利害対立を調整し統合する機能を果たすこととなる。その結果，行政権限の拡大化傾向が顕著となり（行政

国家化），制度上国民の直接的な責任追及から免れている官僚が大きな役割を担いつつある（官僚制支配）。

● 日本の国会

日本国憲法では議会は国会と呼ばれている。国会の地位について憲法前文では「そもそも国政は，国民の厳粛な信託によるものであつて，その権威は国民に由来し，その権力は国民の代表がこれを行使し」，「日本国民は，正当に選挙された国会における代表者を通じて行動」するとされ，また「両議院は，全国民を代表する選挙された議員でこれを組織する」（第43条）と定めている。国会の具体的権能は，立法権，予算審議権のほか，衆参両院の一致した意思決定に基づくものとして，憲法改正の発議権（第96条），内閣総理大臣の指名権（第67条），条約締結の承認権（第73条），皇室財産の授受に関する議決権（第8条）等が，各議院が単独に行使し得る権利には，議員資格に関する争訟裁判権，議院規則制定権，議員懲罰権，逮捕議員の釈放要求権，請願受理権，国勢調査権等がある。憲法は衆参の二院制をとるが，両院は権限上対等ではなく，衆議院は予算の先議権を持つほか，内閣の信任・不信任決議，予算と条約の承認，総理大臣の指名，会期の延長等で参議院に対する優越が認められている。また法律案は衆議院が3分の2以上の多数で再可決すれば，参議院の反対を押さえて衆議院の案が成案となる（第59条）。

我が国の場合，議院内閣制に立ちながらも，一方では「国権の最高機関」（第41条）とされ，アメリカの大統領制のような純粋な三権分離が期待される等議会に対するイメージに混乱が見られる[5]。立法過程を見ても，法案の提起権限は憲法上は「唯一の立法機関」である国会に専属すべきだが，実際には議員提出権とともに政府提出権が認められており（内閣法第5条），現に法案の大部分（提出法案全体の7割程度）は政府提案によるものである[6]。議員立法の立案協力機関としては，政党各事務局，各議院の法制局，国会図書館調査及び立法考査局，各議院の委員会調査室等があるが，2万4千人以上の規模を擁するアメリカの議会スタッフ等に比べれば十分ではない。官僚機構に依存することなく国会が独立した政策形成能力を高めるには，議員の立法，調査活動を支える補佐機構の拡充が必要である。また議院内閣制でありながら，法案審議では英国（政府提出法案が中心）流の本会議方式ではなくアメリカ（議員立法が中心）的な

委員会制度が採用されたため,本会議の形骸化を招いたほか,本来全ての案件を検討・審議すべき議員が,各官庁に対応して設置されたいずれかの委員会に常属することで特定分野の専門家となり,関係官庁(官僚)と密接な関係を築かせる結果にもなった(族議員の出現)[7]。

ところで,日本でも行政国家の傾向はみられるが,欧米のように立法国家の時期を経ることなく,急速な近代化実現の目的から当初より官僚主導の体制として出発した点が相違している。そして戦後も官僚が政策決定上非常に大きな役割を果たす状況は変わらなかった。さらに55年体制の下,自民党による長期単独政権の過程を通して与野党の立場が固定化し,野党は責任政党として政権を担い得るだけの現実的な政策形成能力を失い,与党を批判するだけの役割に傾斜し,与党の側は重要な答弁を官僚に委ね,国民に対する説明責任を回避しがちとなった(国会討論の形骸化)。そして国会での議論よりも官庁と与党自民党との密接な連携の中で実質的な政策調整が進められるようになった。特に自民党に設けられた政務調査会(俗に国会第三院とも呼ばれる)やその隷下の各部会,あるいは国会の常任委員会を構成する族議員が,法案や予算案等各官庁の業務に事実上の審査権を行使し,立法府的機能を発揮してきた。

また公開での法案審議の場に代わり,常任委員会の一つである議院運営委員会(議運)や各党の国会対策委員会(国対)における与野党の駆け引き(非公開)が実質的な調整メカニズムを果たした。外国に比べ会期が短い事情も加わり,本来の政策論争ではなく,法案の審議時間やスケジュール等専ら議事運営手続きをめぐる扱いが主体を占めた。なかでも議運に比べ法的裏づけのない国対は極めてインフォーマルなネゴの場として活用された。議会政治が別名"国対政治"とも称された所以だが,外部からは国会運営の実態が不透明で,政治不信を生む一因ともなった[8]。こうした弊を是正し国会論戦を実りあるものとするため,近年,与野党が互いに質問,批判しあえる双方向の論戦方式が導入され,また国会答弁では官僚に頼る従来の政府委員制度が廃止された(国会審議活性化法制定:1999年)[9]。

2 規範的要因

規範的な影響要因には,イデオロギーや国家的役割,国内法等が含まれる。

● イデオロギー

　イデオロギーという言葉は、19世紀初頭、フランスの哲学者デュステュット・ド・トラシィ（A. L. C. Destutt de Tracy）が、人間における感覚の観念に至る過程を科学的に分析するアプローチをイデオロギーと名付けたのが起源といわれる。現在ではタルコット・パーソンズ（T. Parsons）が定義づけたように「ある集合体の構成員によって共通に抱かれている諸信念の体系」と理解され、それはイメージと価値の両システムから構成される。一般にイデオロギーは次のような機能を有している。

　① 政策決定者が現実を観察する知的枠組みを設定する。
　② 政策決定者のために、世界の将来像についてのイメージを規定する。
　③ 国家のとる政策あるいは手段の選択に対する弁明、論理的説明、宣伝として使われ、また国家の長期目標や行動の指針となる
　④ 自己及び他人の行為を判断する評価基準を規定する道義的、倫理的体系を形づくる
　⑤ 集団に対して一種の紐帯を提供し、共同体意識や連帯感等を生み出す。
　⑥ 集団全体にとってのシンボルとなる[10]。

　この中でも最も重要な機能は専ら③に関わるもの、つまりそのイデオロギーが関係する国家、社会、運動の目標と利益（の獲得）を正当化することにある。利益とイデオロギーは相互作用の関係にあり、利益はイデオロギーの中に反映され、イデオロギーは利益を再定義する[11]。

　イデオロギーがその国の政策をどの程度律するかは、歴史潮流や国際体系の構造、その国の発展段階等により多様であるが、イデオロギーは社会主義国に固有のものではなく、如何なる政治体制もそれと無関係には存立し得ない。カール・レーベンシュタイン（K. Loewenstein）が述べたように、「特定のイデオロギーに対して公平または中立である政治制度などというものは、現実には極く稀である。消防夫や警官は、公共の秩序であれ安全の維持であれ、特定社会の価値とは何ら無縁のものだが、そうした例を除けば、殆どの制度は特定のイデオロギーの目的を持って」おり、アメリカを始め西側諸国でもリベラルな価値と教義が国家の政策を規定している。我が国はイデオロギーや理念に淡白で、良い意味でも悪い意味でも「いい加減」である。多くの政党が民主主義や自由、

平等のスローガンを掲げながら政策上の差となって現れることが少なく,逆にイデオロギーの強調は閉鎖排他的な組織との印象を与えかねない。自民党が長期間政権政党の座にあるのは,イデオロギーとしての保守主義に対する国民の支持・共感の結果というよりは,現状の維持を望み変化を嫌う国民性行の表出と捉えるべきであろう。

　冷戦構造の特色は,自由主義対共産(社会)主義の"イデオロギー対決"にあったが,前世紀末における自由主義の勝利を以て,単にそれを冷戦の終結と位置づけるにとどまらず,自由主義や資本主義に代わり得る思想はもはや存在せず,人類はイデオロギー進化の終着点に到達したとの見方も呈された(イデオロギーの終焉論)。だがこの論理は,イデオロギーと政治の係わり方の本質を無視した極論といわざるを得ない。確かにマルクス-レーニン主義やスターリニズムは否定されたが,共産世界を理想とする思想はそれに尽きるものではない。共産思想の起源は民主主義と同様に古く,過去にも種々の社会主義やその修正主義が提起されてきた(ユートピア社会主義や英国流のフェビアン社会主義,民主社会主義,さらにマルクスと対立したプルードンやバクーニン,クロポトキン等が首唱したアナーキズム的社会主義等)。それらが時代の変化に対応して理論的修正を積み重ね発展してきたように,将来,共産思想が自由主義の利点を取り入れ,新たな概念化の途を切り開いていく可能性も絶無とはいえない。自由と平等とは本来両立し難く,著しい不平等の進展を背景に,強大な権力によって平等の獲得をめざす動きが再び力を得ることも考えられる。カール・マンハイム(K. Mannheim)は,イデオロギーもユートピアも共に現実と一致しないという虚偽意識の可能性が自覚される点で類似することを指摘したが(『イデオロギーとユートピア』),理念と現実の間に常に齟齬と乖離が存在する以上,この世からユートピア思想が無くならないのと同様,イデオロギーが消え去ることもない。

　20世紀はイデオロギーの時代となったが,実は19世紀の思想家が生み出したイデオロギーを実践,消費し,その遺産を食い潰した時代に過ぎないともいえる[12]。ポスト冷戦期に適した新イデオロギーは未だ出現をみていない。民主主義を唯のスローガンとして風化させてはならず,ポストモダンに相応しい新たな民主主義の理念及びそれを踏まえた社会システムの構築が大きな課題として我々の前に残されていることを自覚すべきである。なおイデオロギーに似

たものとして，国家的役割がある。全ての国は明確であれ不明確であれ，国家存立の意義をなす役割を帯びている。「自由世界の指導者」，「民主主義の前哨基地」「東西の調停者」等がこれに該たる。

● 国内法

近代国家の政治制度において，権力の濫用，腐敗を防ぐ最も基本的な原理が「立憲主義」である。それは憲法以下の法による制限を通して，為政者による恣意的な権力行使を防ぎ，国民の権利や自由を擁護するものである。立憲主義の起源は，英国のマグナカルタ（1215年）に求められる。英国ではその後，課税同意権を再確認した権利請願（1628年）や名誉革命における権利章典の制定（1689年）等を通して立憲主義が形成されていった。権利請願を起草したエドワード・コークが，王権神授説に立つ国王ジェームズ1世に対し「国王といえども神と法の下にある」というブラクトン（13世紀英国の法学者）の言葉を引用して，「国王も中世以来の慣習法であるコモンローに従うべきである」と批判した逸話は有名だ。その後，「法の支配（rule of law）」の考え方は民主政原理の一つに数えられ[13]，アメリカの独立宣言やフランスの人権宣言において近代立憲主義は普遍的な原理として確立をみた。

近代国家が立憲主義に立つ以上，政策決定は憲法をはじめとする一連の国内法体系に抵触し，あるいはそれを無視することはできない。ただ，法規範の形式（実定法，慣習法）や解釈の柔軟性，改正の難易（硬性度）は当該国民の法意識や法文化により微妙に異なる。法規範の他にも，その国の倫理意識や社会規範も拘束要因に含まれる。

③ 社会的要因

日米開戦の決定に際して，第2次近衛内閣の鈴木貞一企画院総裁は「開戦は国内政治である」と語った。日清戦争終了後，下関条約締結にあたり，国内の不満が爆発するよりは国際干渉を受ける方がましであるとの判断の下に遼東半島の割譲を中国に迫ったことが，陸奥宗光の『蹇蹇録』に述べられている。政策決定にあたっては，種々の国内要因が影響を及ぼす。利害が複雑に絡みあう現代社会では，一国の政治や政策決定は国家機構だけでなく国内に存在する各集団間の対立と結合を通じて形成されるのが通例である。各集団やグループの

活動に焦点をあわせ政治現象を分析するアプローチは「政治過程論」と呼ばれる。アメリカの政治学者ベントレー（A. F. Bentley）の提唱によるもので，彼は『統治過程論』(1908年)の中で伝統的な政治制度論を"死んだ政治学"と批判し，国家に限らず各集団間の対抗関係を通して政策決定過程を分析する必要性を強調した。後にこの手法はトルーマン（D. B. Truman）によって確立される（『政治過程論』1951年）。

● 政　党

　政党とは，「政治権力の獲得・維持をめざして，選挙で候補者を擁立する政治集団」である。政権獲得を目的とする点で，他の社会集団とは区別される。トリーペル（H. Triepel）は，政党に対する国家の態度を①国家が政党を敵視した時代，②政党を無視した時代，③法律上政党を容認した時代，④憲法上政党と融合する時代，の4段階に分けるが，政党は長い間否認・非難の対象となってきた。ジョージ・ワシントンも告別演説（1796年）の中で，党派精神の危険性を次のように指摘した。

　　「党派精神は，常に公議会を混乱させ，行政府を弱体化させるのに役立つ。党派精神は，いわれのない使途や偽りの警告をもって社会を煽動し，社会の一部の人々に対する他の人々の憎悪心をあおり，時には反乱や暴動を誘発する。外国の影響力や腐敗は，党派的感情のチャンネルを通じて，政府自体に容易に近づく手段を見出すので，党派精神は，これらの影響力や腐敗に門戸を開くことになる。こうして，一国の政策と意志が，他国の政策と意志の支配下に置かれる。」

　このような考え方が変化し，政党が肯定されるようになったのは20世紀に入ってのことである。近代民主政治の基礎は法の下に平等な各個人の意志を尊重することにあるが，直接民主政を採り得ぬ以上，政党が存在しなければ国民はその要求を政策に反映させるためのコミュニケーションチャネルを失い，クーデターや革命のような暴力的手段によって政権を変更しなければならなくなろう。「一方の端が社会に，他方の端が国家にあるところの橋」（アーネスト・バーカー）である政党は民主主義国に不可欠の存在であり，トリーペルの区分に従えば，現在は④の段階にある。政党の史的発展の経過についてマックス・ウェーバーは，『職業としての政治』において，貴族主義的政党から名望家政

党を経て国民投票型民主政党へという3段階の発展プロセスを提示する。名望家政党とは幹部政党のことで、制限選挙制度の下、名望家議員が党の実権を握り、党運営の資金は資本家や企業からのみ調達され、一般党員から構成される党組織は存在しなかった。これに対し国民投票型民主政党（大衆政党）は、普通選挙制度の下、党費納入党員が政党の財政を支え、党組織が大衆的支持を基礎に置く政党である。

　政党が果たす機能としては、①多元的利益の集約および公的政策の作成（利益集約・表出機能）、②公職者、政治的リーダーの選出、補充（政治指導者養成機能）、③既定政策の批判・遂行、④政治教育、⑤政府と市民の間の調停等が挙げられる。議院内閣制の観点から捉えれば、与党は政権担当（政府組織）機能を、野党は建設的代案を国民に提示し、政権に肉薄し、議会政治に健全な緊張感を生み出す機能を帯びている。なお等しく政党といっても、与野党それぞれの立場から、議会において果たすべき役割には差違がある。大統領制では、行政府と与党との連携が薄く、場合によっては大統領を輩出した政党が議会で野党の立場に甘んじねばならぬケースも多いが、議院内閣制にあっては、与党の政策決定へ及ぼすインパクトは大である。交互に政権を担当する二大政党制の場合はその中間に位置する。もっとも、現代では政党組織が巨大・官僚化したこと、社会の各利害が複雑多様化の様相を強めていること、あるいは政治資金提供源たる大企業との密接な関係等のゆえに、既成政党が民意を適切に反映しなくなりつつある。そのため1970年代以降、先進各国とも特定の支持政党を持たない無党派層が増えており、日本でも都市部では無党派層の動向が選挙の行方を左右するようになっている。

　ところで、議会制民主主義を健全に営むためには、唯一つの政党が存在するだけでは十分ではない。ローレンス・ローウェル（L. Lowell）は「現状に満足しているか（満足・不満）」「改革に確信を持っているか（楽観・悲観）」の二つの基準から、自由、保守、急進、反動の四つの政党モデルを提示するが、これら政党の伸張は社会状況の変化によって右図のように表すことができる[14]。フランスの政治学者デュベルジェ（M. Duverger）は『政党社会学』において、政党制度を一党制、二党制、多党制に分類するとともに、小選挙区制は二党制を、比例代表制は多党制を生み出しやすいことを指摘した[15]。

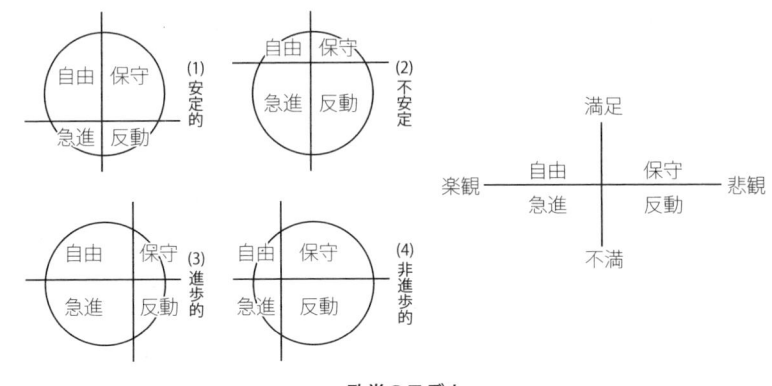

政党のモデル

またイタリアの政治学者サルトーリ (G. Sartori) は，政党の数や政党間のイデオロギー距離等を基に，政党制を以下の七つに分類する[16]。

① 一党制：ただ一つの政党のみが存在を許されているケース
② ヘゲモニー政党制：複数政党が認められてはいるが，第一党（ヘゲモニー政党）以外は二次的，衛星的存在でしかないケース
③ 一党優位政党制：支配的な政党以外の政党の存在は合法化されているが，結果的に特定の政党が長期間与党の地位を占め，政権交代が起きにくいケース（ノルウェー，スウェーデン，日本の55年体制はこれに該当する）
④ 二党制：二つの有力政党が競合し，相互に政権担当の地位につくケース（アメリカや英国）
⑤ 穏健な多党制（限定的多党制）：政党数が3〜5で，イデオロギー対立が少なく，大きな反体制政党が存在しないケース（連合政権が樹立されやすい。スイス，オランダ）
⑥ 極端な多党制（分極的多党制）：政党数が6〜8程度と多く，しかもイデオロギー距離も大で，有力な反体制政党が存在するケース（イタリア，フランス（第4共和制））
⑦ 原子化政党制：抜きん出た立場を占める政党が無く，多くの政党が乱立するケース

● 日本の政党

　日本における政党の起源は，板垣退助らによって1874年に結成された愛国公党に求められる。この年に始まる自由民権運動が本格化し，81年には自由党が結成され，また「明治23年に国会を開設する」詔勅が出された。そして82年には立憲改進党が結成された。自由党が士族，豪商から貧農にまで支持を広げ急進的であったのに対し，立憲改進党は有産階級，知識層を基盤とする漸進的な立場をとった。自由党はその後，憲政党，立憲政友会に，立憲改進党は立憲民政党へと繋がっていく。

　大正デモクラシーの時代になると，民主主義政治への希求が高まり，陸軍の圧力で倒れた西園寺内閣に代わって1912年に第三次桂内閣が成立するや，その非立憲的姿勢に民衆が反発し，同内閣は3カ月で退陣に追い込まれた（第一次護憲運動）。日本における初の政党内閣は18年に成立した原敬政友会内閣であったが，原敬暗殺後，あとをついだ高橋内閣も倒れ再び政党内閣への道はふさがれた。その後，非政党内閣が続き，貴族院を基盤とする清浦超然内閣に対して第二次護憲運動が起こり，憲政会を中心とした護憲3派による加藤高明内閣が誕生し政党内閣が復活（1924年），翌年には普通選挙法が成立する。こうして，「政党政治は憲政の常道」となるが，5・15事件（1932年）によって加藤内閣以来の政党政治時代は終焉し，40年には全政党が解散を強いられ，大政翼賛会が誕生する。

　戦後の1945年11月から12月にかけ，保守系では日本自由党，日本進歩党，日本協同党が，革新系では日本社会党が生まれた。また日本共産党が再建された。日本自由党は民主自由党を経て自由党となり，日本進歩党は民主党，国民民主党等を経た後に日本民主党を結成，この自由党と日本民主党が55年の保守合同によって自由民主党となる。これは，講和条約をめぐって一時左右に分裂していた社会党が再び統一したことに刺激されたものであった。以後自民・社会の二大政党（社会党の議席は自民党の半分程度しかなく，厳密には$1\frac{1}{2}$政党）時代，所謂55年体制が始まる。

　その後，社会党から西尾末広が離脱して民主社会党を結成（1959年），64年には創価学会を母体とする公明党が誕生した。またロッキード事件を契機とする金権批判の高まりから，76年には自民党から新自由クラブが分離，社民連

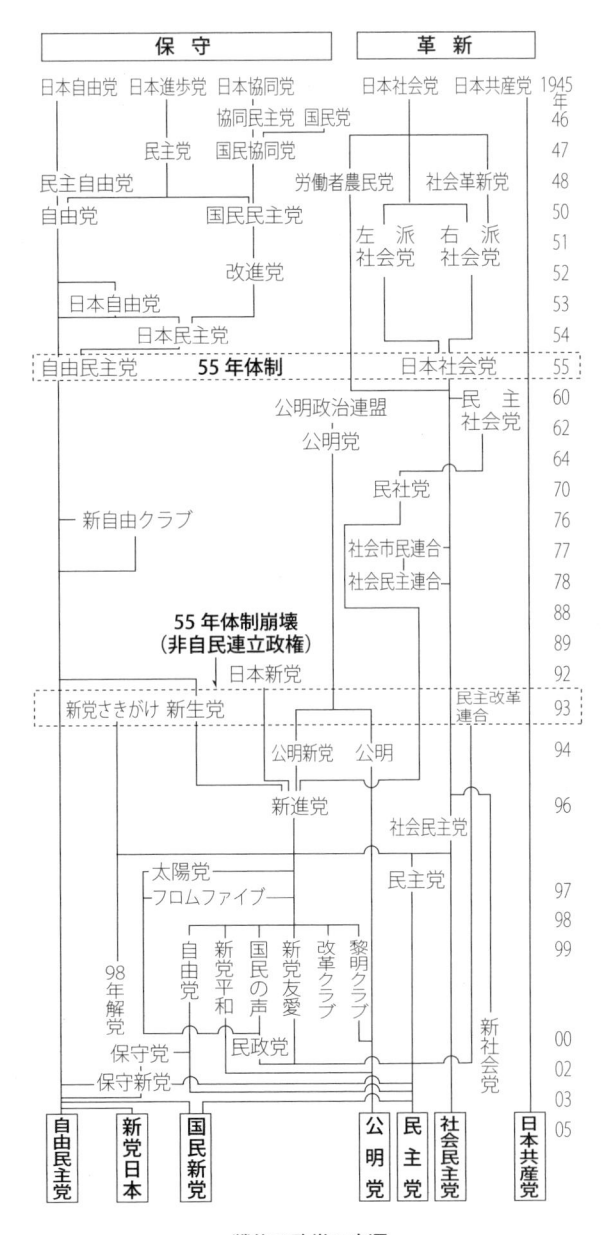

第3章 政治制度と政治過程，政治文化　71

```
     ┌──保　守──┐      ┌──革　新──┐
日本自由党 日本進歩党 日本協同党   日本社会党 日本共産党  1945年
                                                46
          協同民主党 国民党                        47
       民主党  国民協同党                         
  民主自由党    労働者農民党  社会革新党          48
  自由党    国民民主党                          50
                   左派    右派                51
                   社会党  社会党               52
             改進党                            
         日本自由党                             53
          日本民主党                            54
┌─自由民主党  55年体制 ─┐  ┌ 日本社会党 ┐        55
                                                
                  公明政治連盟      民主            60
                              ┌ 社会党           62
                    公明党                       64
                       民社党                    70
  ─新自由クラブ                                   76
                    社会市民連合                   77
                    社会民主連合                   78
                                                88
     55年体制崩壊                                 
    （非自民連立政権）                              89
               日本新党                          92
                                    民主改革       
  新党さきがけ 新生党           連合               93
                 公明新党 公明                    94
                   新進党                       
                       社会民主党                 96
       太陽党                                   97
       フロムファイブ                              98
                                                99
           自 新 国 新 改 黎
           由 党 民 党 革 明
       98  党 平 の 友 ク ク                       
       年     和 声 愛 ラ ラ                      
       解                ブ ブ                   
       党        民政党         新社会党           00
       保守党                                   02
       保守新党                                  03
  自  新  国    公  民  社  日                    05
  由  党  民    明  主  会  本
  民  日  新    党  党  民  共
  主  本  党           主  産
  党                   党  党
```

戦後の政党の変遷

（出典）『最新図説政経』(浜島書店，2007年) 134ページ

も誕生するなど自民党長期政権への不信から多党化の傾向が強まっていった。83年の中曽根内閣では自民・新自由クラブの連立内閣が誕生する。自民一党支配体制の陰りは，無党派層の増大や有権者の既成政党離れが進む等都市部での支持率低下が原因であったが，社会党も支持母体である労働組合以外の支持獲得に成功せず，自民党以上に長期低落の傾向を続けた。野党が政権奪取の覇気を失い，与野党の役割が事実上固定化することで議会政治は形骸化し，与党内部の派閥力学が議会に代わって錯綜する政治課題の実質的処理機能を担うようになる。

　さて1970年代は多党化に加え保革伯仲の時代となり，その後半には野党から連合政権構想が相次いで発表された。だが，石油危機以後の経況悪化や新冷戦の激化に伴う国民の保守回帰によって80年代に入ると自民党への支持が復活し，政権交代は実現しなかった。だが，中曽根内閣の後を受けた竹下内閣は消費税導入やリクルート事件により国民の厳しい審判を受けて総辞職，後継の宇野首相も女性問題から辞職に追い込まれた。自民党イメージの改善を担って海部内閣が発足するが，湾岸危機への対処を誤り，さらに政治改革の挫折により辞職を強いられた。次の宮沢内閣も政治改革を断念したため，内閣不信任案に自民党の一部が賛成に回った。そのため解散総選挙となり自民党は遂に分裂する。選挙の結果，自民党は過半数獲得に至らず政権与党の座を失い，自民党が割れて生まれた新生党や社会党，公明党等8党・会派による細川非自民連立政権が誕生した（1993年8月）。冷戦の終焉と軌を一にして，38年間続いた自民党政権の時代も終わり，55年体制は崩壊する。

　細川政権の下，小選挙区比例代表並立制を軸とする政治改革法案が成立した。その後，連立政権から新党さきがけ，社会党が相次いで離脱し，短期の羽田政権を経て94年6月，自民，社会，さきがけ3党からなる新たな連立政権の時代を迎え，自民党は政権復帰を果たした。これに対し旧連立政権を形成していた社会党を除く新生党，公明党，民社党等は同年12月に新進党を結成。96年1月には社会党がその党名を社会民主党と改正する。自社さの連立は村山，橋本政権と続き，98年の小渕政権は自民党の単独政権として発足した。その後，政権は自民・自由党の自自，公明党を加えた自自公連立政権となり，2000年に発足した森政権，翌年の小泉政権とも自民，公明，保守（新）党の3党連立（03

年11月に保守新党は自民に合流し，以後は自公連立）政権となる。その間，野党では新党さきがけや社民党離党議員らが民主党を結成（96年）し，98年には解党した新進党の分派である民政党等を取り込んで野党第一党となり，さらに03年には自由党と合流し，政権獲得を狙う中道リベラル政党に発展した。このように55年体制崩壊後，新たな与野党の関係が展開され，現在では自公連立の与党対民主党を中心とする野党対立の構図が生まれているが，政権担当可能な政党が複数存在することで，相互の政策論争やチェックアンドバランスにより緊張感ある政治環境の現出が期待されている。

　なお日本では従来所謂中選挙区制が採用されてきたが，この方式は多党制を生み易く，また大政党内部には派閥を[17]，中政党には無気力をもたらす。さらに国政上の政策争点を巡る争いではなく地元利益や候補者個人をめぐる戦いとなり[18]，選挙に莫大な費用が必要となるといった問題も呈されていた。そのため選挙制度改革が進められ，既述のように細川政権の下で小選挙区制が導入された。小選挙区制の利点は，①多数党に有利で政権が安定すること，②二大政党制を生み出し易く政権交代が円滑に行われること，③選挙区規模が小さいため選挙費用が軽減され，かつ有権者は候補者の政策や人物を把握しやすくなること，④同一政党からの複数立候補がなくなり政策本位の選挙戦となること，その欠点には，①死票の増加，②小政党や新政党の議席獲得が困難化すること，③ゲリマンダー（特定の政党や候補者に有利となるような選挙区の区割りをすること）が行われ易いこと等が挙げられる。

　かねてより日本の政治に対しては，地元優先の利益誘導型政治であること，また国会議員は地元の選挙対策に奔走せねばならず，ともすれば国政は官僚主導，あるいは官僚任せの色彩が強いとの批判が呈されてきた。しかし，国会議員は全国民の代表であり，一選挙区の利益のために活動する立場ではない。また国民に直接責任を負わない官僚組織が，本来政治が決める分野に介入することは好ましくない。政党および議員は，国家の基本方針を打ち出し，自らの政策能力を強めるとともに，官僚を統制・監視し得るようリーダーシップの回復・発揮に努力すべきである[19]。

● 圧力団体

　政党と並び，一国の政策に影響力を及ぼす集団に圧力団体がある。タルコッ

ト・パーソンズは「政治に対して影響力を行使する組織的な特殊利益の集団」としてこれを定義する。政党は，政権を自己の掌中に収めることでその唱える政策を実行に移す組織であるが，圧力団体は政権の獲得を直接の目的とはせず，政府・政党等に圧力をかけることによって自らの固有利益を実現しようとする集団である。

　圧力団体は 20 世紀に入り台頭を遂げた。その理由は，結社・言論・政治活動の自由が保障されたことに加え，①資本主義の発達に伴う機能的社会集団（職業集団）の増大，②地域的代表原理によって運営されている国民代表のシステムだけでは職業上の利益擁護には限界が伴うこと，さらに③既成政党の寡頭制化による機能障害等が背景となっている。圧力団体の機能には，①利益の表出・集約機能や②専門的知識に関する情報提供機能，③議会・政府に対するチェック機能，④政治的社会化機能（構成員が政治的態度や意見を身に付けること）が指摘できる。そのほか，特定利害を共通項として全国的な広がりを見せる圧力団体は，地域割を基本とする選挙制度を補完する機能も果たしている。

　他面，問題もある。圧力団体の主張は集団エゴと化しやすく，特に既得権益を持つ巨大圧力団体はその意に反する政策決定に対する拒否権集団として行動するため，政治の停滞の原因ともなる。また，圧力団体を擁する集団とそうでない集団との間には不平等感が生じやすい。全ての部分的利益が集団化されているわけではなく，利益が一般的でそれに関わる者の数が多い程（例えばサラリーマン等）社会集団の組織化は困難なため，それら非組織化集団は圧力団体を組織しやすい集団と比べて政治的なハンディを負うことになる。圧力団体が働きかける対象は，従来は議会が中心だったが，行政国家化に伴い最近は行政部やマスメディアに移行しつつある。圧力団体の規模・能力は，資金力，集票力や組織の結束力，それに当該団体が求める利益の社会的受容性の高さ等で決まる。

　圧力団体の研究で先鞭をつけたのが『統治過程論』を著したアメリカの政治学者ベントレーであったように，アメリカは他国以上に政策決定に及ぼす圧力団体の影響力は大きい。それは，アメリカ政党の分権的性質に起因する。アメリカの政党は規律が弱く，個々の議員は彼らが最良と思う問題に自由に投票できるため，党が一つになって特定利益の代弁をすることが困難である。そのた

め各利害集団は政党に依存せず自ら圧力集団となり，その特殊利益を公的政策に反映させねばならないからである。各圧力団体も無党派的で，政党とは関係なく個々の議員に圧力をかける。ロビイスト（法案の可決や否決，内容，あるいは政府の行政的決定に影響を及ぼすために活動する圧力団体の代理人）が必要となり，ロビイングが活発化する所以である。

　アメリカでは，ロビイング活動は憲法で保障された請願権行使の一形態と考えられており（修正第1条），非公式・非合法な政治活動ではない。ロビイングには，直接議会や政治家に働きかける直接ロビイングと，それ以外の一切の活動を含む間接ロビイングがある。連邦ロビイング規制法（1946年制定）が規制の対象としているのは，直接ロビイングだけであること，またマスメディアの発展やイメージ政治化の台頭等から，直接ロビイングには3B（賄賂：ブライブ，宴会：ブーズ，金髪女性：ブロンド）戦術の暗いイメージが伴うため，最近では直接ロビイングから間接ロビイングに比重が移りつつある。規制法ではロビイストは連邦議会への登録が義務づけられており，届け出ているのは常時3～4千人程だが，現実には1～2万人が広くロビイング活動に従事しているといわれる。ロビイストには法律家，元公務員，元新聞記者，元議員等が多い。ロビイングは企業に限らずホワイトハウスや外国政府によっても営まれている。外国政府は大使館とは別に事務所を置き，連邦政府の政策や政情に関する情報を収集し，あるいはロビイング活動のために弁護士事務所やPR会社を代理人として利用している。

● 日本の圧力団体

　日本の主な圧力団体には，日本経団連（大企業と業界団体の代表者から構成され，財界の総まとめ役的存在であった経団連と，経営者の立場から労働問題について発言していた日経連が2002年に統合して発足），経済同友会（経営者が個人の資格で加入し，自由な政策提言の団体），日本商工会議所（全国各地にある商工会議所の中央機関で，中小企業対策が中心）の財界3団体や，連合，全労連を中心とする労働団体，その他日本医師会，日本遺族会等がある。

　石田雄は，日本の圧力団体の特徴として以下の諸点を指摘する。

① 国会議員が圧力団体の代表として送り込まれるが，政党に政策調整能力がないため，圧力団体の活動対象は官僚機構となる

② 政党の組織力が弱いため、圧力団体は政党のため、選挙その他の政治活動を補完する
③ 日本の圧力団体は成員の自発性に基づいて形成されたものではないため、単に同一地域、職場にいるというだけの冗長な組織参加となりやすい
④ ③のような参加事情から、圧力団体は寡頭支配となる
⑤ 官僚と圧力団体指導者の密談が有力なコミュニケーションの方法となる
⑥ 成員は団体に丸がかえされていて、かつ重複メンバーシップ現象が少ない[20]。

諸外国では通常、圧力団体の活動対象は立法府や選挙過程に集中するが、日本では政策決定における行政府の主導権が強く、また許認可行政の側面も根強く残っているため、経済官庁に対する働きかけが主となっている。政府の各種審議会に委員を送り込み、あるいは各種の人脈を活用する等公式非公式なルー

日本の主な圧力団体

	利益集団名	規 模	内 容
企業	日本経済団体連合会（日本経団連）	1647社・団体等（2005年6月）	「財界の総本山」といわれ、経済対策全般について政府に勧告・進言をしていた経済団体連合会（経団連）と、「財界労務部」といわれ、労働対策を進言していた日本経営者団体連盟（日経連）が、2002年に統合して発足
	経済同友会	会員数1402人（06年3月）	経営者個人を会員とした財界団体。政府に経済問題を提言
	日本商工会議所（日商）	522会議所（06年4月）	全国各地にある商工会議所の総合団体。企業会員による財界組織
労働	日本労働組合総連合会（連合）	組合員数667万人（05年6月）	全日本民間労働組合連合会（1987年）と官公労組が統一
	全国労働組合総連合（全労連）	組合員数95万人（05年6月）	共産党系の統一労組懇を母体に結成された反「連合」組織
	全国労働組合連絡協議会（全労協）	組合員数16万人（05年6月）	社会党左派系の国労などを中心に結成された反「連合」組織
農林水産	全国農業協同組合中央会（全中）、全国漁業協同組合連合会（全漁連）、全国森林組合連合会（全森連）		
その他	霊友会、主婦連合会（主婦連）、日本医師会、日本遺族会		

（出典）『最新図説政経』（浜島書店，2007年）135ページ

トを用いて政府の経済政策等に自らの意見を反映させることも多い。我が国にはアメリカのような専門的ロビイストは少ないが，実際には議員がその役目を担っているとの指摘もある。圧力団体が直接官僚に働きかけることには法的な規制があるが，議員には政治資金として合法的な資金提供が可能で，選挙における集票協力で恩義を売ることもできる。そこで官僚に対して優位に立つ国会議員が支援団体のロビイストとして官庁・官僚への働きかけに動くというわけである[21]。

　また圧力団体の多くが政党に系列化されており，支持政党の下位団体化している点も特徴の一つだ。石田が指摘したように，日本の政党の多くは組織が脆弱で，党員の党費だけでは政治活動や選挙資金を賄えず，支援団体からの政治献金に依存する体質が強い。財界が自民党の財政を支えてきたといわれる所以である。財界からいえば，政治献金が政界に働きかける最大の武器ということになる。財界の政治献金ルートとしては，自由国民連合を基に経団連が1961年に作った国民協会等があり，こうした機関が各企業に献金を割り当ててきた。さらに財界は，特定利益の唱導以外に業界間の利害調節や裁定的機能も果たしてきた。しかし産業構造の複雑・多様化に加え，財界主流の多くが重厚長大産業の経営者で占められ日本経済の時代的趨勢を反映しなくなったこともあり，この機能は急速に低下している[22]。いまや財界に代わり，産業別に組織された各業界が政官界との関係を深め，影響力を増しつつある。

　もっとも，日本の官僚機構は政権政党や財界から一方的に圧力を受けるばかりではない。経団連会長に官僚出身者が多かった事実からも窺えるが，官界は政界への人材供給のみならず，企業，財界にも官僚OBを送り込み，彼らの多くが官界で培った人脈や専門知識を活かしやがて企業トップとなり，さらには財界を指導する立場にも就いてきた。こうした過程を通して，戦後の日本では相互の利益交換を基底とする政・官・財界の三位一体化や，官僚を中心とするエリート集団層が形成されてきたのである。

● マスメディア
　20世紀に急速な発展をみたものの一つに，新聞，映画，雑誌，ラジオ，テレビ等のマスメディアがある[23]。マスメディアの特質は，①膨大な数の受け手に②高スピードで③同時に④高い頻度で⑤便利⑥安価に情報を伝達するこ

とにある。ジェームズ・マディソン（James Madison）は「人民が情報を持たず，またはそれを得る手段を持たないような政府は，道化芝居の除幕か悲劇の除幕である」と述べたが，自ら体験できない出来事や情報を知り，あるいは多くの人に自身の意見を伝えたい場合，人間はマスメディアに頼らざるを得ず，それは現代の政治過程で不可欠の存在となっている。ラスウェルはマスメディアの政治的機能として①環境の監視，②社会の諸部分相互の調整，③社会的遺産の世代伝達の3点を挙げる。このうち「環境監視機能」とは，政治的事件や複雑化する社会情勢の変化等を大衆に報道・解説することを意味する（報道・評論機能）。「社会諸部分相互の調整」とは，大衆の要求を整理して全体的な意志の形成を促し，さらにそれを政策決定のうえに反映させ，かつその決定を構成員に伝達する機能で，「世論形成機能」と呼ぶこともできる。

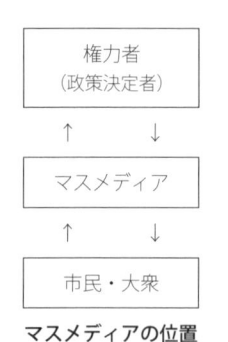

```
┌──────────────┐
│  権力者       │
│ （政策決定者） │
└──────────────┘
    ↑    ↓
┌──────────────┐
│  マスメディア │
└──────────────┘
    ↑    ↓
┌──────────────┐
│  市民・大衆   │
└──────────────┘
```
マスメディアの位置

左図はマスメディアと政策決定者，国民の位置関係を示しているが，マスメディアは上昇過程と下降過程の中間にあり，情報やメッセージの伝達を促進・妨害し得る立場にある。上昇過程とは，大衆の意見を政策決定者に伝える過程，反対に下降過程とは，政府の決定や方針を大衆に知らせる過程で，社会主義，独裁主義の国家ほど下降過程中心で上昇過程が細く，逆に自由主義あるいは民主主義国家ほど上昇過程のパイプが太くなる。下降過程では権力による情報操作や国家機密の扱いが，上昇過程では国民の知る権利や情報公開が問題となるが，情報を欲しているのは大衆だけではない。ジョージ・リーディ（G. Reedy）が指摘するように，アメリカのような民主主義国でも政策決定者には客観的な情報が伝わらないことが頻である。

「大抵の人は，日々の厳しい現実に照らして，物事を考える客観性を持っているが，ホワイトハウスでは，このような客観的に考える習性を権力者から奪い去ってしまう。ホワイトハウスの生活は，宮廷の生活である。たった一つの目的，つまり一人の権力者である大統領の必要と欲望に奉仕するために作り上げた機構にホワイトハウスは化している。大統領は王様並の待遇を受けている。大統領が思索に耽っている際には，世界を衝動さ

せるような大事件でも起こらない限り誰一人話しかけるものはない。自分が話しかけられない限り，大統領に対してこちらから声をかける者はいない。大統領の要求が気まぐれで，途方もない時でさえ，少し頭を冷やしてきたらどうだ，と言う者は誰もないのである。」「ジョンソン大統領は本当はベトナムに対して，アメリカの指導者として是が非でも知っていなければならない一番大事な事実，しかもホワイトハウスの外では誰でも容易に知ることができる事実を，側近から聞かされていなかった。それにも拘らず，ジョンソンはベトナム戦争についてあらゆる事実を熟知しているのは，大統領である自分だけであると確信していた。」(ジョージ・リーディ『大統領の黄昏』)

ケネディ大統領もピッグス湾事件(1961年)のあと，ニューヨーク・タイムズ紙の編集長に「新聞があのキューバ進攻作戦について得ていた情報をもっと暴露してくれたらよかった，なぜなら，それによる一般国民の反応が自分にあの作戦を中止させたかもしれないからだ」と述べている。"権力者の孤独"がもたらす政策決定の過誤の危険性に対しリーディは，「新聞は，外部の世界からホワイトハウスに入り込んで，仲介の解釈者によって和らげたり，同情的な側近によって歪められたりしない，直接の影響を大統領に与える唯一の力である」とマスメディアが果たす重要性を強調する。同時に彼は新聞人のあり方にも言及し，「国益に基づいて記事を選ぶことは，新聞記者の努めではない。新聞記者がその本職に忠実でありながら，しかも国益に接近し得るのは，他の人々が『何が国益にかなう』と考えているかを報道することにあり」[24]，自らが政策決定者の役割を演じようとすべきではないと諭している。

マスメディアの問題点を考えるにあたっては，まずマスメディアが大衆に伝える情報は現実に生起した事象そのものではない点に注意を要する。マスメディアが伝達する情報は，現実あるいは真実と受けとめられやすいが[25]，発信される情報はあくまでメディアが選択したものであり，取材者の価値観や主観が入り込んでいる。客観的な事実を報道，伝達しているように見えても，それは事実(一次的事象)をメディアが再構成，コード化したものであり，メディアのフィルターを通した疑似事実ないし疑似イベントに過ぎず，事案の単純化や偏向，意思誘導等の問題が生起する。わかりやすい報道に努めるメディアの

姿勢が，かえって大衆のステレオタイプ化（権力＝悪や官僚組織＝非効率の意識等）を助長させるのもその一例だ。またメディア報道には国家間の敵対感情や相手国に対する負のイメージを増幅し，摩擦や対立を拡大させる危険も内在している[26]。報道に周期性やブームが伴い，継続性を欠くという問題もある。このほかにも，情報過多がもたらす価値観の鈍化や自主判断能力の減退（逆機能），娯楽・非政治的メッセージの増大による政治的関心の希薄化，社会規範の強制（マスメディアの公人批判を受け，社会規範の再確認及び公人に厳しい履行を求める意識の増幅）や報道対象者の地位付与・剥奪機能，さらには為政者によるメディア利用や情報操作の危険等が指摘できる[27]。

また選挙の際に大衆の投票行動に与える影響も無視できない。マスメディアの政治報道は国民の政治的関心を活性化し，政治的争点に対する認識を深化させるばかりでなく，有権者の投票行動や選挙結果を左右する力を持っている（アナウンスメント効果）。例えば，メディアの世論調査を見て自分の意見が少数派と感じた者が孤立を恐れて多数意見に転じたり，あるいは沈黙を通すことによって多数意見が実際以上に増幅される（沈黙の螺旋）。事前予想を聞いて自分が投票しなくとも当選するだろうと判断した有権者が意中の候補者への投票を避けた結果，優勢を伝えられた候補者が落選し（離脱効果），苦戦を報じられた候補者に票が集まり当選を果たす（アンダードック効果）番狂わせも生み出す。さらに勝馬に乗る心理が働いて優勢と報じられた候補者の得票が益々増え（バンドワゴン効果），劣勢と伝えられた候補者への支持を一層減少させる（見放し効果）ケースもある[28]。

ところで，マスメディアの中でも今日テレビの果たす役割は特に大きい。ジャーナリストのヘレン・トーマス（Helen Thomas）が「60年代のペースメーカーだったケネディは，テレビを自己の政治権力維持の手段とした最初の大統領だった。若さと魅力とスタイルを国民に印象づけるため，彼はなによりもイメージを重視した」と述懐するように，テレビの重要性をいち早く認識し，それをフルに活用した最初の政治家はケネディ大統領であった。一方，ケネディと大統領の座を争ったニクソンは，大統領選挙のテレビ討論でニクソンが電波の魔力を活かしきれなかったことが敗退の大きな原因となった。そのニクソンもテレビあるいはイメージ政治の重要性を悟り，後年の中国訪問に際しては，

テレビ中継を実施して自己のイメージ向上に利用したのである。ハリスの世論調査ではアメリカ人の73％がニクソン大統領の訪中を成功と捉え，ギャラップ調査は75％が中国人に肯定的なイメージを抱いたという。ところがマスメディアを取り込んだニクソンが，皮肉にもウォーターゲート事件ではマスメディアと激しく対立し，遂には辞職に追い込まれていくのである。

ニクソンは，「テレビが我々の主要な通信手段および情報源として定着して以来，現代の大統領は前任者達に比べ，更に複雑かつ映画俳優のような特殊才能を兼ね備えねばならなくなった。彼らは政治の場で勝利を収めるだけでなく，その信じる計画や理想を促進するためにも，マスメディアを操作する技術を習得するよう試みねばならない。それでいて同時に，マスメディアを操作しようとしているとの非難は，どんな犠牲を払っても回避しなければならない。現代の大統領はイメージについての配慮を，本質のそれと同列にしなければならない」[29]と，政治家にとってイメージ作りの重要性を強調している。視覚に訴えるテレビの普及で，大衆が政策決定者に抱くイメージによって政策の当否や政権の支持・不支持が判断される"イメージ政治"の時代が到来したのである。このほかにもテレビが政治に及ぼす影響としては，①政治の大衆化，②思考の均質・普遍・単純化，③政治過程のプレビシット（plebiscite: 世論発表）化，さらに大衆が政治にドラマや意外性を期待し，ゲームを楽しんだり劇場感覚で政治を捉える傾向等が指摘できる。

通信・情報手段の発達に伴い，マスメディアは一大躍進を遂げたが，既存の三権分立の枠組みに属さないため，誰からも牽制を受けない最強絶対的な存在，いわば第4の権力となり，言論の自由に新たな問題を突きつけている（メディアクラシー）。またIT革命の進展でメディアの位置づけに変化が生まれ，最近はメディア内部の新旧交代も著しい。かっては政治権力に対する報道・表現の自由だけを問題にしておればよかったが，今日ではそれに加えてメディア自身の権力化や，権力がメディアを利用する危険，さらにはメディアの性格変容も問題となっている（終章参照）。いずれにせよ，国民に十分かつ適切な情報を提供すべき立場にあるマスメディアの社会的責任が極めて重大なことに変わりはない。一義的にそれはメディア自身の自覚や相互の健全な批判，切磋琢磨によって担保されねばなるまいが，良質なマスメディアを育てられるか否かは，

最終的にはその国と国民の質にかかっている。

● 日本のマスメディア

　日本のマスメディアの特徴としては，不偏不党性を強く掲げていること，にも拘らず自由民権運動以来の伝統に加え，戦前，軍部に協力・妥協して筆を折ったことへの反省も相俟って，実際には反権力・反体制的な姿勢をとる傾向が強いこと，数百万の発行部数を持つ全国紙が複数存在し，いずれも幅広い階層を読書対象とするため，各紙とも最大公約数的で大同小異の論調となりやすいこと等が挙げられる。新聞に限らずテレビ，雑誌等でも状況は同じで，企業間の激烈な競争から1社が報じると他社が皆これを後追いするため，報道の対象や内容，論説・論調が画一的で，同一方向に集中，志向する特徴が顕著だ。特に事件・事故報道では，メディアスクラムと呼ばれる集団的加熱報道が再三問題となっている。

　また速報力で勝るテレビがその報道機能を強化させたことや，インターネットの発達，フリーペーパーの普及もあって，新聞の読者離れ（発行部数の減少・伸び悩み）が進んでいる。そのため生き残りを賭けて，解説記事の充実や特定分野への特化，他紙とは異なる特色ある論調の展開等全国紙は一様に差別化路線の紙面作りを推し進めている。さらに新聞に対する優位を獲得したテレビも，双方向性を持つインターネットの登場に危機感を深めている。これまでマスメディアは権力者と大衆の間に介在することで自らの存在意義を発揮してきたが，権力主体と大衆が直接，しかも双方向でやり取りできるインターネットの普及によって，情報伝達役としてのメディアの価値が低下し始めている。メディアと通信が融合する動きも出ており，映像媒体としてのテレビの存続そのものを危ぶむ声も上がっている。そこでテレビ各局とも報道に力を注ぎ，個性あるキャスターを起用し，他局とは一味違う解説や切り口を提供する傾向が強まっている（解釈報道）。かって新聞が辿った過程を，いまやテレビが歩み始めているのだ。

● 新たな中間集団

　最近では，特定グループの営利追求を目的とはせず，公共利益の擁護を訴える NGO（Non Governmental Organization: 非政府組織），NPO（Non Profit Organization: 非営利組織）等の公共利益団体や，大衆運動（市民・住民運動）が盛

んである。NGO も NPO も，非政府性，非営利性を有する点で共通している。これら組織が既存の圧力団体と異なるのは，①圧力団体が構成員の私的利益追求を目的とするのに対して，NGO や NPO 等の公共利益団体は他者に関わる，しかも公的利益の実現をめざしていること，②圧力団体はその活動を通して得た利益を構成員間で分配しているが，公共利益団体は利潤の分配は行わないこと，③圧力団体はクローズな組織であるが，公共利益団体は趣旨に賛同すれば基本的に誰でも参加できるオープンな組織であること等である。

　我が国でも阪神大震災以後，一般市民によるボランティア活動が一般的となり，それを契機として「特定非営利活動促進法（NPO 法）」が制定され（1998年），2001年には NPO に対する税制優遇措置も認められるようになった[30]。現在，認証されている NPO 法人の数は30万近くに上っており，自立性を高めた市民による社会的連帯の深化をめざす動きは今後益々活発化し，それに伴って公共利益団体の政治的影響力も高まっていくであろう。

　次に大衆運動は，代議制民主主義システムの中で直接民主主義に近い主張形態をとることで，その足らざる部分を補おうとする点に意義がある。行動範囲を特定の地域に限定せず，一定の理念の下に政治社会的な問題の解決をめざすのが市民運動，特定地域の住民がその地域に生起した問題解決のために行われるのが住民運動である。大衆運動は指導者，同情者から構成され，その運動の成否は指導者の説得力や組織力，行動力，それに争点の重大性如何によって左右されることになるが，心理的に分散化している大衆を結合する以上，そこで大きな影響力を及ぼすのは，やはりマスコミの態度なり対応といえる。このほか，オピニオン・リーダーがいる。オピニオン・リーダーとは，マスメディアと国民大衆の中間に位し，その政治的態度や情報をマスメディアを媒介として人々に伝達し，大衆の情報や政治的見解形成の主たる源泉となる者をいう。リーダーと大衆の距離が開き政治的な疎外感が強まる状況下では，両者の中間に位置するサブ・リーダーの役割が注目されるが，知識人や文化人，評論家等オピニオン・リーダーの中には，このサブ・リーダーの機能を果たしている者もいる。

● 国民性と政治文化

　国民共有の価値観や意識，民族性，文化は，その国の政策形成に少なからぬ

影響を及ぼすものである。例えば，スタンレー・ホフマン (S. Hoffmann) が"ウィルソニアン・シンドローム"と呼ぶアメリカの国民性は，自国の殻に自閉する強い防御癖（孤立主義）と，民主主義の世界的な伝導者たらんとする高い使命感・理想主義の間をしばしば揺れ動き，独特の安全保障観や対外政策を生み出している。フランスの対外政策に伴う"偉大さ"や"光輝さ"(grandeur) の意識，中国の中華思想，英国人に見られるダンケルク精神等々もある。こうした国民性がその国の政治意識に影響を及ぼす場合，それは政治文化と呼ばれる。政治文化とは「政治過程に秩序と意味を与え，また政治体系内の行動を支配する基本的な前提とルールを与える態度・信条・心情の集合」(L・W・パイ) と定義できる。要するに政治的対象に対する国民意識の指向パターンのことである。

アメリカの政治学者ガブリエル・アーモンド (G. A. Almond) とシドニー・ヴァーバ (S. Verva) は比較政治学の視点から英米仏独伊墨5ヵ国の政治文化を分析し，三つの類型（理念型）を立てる[31]。

① 未分化（地方）型政治文化……政治・経済・社会的な役割が分かれていない前近代社会に見られるタイプで，専門的な政治制度，役職が未分化なため政治対象に対する明確な関心が生まれず，また狭い地域での自給自足的な生活のゆえに中央政府に目が向かない傾向がある。

② 臣民型政治文化……政府の権威を意識しその決定（出力）には関心を持つが，入力への指向はなく，また自らを積極的な参加者とは考えず，受動的に対応するタイプ。

③ 参加型政治文化……政治システムにおける出力にとどまらず入力にも関心を抱き，積極的に政治参加し，考えの近い政党や政治家を支持するタイプ。

アーモンドらは，アフリカの部族社会等発展途上国や自治的な地域共同体は未分化型，戦前の日本やドイツは臣民型，英米は参加型に近いとする。政治文化はその国の政治システムや構造と一致することもあればそうでないケースもあるが，総じて未分化型，臣民型，参加型はそれぞれ伝統的，集権的権威主義的，民主的な政治構造に対応するという。

マックス・ウェーバーは『プロテスタンティズムの倫理と資本主義の精神』において，プロテスタントとカソリックの教義の違いがその国の経済特性や政

治文化のあり方を規定していると指摘したが，宗教が国民の意識や精神構造に及ぼす影響も無視できない。一般に近代国家においては政治と宗教の分離（聖俗分離）が図られているが，個人の魂の救済という純然たる私的分野に限らず，国民的な一体感や統合，国家・社会への奉仕，さらには秩序や法意識の面で宗教は微妙に影響を及ぼしている。政教分離をうたうアメリカ（修正第1条）においても，例えば大統領が演説の中で聖書を引用したり，議会開会式での祈祷，軍隊等公的施設に付属する教会や牧師の存在等はそうした現れである。社会学者ロバート・ベラー（R. Beller）はこれを公民宗教（civil religion）と名付けたが，国民の精神基盤に占める宗教のウェートが大きい国にあっては，宗教団体が圧力団体として政策決定に影響を及ぼすだけでなく，国民の宗教意識が国民性を規定し，ひいては国家の政策に直接間接の影響を及ぼすのである。近年では，政治文化が一国の外交・安全保障政策に与える影響を解析する「戦略文化論」も提唱されている[32]。

● 世　論

世論とは，主権者たる国民多数が公共問題に対して持つ意見のことである。民主政，中でも代議政システムの下で世論は民意を映し出す重要な存在であり，一国の政策に大きな影響力を及ぼす。一般に世論は未組織なままの「ムード」あるいは雰囲気という形で政策形成の大枠を間接的に規定する働きをなすが，組織された局部的利益集団やその指導者およびマスメディアのような仲介者を通じて影響力を発揮することもある。ドナルド・ヘルマン（D. C. Hellmann）は，前者を大衆的世論あるいは世論の風潮（climate of opinion），後者を意識的世論（articulate opinion）と呼ぶ[33]。大衆的世論が対外政策の形成に影響を与えるのは，差し迫った戦争の危機等劇的かつ甚大な意義を持つ数少ない決定に関してであり，通常は一般化されたムードに従って反応し，政策決定に受動的な役割を果たすに過ぎないという。

K・J・ホルスティは，外交問題に対する関心度合いによって，世論を「関心層」「中間層」「無関心層」の三つに分ける。外交問題全般に広い情報と関心，それに自分の意見を持っている関心層は全人口の10〜15％に過ぎず，特定の外交問題についてのみ情報，関心，意見を持つ中間層で30〜35％，外交についてほとんど関心も意見も持たない無関心層が全体の70％を占めるという[34]。ロー

ゼナウ (J. N. Rosenau) も，市民の 75 〜 90 ％は外交世論の形成に加わる意志も機会もない「大衆層」で，世論形成に参加する気持ちはあるがその手段や機会に欠ける「注意深い公衆」が約 10％程度，そして世論の形成をリードするのは残り数％の人々だとする。意識的世論の担い手は，この数％に属する者ということになろう。

　従来世論は，争点の発生または提示 (第一段階) → 集団内討議 (第二段階) → 集団間討議 (第三段階) のプロセスを経て形成されるのが一般であったが，マスメディアの台頭で争点が上から提示される場合が増えている。情報の伝達・媒介者としてのマスコミが，大衆に争点を示すのである。第二・第三の段階においても集団内討論というパーソナルコミュニケーションに代わり，あるいはそれを補完する格好でマスメディアが問題点を整理し，他の集団の意向を伝え，そして意見の集約化を促進する。マスメディアは単なる媒介者ではなく，世論形成の指導者役を果たしているのだ。またマスメディアが実施する世論調査が，独自の政治的影響力を持つようになっている。世論調査は本来，国民が特定の問題に関し抱いている意見の叙述あるいは統計に過ぎないが，それがメディアによって権威づけられることで，逆に国民の意見や投票行動に影響を及ぼすのである (予言の自己実現的または自己否定的効果)。

　ところで E・H・カー (E. H. Carr) は，「現代の大衆民主主義の指導者達は，もはや世論を政治に反映させることに意を用いなくなり，世論の形成とか，操作とかいったことばかりに熱中している」と述べるが，最近では政策決定者が世論の積極的形成に動くのが通例となってきた。リチャード・ニクソンも「ただ世論に従うのではなくて，世論を指導するのが指導者の責任である。指導者は決定を下す前に全ての事実を集め，その事実を知らせることによって国民の中でその決定に対する支持を作り出さねばならない」と述べている。こうした動きは世論の重要性が日増しに強くなっていることの表れでもあるが，世論が民主主義政治にとって重要であるということと，そこに真理があるかどうかということは別の問題である。

　例えば，ウォルター・リップマン (W. Lippman) は世論に懐疑的である。

　　「不幸な事実は，有力な世論が重要な時点において破壊的なまでに間違っていたことが多いということである。国民は，事情に通じた責任のあ

る役人の判断に対して拒否権を行使した。彼らは通常，どうすることがより賢明であるか，何が必要であり何がより緊急であるかをわきまえている政府をして，あまりに少なきを要求するがゆえに遅きに失せしめたり，あるいはあまりに多くを要求するがゆえに長きに過ぎせしめたり，平時において過度に平和的であり，戦時において過度に好戦的であらしめたり，あるいは交渉において過度に中立的または宥和的であったり，あるいはまた過度に非妥協的であらしめたりした。」(35)

H・ニコルソン（H. Nicolson）も，対外世論の欠点を列挙する。

① 主権者である国民の無責任さ：無数の無名無自覚の選挙民が対外政策を統制する以上，かっての絶対君主，貴族等にあった個人的あるいは団体的責任感がなくなる。この無責任さは大衆的な新聞によって助長され易い。

② 無知やある種の知識の危険：選挙民はどんな条約が自国を拘束しているか，ほとんど気づかない。また対外問題とは，自国の国益に関するものばかりでなく，他国の利益にも関係するものであるということが分からない。またある種の知識，例えばドイツの南西部を一度自転車旅行しただけで，ヒトラーとドイツ参謀本部の関係について深い確信を抱いて帰ってきたりする。

③ 遅延の危険：絶対君主や独裁者なら2〜3時間で決められることも，民主国家では世論が結論を整備するまで待たねばならない。

④ 不正確の危険：民主主義の政府は，曖昧模糊たる言葉で政策発表を行い，その政府がまさに阻止したいと望む危険を，結果として招来してしまうことがしばしば起こる(36)。

リップマンやニコルソンの考えは，「世論は軍隊よりも強力である。世論は，真理と正義とに基づくならば，結局，歩兵の銃剣や大砲の砲火や騎兵の襲撃に優る」と述べたパーマストンやジェレミー・ベンサムら「民の声は神の声」的に世論を楽観視した19世紀思想家のそれと対極をなしている。

（大衆的）世論は外交や安全保障政策に対し平常はさほど強く反応せず，ハト派的傾向を示すが，一旦関心を集めると激烈なエネルギーを発揮し，その好んで向かうところはインターナショナリズムではなくナショナリズムである。我が国に例をとれば，日清戦争の終了をめぐり，講和やむなしとする陸奥外相の

考えに対し，当時の世論は断固戦争を続行すべきだとして政府に強い不満を示した。同じことは日露戦争でも繰り返された。日本の全面的な勝利と信じた国民は，ポーツマス講和会議で南樺太の割譲しか実現できず賠償金取り立てに失敗した外相小村寿太郎に激しい非難を浴びせ，ポーツマス条約を屈辱条約と呼び，政府支持の立場をとる「国民新聞」を襲撃する等の"暴発"をみせた。しかし当時の日本には戦争継続の力は既になく，またロシア全権ウイッテが言い放ったように，そもそも日本はモスクワを占拠したわけではなかったのだ。ドイツの世論が熱狂的にナチスを支持したのも，やはりナショナリズムがその原動力となった。ところがこうした緊張状態から解放されると，一転して世論は極めてハト派的となる。ナチス支持のドイツ国民と対照的に，大戦後のイギリス世論は軍縮やチェンバレンの対独宥和政策を強く支持したのである。

　そもそも世論とは「多数者の」意見であり，質よりも数に着目した概念である。K・ヤング (K. Young) も「世論の基礎となる意見は，強度や密度において単なる観念や印象よりは多少とも優っているが，完全で適切な検証に基づく知識に比べると，多少とも劣っているところの信念である」と捉えている。絶対的な権力が絶対的に腐敗するように，絶対的な世論への帰依も絶対的な盲信に堕する。世論の重要性は否定すべくもないが，民主主義社会で真に必要なことは，世論の重要性のみを強調してそれに振り回されるのではなく，政権担当者も大衆も，ともに健全な世論の育成に向けて行う努力にこそあるのだ。

④ 物理的要因

　国家の持つ潜在的な力，即ち国力は，一国の物的，精神的諸力（国力を構成する各要素）の総体から成り，触知的要因と非触知的要因に大別できる。触知的要因は国力を構成する諸要素のうち主として物質的，物理的なもの，つまりハードであり，非触知的要因は非物質的，精神的要素，即ちソフトに該たる。触知的要因には，①自然条件，②人口，③経済力，④軍事力，⑤技術力の五つが，非触知的要因には，①政体・政治制度，②政府の質，③国民性，国民の資質，士気，④文化，歴史的伝統，⑤社会構造が，それぞれ含まれる。政策決定者はこれらの要因から生み出される国力の多寡を念頭に，国家の目標や具体的な政策を選択するのであるから，自国の国家構造や国力を正しく把握すること

が求められる。

　我が国の場合，その国土は狭隘で，四季の変化に富む等豊かな自然に包まれてはいるが，肝心の天然資源には恵まれていない。そのような中でも，均質で教育程度の高い国民を資源として，また平和国家を国是に軽武装を維持しつつ国力の全てを産業の復興に傾注した結果，戦後，奇跡的ともいわれる目覚ましい経済的躍進を遂げた。しかし，最近は少子高齢化や教育の荒廃，また肝心の経済も BRICs 等の追い上げを受け，苦しい立場に追い込まれつつある。日本が今後も世界経済の中心に位置し続けるには，物作りの根幹をなす技術力の水準を高める必要がある。従来日本は欧米から adopt, adapt, adept（採用，改造，精通熟練）の天才と揶揄されてきたが，技術立国をめざすには，他国技術のコピー，模倣の域を越え，真に創造的な研究を生み出せる体制の構築に本腰を入れねばならない。

　また経済や技術以上に深刻な問題が，ソフト面の劣勢と発信力の著しい不足である。文化や思想，芸術，社会システム等のソフト（非触知的要因）は国力の形成にあたって大きな比重を占めつつある（ソフトパワーの時代）。しかし日本は古来より諸外国からのソフトの導入，受容に熱心な反面，自らのソフトを積極的に発信する努力は怠りがちであった。また日本のソフトは国内を対象としたものばかりで世界に目を向けず，故に普遍性や開放性が乏しいといわれてきた。単に物を作り，あるいは金融資本を操作するだけで，他国には無い思想やシステム，文化を醸成し，かつ外に向けてそれらを積極的に発信・普及させていかねば，国際社会から尊敬と畏敬の眼差しで見つめられることはできず，影響力の高揚も望めないであろう。

5 国際的要因

　国際的影響要因としては，国際体系（システム）や，国家（際）関係に加え，国際法，国際世論，国際道義といった規範的なものも含まれる。
　　国家関係：同盟国あるいは友好国との条約や協定が存在する場合には，これを履行・遵法する義務を負う。
　　国際体系：二極化構造では，イデオロギーや利害を異にする他陣営国との交流・接触は困難で，ブロックの盟主の持つ影響力も強い。そのため陣営内

の各国の取り得る行動選択の幅は限られたものとなる。これに対し多極化あるいは勢力均衡体系の下では，国益がブロック利益に優先し，中小の国家でも行動の選択幅は拡大する。

国際法：国際法は国際関係を律する法であるが，全ての国際関係を支配するものではない。国家活動が国際法によって制限されるのは事実だが，重要な国家活動が国際法によって決定されることにはならない。それは国際法の持つ法的特殊性に由来する[37]。第一に，法の二つの主要源泉たる「慣習」と「立法」のうち，国際法には前者しか存在しない。国際法は国際慣習法と条約法に分類できるが，条約法といえどもそれは締約国の相互承認に依拠するものであり，締約国の上位にある国際的統一立法機関が定めたものではない。第二に，国際裁判制度が未確立なため，当事国の同意なくしては裁判が行えず，また国際法はその執行を目的とする機関を有していない。権利の主張や被害の救済は自助 (selp-help) によらざるを得ないのである。それゆえ平時における通常の国家間活動では国際法が遵守されても，一国の安全保障や死活的利益に関わる問題についてはその限りではない。国際法は一国の政策決定に許容性 (permissivity) は示すけれども，適当性 (desirability) を与えるものではないのだ。

国際世論・道義：自国の行動が国際道義や人道，倫理的見地から首肯され，あるいは国際社会の支持を得たもの程その遂行は容易となり，逆に抵触する場合には抵抗や反発を受けることになる。ただし国家の活動を強く抑制する要因とはなり難いため，全体主義国家や社会主義諸国のような閉鎖的強権的な国家は敢えて国際世論を敵に回し，国際道義にもとる行動も厭わないのが現実である。

以上，一国の政策決定に影響を及ぼす各種の要因について眺めてきたが，これら一つ一つの要因が，個々の決定に際してどの程度のインパクトを与えるかは定性的な評価が非常に難しい問題である。しかも現実の政策決定の場では，決断を求められる課題が同時に複数存在し，ある案件に対する決定が別の問題に新たな影響を及ぼすことも多々ある。政策決定者が一つの事案を他の問題とは無関係な環境の中で処理，決定することは不可能である。

「結局，研究者は究極的決定の本質を知ることはできない。実際，それは多くの場合，決定者自身にとっても同じことである。……決定作成過程には，不明瞭で錯雑としたことが常にある。それは決定の最も直接に関わりあっている者にとってすら不可解なものなのである。」(ジョン・F・ケネディ)

■注 釈
(1) 加茂利男他『現代政治学』(有斐閣, 1998 年) 51 ページ。
(2) セオドア・ソレンセン『ホワイトハウスの政策決定の過程』河上民雄訳(自由社, 1964 年) 111 ページ。
(3) ロバート・A・ダール『ポリアーキー』高畠通敏他訳 (三一書房, 1981 年) 6〜11 ページ。
(4) 阿部斉は議会の機能として，①正当性調達機能，②統合機能，③立法機能，④代表機能，⑤行政部形成機能，⑥行政部統制機能，⑦政治的指導者の訓練・補充機能，それに⑧有権者の政治教育機能を列挙する。阿部斉他『概説現代日本の政治』(東京大学出版会, 1990 年) 12〜4 ページ。
(5) 「議院内閣制の制度の土台と，強い立法府というイメージとのギャップが，日本の議会政治についての混乱した批評や注文を生み出しているのではなかろうか。例えば，日本の国家は官僚の作った法案を通すだけで独自の立法機能を果たしていないという批判があるが，議院内閣制をとる以上，政府提出の法案を与党の賛成で通すのは当たり前であ（る）。……政府提出によって法律を作ることは，それ自体が民主主義にとっての悪ではない。日本の場合，政治指導者の側が十分な主導力を持たず，官僚制に寄生する形で立法を行うために国民の不満を買うのであろう。」山口二郎『政治改革』(岩波書店, 1993 年) 88〜9 ページ。
(6) 議員が法案を提出するには，衆議院では 20 人以上，参議院では 10 人以上の同僚議員の賛成（予算を伴う法案はそれぞれ 50 人，20 人）が必要とされている。一方内閣提出法案は，一般に①所管省庁での調査・研究（審議会諮問），②原案作成，③省議（省庁案決定），④内閣法制局審査，⑤省庁間協議，⑥与党の事前審査（自民党の部会→政務調査会→総務会），⑦閣議（政府案決定），⑧国会へ提出・審議開始という過程を辿る。
(7) 「族議員そのものは田中角栄を筆頭に戦後の政策決定過程の随所で見られた。ただ，かっての族議員が大臣経験を踏み台に官庁内部に影響力を持つようになった一部の大物政治家を指すのに対し，70 年代後半に台頭した族議員は一様に中堅の，むしろ無名の政治家である。彼らは，自民党の一党優位体制が固定化する中で自民党人事の制度化されたステップをひとつひとつ登ることによって族議員の地位を獲得したのである。具体的にそれは，自民党の政務調査会の部会や国会の委員会などでのキャリアの獲得を通じて行われるが，その場がそれぞれ特定の官庁との結びつきを特徴としていたために，これら族議員が影響力を行使する分野は官庁が単位となったのである。」岩井奉信『立法過程』(東京大学出版会, 1988 年) 166 ページ。

(8) 岩井奉信，前掲書，133〜9ページ。「国対政治とは，国会の運営について，与野党の少数の国会対策委員たちが不当に大きな力を持つに至ったことを指す。共産党を除く与野党の国対委員は，極めて密接に連絡を取り合っている。与野党が本音を出し合い，採決強行・審議拒否・激突・空転などをできるだけ回避していこうというのが本来の趣旨だったのだろう。野党には，全面対決で敗北を重ねるよりも，ときに水面下の交渉を進めることになっても，法案の修正など具体的な成果を獲得した方が得策だという計算もあったと思われる。しかし，法案の審議の段取り，修正の内容，通過させる法案と次の国会に送る法案の選別などまで国対委員の間で根回しするようになると，委員会審議が形ばかりのものになり，むしろ弊害の方が大きくなる。」広瀬道貞『政治とカネ』（岩波書店，1989年）51〜2ページ。
(9) 各省庁の官僚が政府委員として大臣を補佐し，国会審議の場で大臣に代わり答弁する政府委員制度は国会審議活性化法によって廃止された。現在では，大臣のほか副大臣及び大臣政務官に加え，人事院総裁や内閣法制局長官等極く一部の官僚だけが政府特別補佐人として国家への出席と発言が認められている。ただし，法案に関する詳細事項の質問に答えるため，各省庁の官僚を政府参考人として招致できることとされており，運用の実態からは，かっての政府員・説明員の制度と大差ないとの批判もなされている。
(10) K・J・ホルスティ『国際関係の理論』宮里政玄訳（勁草書房，1972年）216ページ。
(11) A・M・スコット『国際政治の機能と分析』原彬久訳（福村出版，1973年）76ページ。
(12) 永井陽之助『政治意識の研究』（岩波書店，1971年）169ページ。
(13) 「法の支配」の原理に対して，19世紀ドイツで発達した「法治主義」や「法治国家」の考え方がある。権力者の恣意排除という意図では共通するが，法の支配が起源的に自然法の支配という意味を持つのに対して，法治主義の対象は実定法であり，またその形式や手続きの遵法性が重視され，法の形式が整っておれば基本的人権も制限できるとされる点で法の支配とは考え方を異にする。
(14) A. L. Lowell, *Public Opinion in War and Peace*, Harvard Univ. Press, 1923, 猪木正道『政治学新講』（有新堂，1958年）189ページ。
(15) M・デュベルジェ『政党社会学』岡野加穂留訳（潮出版社，1970年）参照。
(16) ジョバンニ・サルトーリ『現代政党学』岡沢憲芙他訳（早稲田大学出版部，2000年），岡沢憲芙『政党』（東京大学出版会，1988年）46ページ。
(17) 派閥が生まれる理由としては，中選挙区制度に加え，総裁公選による多数派確保の必要，内閣，党，国会における役職配分機能，財閥解体による政治資金源の多様化等が挙げられる。
(18) 国会議員の立場に関しては，地域代表の考えをとるアメリカのような例もあるが，多くは欧州のような全国代表の考えであり，我が国もそれに従っている。しかるに，現実の政治過程においては地元に対する利益誘導型政治が蔓延しているとの批判が後を断たない。この地元利益誘導型（私益）政治と密接に繋がっているのが各議員のもつ後援会組織である。後援会の生態やその影響は神島二郎編『現代日本の政治構造』（法律文化社，1985年）50〜70ページ参照。
(19) 「長期政権の万年与党の経験は，官僚機構の忠実な奉仕に助けられて，自民党議員に

政調族議員から政務次官―閣僚への歓談を保障し，小状況に対応する小政治のベテランとすることに役立った。しかし，中選挙区・単記の選挙制度の下，個人競争，派閥争い，カネのかかる選挙，繁忙をきわめる日常生活，などなどが，ゆとりあり見識ある政治家の再生産をきわめて困難にしてしまった。統治能力を持たないハンディを背負った万年野党において，人材の再生産がきわめて困難となり人材が枯渇しつつある実情は，これまでもよく指摘されてきたが，いまや自民党の場合も，つまり政治家全体の人物貧困が大きな問題となってきている。」内田健三『現代日本の保守政治』(岩波書店，1989 年) 204～5 ページ．
(20) 石田雄「わが国における圧力団体発生の歴史的条件とその特質」日本政治学会編『日本の圧力団体』(岩波書店，1960 年)．
(21) 村川一郎・福岡政行他『現代の政治過程』(学陽書房，1982 年) 171 ページ．
(22) 「財界は日本経済全体にかかわるイシューについて主として政府・自民党首脳との個人的つきあいという特殊関係を通じて影響力を行使しているのに対して，業界は具体的な生産，金融の問題について，大蔵，通産，運輸等の関係官庁や自民党政務調査会の関係部会との関係を主なものとしている．こうしてイギリスやイタリアの場合のように頂上組織と呼ばれる上部団体が業界間の調整と業界の政府に対する陳情に関する取り次ぎの機能を果たしている場合と違って，日本の財界はこの役割をほとんど果たしていない．業界間の対立は主として関係官庁内及び官庁間で調整されるし，業界は関係官庁を通じてその要求を直接政府に伝達しうる．もちろん調停役として財界人が介入することがないではないが，官庁とちがって何の権限ももたない財界人は一時的なまとめ役としての役目を果たしうるに過ぎない．財界団体のうち経団連は業種団体をその下部組織として名目上統合しているが，経団連の最高責任者の地位を占める財界人はこれらの下部組織を実質的に統合・代表する機能を制度的に果たしているわけではない．」大嶽秀夫『現代日本の政治経済権力』(三一書房，1979 年) 96 ページ．
(23) メディア (media) とは，ラテン語で「中間の」を意味する medium から派生した言葉で「情報媒体」を指す概念である．よってマスメディアは「大衆伝達（マスコミュニケーション）の媒体」を意味するが，マスメディアとマスコミは同義に使われることも多い．コミュニケーションとしてのメディアは，新聞，テレビ等報道諸機関を意味するマスメディア（＝マスコミ），インターネットやパソコン通信のようなネットワークメディア，テープレコーダーやビデオカメラといったパーソナルメディア等に分類できる．最近ではメディアを単なる情報媒体ではなく，送り手・受け手間の相互連鎖と調停の過程と捉える立場もある．
(24) George Reedy, *The Twilight of the Presidency*, World Publishing Company, 1970, p.114.
(25) 1938 年 10 月，米国の CBS 系ラジオ放送は H・G・ウェルズ原作の宇宙戦争を基に FS ラジオドラマを放送した．その中で俳優オーソン・ウェルズが火星人襲来の臨時ニュースを伝えたところ，これを本当のニュースと誤解した聴取者が慌てて武器を用意したり自動車での脱出を図ったため，全米で大混乱が生じたのは有名なエピソードである．
(26) 「マスメディアは摩擦の仲介者である．一つには，摩擦の根本原因となる事実を伝

えることによってである。摩擦に火をつけ，またその火が燃え続けるように，薪を次々に竈に放り込んでいく。「またもや米国の貿易赤字拡大」とか「日本製乗用車，米国内シェア30％を超す」等々。加えて，摩擦自体を報ずることによって，竈の火に勢いをつける。ふいごで風を送るように，摩擦の火を煽る。例えば日本の自動車メーカーの対米工場進出の事実を伝えること自体は，摩擦を煽るわけでもなく沈静させるわけでもない。いわば中立的である。しかし，そうした対米進出が累積した結果，「米国の自動車メーカーが敵意を募らせている」と伝えるとすれば，これは既に燃え上がっている日米間の摩擦の火に油を注ぎ，ふいごで煽ることになろう。」安藤博『日米情報摩擦』（岩波書店，1991年）Ⅵ-Ⅶページ。

(27) 湾岸危機・戦争の際の「少女ナイーラ証言」事件や「油まみれ水鳥」事件，イラク戦争ではフセイン政権による核開発の脅威を誇張するための「ウラン購入疑惑」事件等米国政府が対外政策・戦争を有利に進める目的で実施した情報操作については，川上和久『イラク戦争と情報操作』（宝島社，2004年）が詳しい。またボスニア紛争ではセルビア人悪者イメージが世界に広まったが，その背後にボスニア側が雇ったPR会社がマスメディアに巧みな情報操作を仕掛けた実態があったことは，高木徹『戦争広告代理人』（講談社，2002年）参照。

(28) 小林良彰他『新訂政治学入門』（放送大学教育振興会，2007年）76～7ページ。

(29) リチャード・ニクソン『ニクソン回顧録①』松尾文夫他訳（小学館，1977年）42ページ。

(30) NPO（Non Profit Organization）は「不特定多数の利益の増進を目的として市民の自発的な参加を基盤に継続的に非営利活動を行う民間の組織・団体」のことで，代表制民主主義を補い，市民の政治参加を促す等市民社会を支える重要な主体として，その活動範囲も広まっている。

(31) G・A・アーモンド＆S・ヴァーバ『現代市民の政治文化』石川一雄他訳（勁草書房，1974年）15～9ページ。

(32) 戦略文化論については，Peter J. Katzenstein, *Cultural Normsand National Security*, Cornell Univ. Press,1996; Thomas U. Berger, *Cultures of Antimilitarism*, The JohnsHopkins Univ. Press,1998; Peter J. Katzenstein,ed., *The Culture of National Security*, Columbia Univ. Press,1996; Ken Booth, Russell Trood, ed., *Strategic Cultures in the Asia-Pacific Region*, Macmillan, 1999, etc.

(33) D・C・ヘルマン『日本の政治と外交』渡辺昭夫訳（中央公論社，1970年）14ページ。

(34) K・J・ホルスティ，前掲書，233ページ以下。

(35) Walter Lippman, *Essays in the Public Philosophy*, Little Brown, 1955, pp.23-24.

(36) H・ニコルソン『外交』斉藤真他訳（東京大学出版会，1968年）84ページ以下。

(37) A・M・スコットは，国際法は以下の点で市民法とは異なるという。①その法源が権威に裏づけられていない，②その内容がしばしば不明確である，③国際生活の重要な部分が，国際法の射程内に入らないままである，④国際法解釈のための，普遍的に容認された権威ある根拠が存在しない，⑤国際法への服従が任意である，⑥如何なる団体も国際法を運営することを任せられていないし，また国際法を強制する能力も持っていない。A・M・スコット，前掲書，239ページ。

第4章　西欧政治思想の発展

① 古代ギリシャとデモクラシーの起源

　ヨーロッパでは紀元前5世紀頃，古代ギリシャのポリス（都市国家）において，女性と奴隷を除く全市民が直接政治に参加する直接民主制が採用された。これが民主政治（デモクラシー）の起源といわれる。デモクラシー（democracy）という言葉は，古代ギリシャ語の「人民」（demos）と「支配・権力」（kratia）を併せたデモクラティア（demokratia）に由来している。ポリスの市民は貴族と平民に分かれ，当初は貴族が政治を独占していたが（貴族政），貴族・平民間の激烈な争いを経て平民も参政権を獲得する（民主政）。しかし，そこでも富裕な少数者の政権を求める寡頭派と一般市民の政権をめざす民主派に市民が分裂して互いに抗争し，共同体としてのポリスの変質と崩壊を招いた。即ち，ペルシャ戦争勝利の後，デロス同盟をバックに覇権国化したアテネが他のポリスの嫉妬と憤激を買い，それを糾合したスパルタに敗北（ペロポネソス戦争）を喫するが，「ギリシャの解放者」を自任したスパルタもまたアテネ同様に独裁化したためギリシャ全土で覇権争奪戦が勃発し，自由と平等の理念がポリスから失われていった。このような時代を代表する政治思想家が，プラトンとアリストテレスである。

　ペロポネソス戦争後の爛熟腐敗が進行していたアテナイにおいて，「最も知恵ある者」とのデルフォイの神託を受け，やがて「無知の知」を悟ったソクラテス（Sokrates: B.C. 470-399）は問答法を重ねることで真の知を探求しようと努めた[1]。だが徳と正義を説き不正を告発する彼の姿勢は逆に権力者の反発を買い，疎んじられたソクラテスは「神を信ぜず青年を腐敗させる」との罪状で告発され，死刑判決が下る。正義を説くソクラテスが不正義の法に従う必要はないと，老友クリトンや弟子のプラトンらは亡命を勧めたが，「正しく（＝善く）生きること」こそが従うべき最善のロゴスであり，「悪法も法なり」として彼

らの助言を容れず,ソクラテスは従容と死に赴くのである。

哲人ソクラテスの死に直面したプラトン (Platon: B.C. 428-347) は,正義の実現を政治哲学の課題とした。彼は『国家』において,名誉政―寡頭政―民主政―僭主政という政治体制の変遷を堕落の過程と捉えアテネの衆愚政治を批判するとともに(2),「善のイデア」という究極の目標を追求する哲人王によって統治される国を理想の国家とした。「徳は知である」との徳知主義を政治理念とするプラトンは,教育や学問に無縁な一般市民は国政を担当する資格がなく,理知的に高度の教養を修めた哲人王あるいは少数の貴族による政治こそが最高の政治形態であると説いた(3)。

プラトンによれば,国家は統治者階級,戦士階級,生産者階級の3階級から構成され,それぞれは理性,気概,欲望という人間の魂の各部に対応している。そして各階級では理性に対する知恵,気概に対する勇気,欲望に対する節制の徳がそれぞれに守られ,全体が調和するところに正義が実現すると主張した。逆に調和が崩れると堕落が始まる。知恵に代わって気概が支配すると名誉が重んじられ戦士階級が支配権を獲得し(名誉政),次いで富裕階級が軍人支配を倒し寡頭政となるが,貧富の拡大が進み大衆の困窮化が進むと貧者が富者を打倒して民主政となる。民主政は自由と平等を原理とするがやがて過度の自由は放縦を生み,価値の相対化と社会のニヒリズムに耐えられなくなった大衆の不満を利用して僭主政(専制支配)が生まれるという先述の国制移行過程を描くのである(4)。ただ晩年のプラトンは『政治家』や『法律』において,哲人政治を理想として掲げながらも,現実にあるべき国家の制度については哲人支配の次善として「法の支配する国家(法治国家)」を強調し,君主政と民主政の混合政体を評価するようになる(5)。

プラトンの弟子アリストテレス (Aristoteles: B.C. 384-322) はそれまでのギリシャ思想を総合し,初めて体系的な哲学を作りあげてヨーロッパ哲学の基礎を築いた人物である。プラトンが『国家』において,完全な知識を持った哲人による統治を最高の政治形態としたのに対して,アリストテレスはプラトン的なイデアの概念を否定し,哲人王の支配は現実には不可能とし,優秀な少数者よりも多数の一般市民による判断の方が信頼できる(「少量の水は腐敗しやすいが多量の水は腐敗し難い」)と考えた。ただ彼も民主政には好意的でなく,少数支配

の貴族政や寡頭政に民主政の要素を加味し，多様な市民の参加する混合体制を最善の国政とした[6]。かようにプラトンもアリストテレスも多数者による政治としての民主政を国政の堕落形態と捉えたが，これは彼らの考察動機が腐敗した当時のポリスの政治状況を批判する意図から発したものであることが影響していた。

前4世紀の中葉，ギリシャ諸都市はフィリップ2世率いる北方の新興国マケドニアに敗北し，その子アレキサンダー大王はインドからアフリカを含む大帝国を築くが，ポリス的国家とは異なり専制君主国家を生み出したヘレニズム時代には，かってギリシャ諸都市で展開された民主主義をめぐる議論は下火となった。その後覇権の中心はローマに移るが，ローマが台頭し得た原因を国制のあり方に求めた歴史家ポリュビオス (Polybios: B.C. 203-120頃) は，君主政，貴族政，民主政の各政体は堕落するとそれぞれ僭主政，寡頭政，衆愚政となり，やがて別の政体に移行するという政体循環論を説き，各政体の要素を合わせたローマの混合政体を最上とした (『歴史』)[7]。共和政末期の政治家キケロ (Cicero: B.C. 106-43) も，ポリュビオスを踏まえつつ混合政体を推賞した (『国家論』)。

2 中世：キリスト教神学の政治思想

ローマは共和政から帝政へと推移するが，帝政当初厳しく弾圧されていたキリスト教が2世紀末以後の帝政崩壊過程で力を得るようになり，特にテオドシウス帝による国教化措置 (392年) に伴い，キリスト教は個々人の内面に留まらず現実政治においても決定的な影響力を持つことになった。宗教が精神世界だけでなく世俗世界をも支配する中世のヨーロッパで，知の中心となったのはキリスト教神学であった。古典世界からキリスト教世界への転換期，また世俗国家と教会権力との対立期に生きて，来るべき世界を支配するキリスト教神学の哲学的基礎を築いた人物が，アウグスティヌスであった。

アウグスティヌス (Augustinus: 354-430) は北アフリカのタガステで，異教徒の父と篤信のキリスト教徒を母に持つローマ市民として生まれ，カルタゴで古典的教養を習得した後，ローマ，ミラノで修辞学の教師となった。青年時代に善悪二元的なマニ教から強い影響を受け，さらに新プラトン主義に触れた後，33歳でキリスト教に回心し，北アフリカのヒッポで司教職に携わりながらキ

リスト教神学の理論的深化に生涯を捧げた[8]。410年，ゴート人によってローマは掠奪されるが，ローマが没落したのは古くからのローマの神々をキリスト教が無視，蔑ろにしたためであるとの異教徒の批判を抑えるため，13年の歳月をかけて彼が書き上げたのが大著『神の国』(413～26年) である。

　同書の中でアウグスティヌスは，神の恩寵によって結ばれる共同体「神の国」と神より放逐された罪人の集合体で自己愛を原理とする「地の国」という相対立する理念形国家を対立的に描き，歴史はこの両者の二元的闘争の過程と捉えた。アウグスティヌスは，この世に現実に存在する国家はこの二つの極限形が混在したもので，地の国の住民だけでなく神の国の住民も含まれていること，また聖戦遂行や治安維持等の任務を帯びているとして現実の国に一定の評価を与えつつも，無限の欲望に走る地の国では戦争が絶えず，神の国である社会のみが正義と平和を実現できるとした。国家を必要悪とする彼の国家観はプラトン，アリストテレスの古代ギリシャ政治理論とは対局をなすものであった。そして歴史の決定的終末が迫っており，「最後の審判」によって神の裁きは神の国の住民を永遠の平和へと導き，地の国の住民を永劫の罰に陥れるであろうと説き，現実の国家は神の国へ近づき良き国家たらねばならないとして，人意（人定法）に対する神意（神法）の優位，つまりローマ教会の世俗国家に対する優越と勝利を主張し，キリスト教に基づく歴史感や政治理論を体系化させた。プラトンのように人間が自ら持つ理性の力で正義や善のイデアが実現できると考えたギリシャ思想とは対照的に，アウグスティヌスにあっては罪深き人間という原罪意識や理性に対する信仰の優位が思想の中心をなしている[9]。

　アウグスティヌスの哲学は以後八百年にわたり，中世ヨーロッパ思想の中心軸となった。そして中世末期に登場したトマス・アクィナス (Thomas Aquinas: 1225-74) は，キリスト教思想とアリストテレス哲学を統合することで信仰と理性の調和を図り，政治的権威の自律化に道を開くとともに，スコラ哲学を完成へと導いた(『神学大全』)。ほどなくヨーロッパは宗教的権威が支配した中世から近世へと離陸するが，その過渡期，分裂の続くイタリアに，都市国家に対する領域国家，絶対国家の優越性を説くとともに，近代政治学の基礎を築いた人物が登場する[10]。それがマキャベリであった。

3 近世の胎動：絶対国家の理論

● 近代政治学の祖：マキャベリ

　マキャベリ（Nicholo Machiavelli: 1469-1527）が活躍した頃のイタリアは政治的統一性を欠き，教皇権と皇帝権という弱体化した普遍的権威と多くの都市国家（コムネー）が互いに入り乱れ，内乱や外敵の侵入が相次いだ。彼の生まれたフィレンツェも相次ぐ権力者の交代で，政治の安定性は失われてしまった。元来フィレンツェではメディチ家の統治が続き，コシモ及びロレンツォ・デ・メディチが各都市の勢力均衡に腐心したため，イタリアはナポリ王国，ミラノ公国，ベニス，フィレンツェ両共和国，それに教皇庁の5大勢力の均衡が維持されていた。だがヨーロッパに強力な統一国家が誕生するようになり，ロレンツォの死後イタリアの安定は崩壊する。そしてフランス王シャルル8世のイタリア侵攻を契機にメディチ家が追放され，サボナローラの神権政治が行われた。しかしこの預言者の政治も4年しか続かず，共和政を経て再びメディチ家の支配が復活する。

　マキャベリはサボナローラが処刑された直後，フィレンツェの書記官に任命され（1498年），のち外交・軍事を担当する十人委員会の書記官に就任し，15年にわたり外交使節としてイタリア各地や欧州諸国を訪問。その間，集権国家体制を整えつつあった列強に対抗し得る強力な統一国家を，如何にしてイタリアに生み出すかが彼の政治課題となった。しかし共和政が崩壊し（1512年），メディチ家支配が復活するやマキャベリはその職を追われ，さらにはメディチ家に対する陰謀加担の容疑で投獄される。釈放後著述活動に専念するが，公職復帰を願うマキャベリがメディチ家への献書として著したのが，『君主論』（1532年）であった[11]。

　マキャベリの思想の根底には，現実の政治・外交に携わった自らの経験と，統一国家を持たないイタリアに対する危機感があった。前者からは徹底した現実主義の思考（「なさるるべきことのために実際になされていることを顧みない者は，自分の生存どころか身の破滅を招く」）が，後者からは強力な権力者の出現と統一国家の誕生を求める意識が生まれた。そもそも古代ギリシャでは道徳的正義の実現が，中世ヨーロッパでは霊的な救済が政治の目的であり国家のレゾンデートルとされたが，マキャベリは分権的な自治都市に変わりイタリア全土を統一

し得る権力的組織たることに国家の意義を見出した。また彼は人間の行動原理を欲望に求め，野望と貪欲の渦巻く現実世界を克服する統治の術を論じた。

「君主は，自らの地位を維持するために，善でないようにすることを理解しなければならず，有徳であることは却って妨げであり，ただ有徳なるが如く，自らを装うことが必要である。君主は偉大であろうとするならば，虚言や違約を恐れてはならず，自ら進んで狐と獅子とならなければならない。なぜならば，人間は概して不信かつ悪徳であるから」「罠を見破るには狐である必要があり，狼を嚇かすには獅子である必要があ」り，狐の狡猾さと獅子の獰猛さが君主には必要だと説いた。また「君主は愛されるよりも，恐れられることが必要である。けだし，愛の紐帯よりも，恐怖による結合が強固であるから」（「君主論」第18章）。

ルネサンス的な人間像，即ち欲望の充足を求めて止まぬ活動主体としての人間像を基に政治論を展開したマキャベリは，人為を支える根源的な力を「ヴィルトゥ（virtus）」と呼んだ。それはラテン語本来の語義である倫理的な「徳」ではなく，情念や欲望の妨げられることなき発現を可能とする人間の「力（活力）」を意味し，運命と対比されるべきものであった。マキャベリは運命論的諦念に流されず，人為，つまり自由意志の発露によって国家の統一実現を果たすべきだと論じたのである。その彼にとって，チェーザレ・ボルジアこそ理想の君主像であった。そして国家を強くするには国民一人一人が力（ヴィルトゥ）に溢れていなければならず，そのような国制としては本来共和政が好ましいが，イタリアのような混乱した状況下では独裁的な指導者が必要であるとした[12]。

善と悪，正義・不正義の価値判断を超えて，近代的統一国家樹立のための権謀術策を論じたマキャベリは，中世スコラ哲学の羈束を脱して政治を論じた最初の人物であった。プロシャのフリードリヒ大王が『反マキャベリ論』を著して『君主論』を悪徳の書と侮蔑しながらも，自身も実際の政策ではマキャベリ的な権謀術策を実践せざるを得なかったように，マキャベリの理論は極めて現実主義的な権力主義的政治論であった。人間の本性は邪悪であるとしつつも，欲望に基づく生身の人間の行動力を肯定的に受け止めたこと，国家の行動準則たる国家理性は個人の倫理や道徳を超越し，統治者には徳や倫理，信仰心ではなく権力や暴力の行使に精通する能力を求めたこと等政治を宗教や個人倫理・

道徳から切り離し，躍動的な人間観と権力を軸に独立した世界として論じたマキャベリは，近代政治学の祖と呼ばれている。

● 王権神授説と主権の理論

その後，近世に入ったヨーロッパでは主権国家の制度（ウェストファリアシステム）が誕生し，没落した封建諸侯や聖職者に代わり国王が次第に権力を掌握し，国王統治への無条件服従を求める絶対王政（絶対主義）が敷かれた。17〜18世紀の絶対王政の時代にあっては，国王が最高の権力者であることを法的に正当化づける論理が構築された。国王の支配権は神から授けられたものであり，その権力は法に拘束されないとする王権神授説がそれである。英国のフィルマー（R. Filmer: 1589-1653）やフランスのボシュエ（J. B. Bossuet: 1627-1704）等が提唱者で，英国のジェームズ1世やフランスのルイ14世はこの考えの信奉者だった[13]。またボーダン（Jean Bodin: 1530-96）は『国家論』（1576年）を著し，主権とは「国家の絶対的で永続的な権力であ」り，「市民や臣民に対して最高で，法律の拘束を受けない権力である」とその絶対性を主張し，暴君放伐論（モナルコマキ）のような制限君主権を退けて，国家権力の最高独立性を示す主権の概念を体系，明確化させた。

しかし，産業の発展に伴い経済力を持った市民階級（ブルジョワジー）が台頭すると，彼らは国王に対して自らの利益を主張し，政治・経済的な自由や権利を求め，政治への参加を強めるようになる。その結果，英国の清教徒革命（1642〜49年）や名誉革命（1688年），アメリカの独立革命（1775〜83年），フランス革命（1789年）等市民革命（ブルジョワ革命）が相次いで生起し，この流れは19世紀以降各国に広まっていった。この市民革命を実現に導き，近代市民社会の理論的基礎ともなったのが，自然法思想に支えられた社会契約説の考えであった。

4 社会契約説と人民主権の理論

社会契約（social contract）説とは，社会や国家の成立を自然状態にある平等な個人間の契約行為によって説明，基礎づけようとする考え方で，近代西欧における市民革命を支える概念となった。論理構成にあたって社会契約説は"自然状態（State of Nature）"を想定するが，自然状態とは秩序だった社会が誕生する以前のいわば原始状態を意味し，社会契約が結ばれる前の段階とされる。

自然状態を如何なる世界と見るかは思想家によって多様であり，闘争と混乱の状況と把握する者もおれば，比較的安定した秩序維持の世界と捉える思想家もいた。前者の代表がホッブスであり，後者にはロックやルソー等が挙げられる。そして自然状態の中で人間は「生きるために自由に行動できる権利（自然権：Natural Right）」を持つという点で平等であったとの前提（近代自然法思想）に立ったうえで，この不安定な状態からの脱出の方途として互いの間での契約行為を想起したのである。

● ホッブス

トマス・ホッブス（Thomas Hobbes: 1588-1679）は，英国内乱期の無政府状態を生き抜いた政治思想家であった。彼が生まれた年はスペイン無敵艦隊が英国攻略を企てた年でもあった。彼の母はスペインの艦隊が町を襲うかもしれない恐怖の中で彼を産み落としたといわれ，後年ホッブスも「私と恐怖とは生まれながらの双生児であった」と語っている[14]。

彼はその著書『リバイアサン』（1651 年）で，極めて悲観的な人間観に基づいた国家論を展開する。ホッブスはその政治理論を自然状態の説明から始める。ホッブスによれば，自然状態にある人間は自らの生存確保のための権利（自然権）をそれぞれ無制限に行使する[15]。それゆえ，人々の間には争いが絶えず「万人の万人に対する闘争」の状態とならざるを得ず，社会騒乱の根本原因は人間の本性のうちにあると指摘した[16]。しかし，自然状態は無秩序の戦争状態であるが[17]，その一方で人間には，このような状態を克服しようとする意欲と能力も存在する。意欲は本性的なものだが，能力としての理性を正しく用いれば自然法を発見することができ，これに従えば自然状態に陥ることを防ぐ社会の建設が可能だと彼は考えた。

戦争状態である自然状態から逃れるための規範としてホッブスは三つの基本的な自然法を考え，これ以外の自然法はこの三つの基本的な自然法を前提とし，それに由来するものであるとした。基本的な自然法の第一は，平和への努力を命じるものであり，第二の自然法は，平和と相互の防衛のために自然権の相互放棄を命じ，他者に許すのと同じ程度の自由で満足すべきことを命じる。そして第三の自然法は，こうした自然権の相互放棄のために結んだ信約の遵守を命じるものである。そして「正義の本質は，有効な信約を守ることに存するが，

信約の有効性は，人々をしてそれを守らせるに十分な，社会的権力の設立によってのみ始ま」るのであり[18]，平和を求める人々は自然法に従ってまず社会を建設するための契約を結び，各人がそれぞれの自然権を放棄してそれを主権者に譲渡する必要があると主張した。

また主権者自身は契約の当事者ではないからこの契約には拘束されないため，主権者の権力は絶対的となるとし，さらに主権は分割できず，権力分立は内乱を誘発するとして反対する等主権の絶対万能化を擁護した。ホッブスは君主政，貴族政，民主政の中で君主政がもっとも優れているとし，平和を求めるならば，人々は全能の主権者（国王）に従うか，戦争状態としての自然状態に生きるかの二者択一しかないとの論理を展開したのである。書の題名であるリバイアサンとは，旧約聖書ヨブ記第40，41章に登場する海の怪獣のことで，「地の上にはこれと並ぶものなき」力を備えた秩序（国家権力）を象徴しており，陸の怪獣で無秩序の象徴であるビヒモスと対比されている[19]。

『リバイアサン』はパリ亡命中のホッブスが清教徒革命に伴う内乱に対して平和と秩序の条件を提示する目的で書いたもので，国王に主権を与えることで混乱を収拾すべきとの考えであった。同書は近代ヨーロッパにおいて市民社会を原理的に基礎づけた最初の政治哲学の体系であり，絶対的な善悪の基準を設けず，自然権を有する個人を理論の出発点に据えて近代国家主権論を展開するホッブスの姿勢は，近代社会科学としての政治学に途を開くことになった。

● ロック

ジョン・ロック（John Locke: 1632-1704）は，オックスフォード大学で医学と哲学を学んだ後，ホイッグ党の実力者アシュリー伯（後の初代シャフツベリー卿）の知己を得，その侍医兼秘書となるが，ジェームス2世の王位継承に反対したアシュリー伯がオランダに亡命したため彼もその後を追った。そして名誉革命後に帰国を果たし，『市民政府二論（統治二論）』（1690年）を発表して英国思想界の指導者として評価と名声を得た。自然状態を，道徳的に如何なる拘束も存在しないと考えたホッブスとは異なり，ロックは自然状態に自然法が存在することを認めた。自然状態ではなるほど万人に共通の主権者は存在しないが，自然状態はそれを支配するための一つの自然法を持ち，それが各人を義務づけるから，恵み豊かで理性に従った行動をとれば自由，平等，平和が実現できる世界

であるとロックは認識し，無政府的ではあってもそれほど脅威の高い闘争状態の世界とはみなさなかったのである[20]。ただそのような安定的な世界でも時に紛争や対立は生起するので，そうした混乱状態を避け生命，自由，財産（この三つをロックは所有権と呼ぶ。それは自然権とほぼ同義）の享受を確実にするため，自然権の一部を政治的代表者（＝議会）に信託する社会契約を結ぶ必要があるとした[21]。

ロックの場合は，ボーダンやホッブスのように主権的権力の拡張や絶対化には関心がなく，その制限に関心が向けられていた。市民は各個人が天賦として有する自然権を信託しただけであり，主権の正当性は市民に留保されており（君主主権を否定），専制政治が行われるならば，市民は社会契約に基づいてそれに抵抗，否定する権利を持つと彼は考えた[22]。「抵抗権（革命権）」の思想である。さらにロックは，統治を効果的に行うために権力の分立を主張し，法律を作る立法権とそれを執行する行政権，そして自国の外にあるすべての個人や共同体を相手に一切の交渉を行う同盟権の三つを挙げ，立法権と執行権は明確に区別された二つの機関に分属されるべきである（執行権と同盟権は別々の人の手に委ねることは不可能とされた）と説いた。ロックの思想は名誉革命を理論的に擁護し，ジェームズ２世を退位させオレンジ公ウィリアムを国王として迎えたことの正当性を立証する役割を果たした。またアメリカ独立革命の根拠となり「独立宣言」に活かされたほか，モンテスキューやルソーらにも影響を与えた。

ロックは，自然状態を万人の万人に対する闘争状態ではなく，既に不完全ながら自然法も実現されている「自由で平等な平和状態」と考えたが，これはホッブスと対称をなす考え方であった。市民戦争を背景に，強力なリバイアサンを実現し国家がアナーキー状態から脱却せしめることがホッブスの時代的関心であったとすれば，ロックの生きた英国では名誉革命以降政治的安定が実現し，国家をもって社会秩序の維持・改善を図るための一手段と認識することが可能となっていたことが，このような相違を生み出したといえる。自然状態に対するホッブスとロックの対照的な見方は，その後の（国際）政治学における代表的な政治観の先駆ともなった。すなわち，現実の世界を悲観的・対立的な視点で捉える現実主義（リアリズム）と，楽観的・安定的な場を見る理想主義（イデアリズムないしリベラリズム）の二つがそれである。

● ルソー

　こうしたホッブスやロックの考え方を基盤としつつそれをさらに発展させるとともに、契約の目的を国家や共同体の安定よりも真に個人の自由が実現できるような共同体の設立に置き、人民主権論を説いたのがルソー（Jean-Jacques Rousseau: 1712-78）である。スイスの貧しい時計職人の子として生まれ、年少から放浪の生活を重ねたルソーは常に下（人民）からの目線で政治改革を考えた。英国流の社会契約論を継承してはいるものの、ルソーの思想は急進的で、自然を尊び一切の人為的なものを排斥し（「自然に返れ」）、人間が築き上げた文明世界も自然に反し、誤謬と罪悪に満ちた社会だと考えた。それゆえ『学問芸術論』（1750年）においてルソーは腐敗堕落した文明世界を痛烈に批判し、『人間不平等起原論』（1755年）では、原始未開の自然状態の下では自由で平等な生活を過ごせた人間も、社会の形成、財産の不平等性（私有財産制）のためにその自由を失ってしまったと主張するのである[23]。

　そして、本来自由であるべき人間が現実には諸々の鉄鎖に縛られ、奴隷状態に置かれている現実に如何に対応すべきかを考察したのが『社会契約論』（1762年）であった。ルソーは、問題を解く鍵は国家にあるとした。国家的秩序が我々の同意なしに強制的に押しつけられたものならば、それは人間の品位と両立しえない不当な拘束であり、我々を奴隷化する鉄鎖以外の何物でもない。しかし、国家的秩序が我々の同意に基づき、能動的に関与した上の産物だとすれば、鉄鎖の性格は解消され、我々は奴隷状態から解放されよう。つまり、人々の自由な「契約」によって形成された国家のみが真に国家の名に値する組織であること、また社会契約を結び人間が国家を築いても、社会を構成する人間一人一人が真に自由で平等であり続けるためには、その社会の全体の利益をめざす全人民の「一般意志」による統治が必要であると主張した。

　ルソー独自の概念である一般意志は、個人の利益を追求する特殊意志やその総和としての全体意志とは峻別され、後二者が私的利益を求めるのに対して、一般意志は共通の利益を求める意志で、それは法の規定として現れるとした。この一般意志を構成し、それを体現するのは人民であるから、人民が主権者であり、法律は人民の意思を通して行われる主権の行使である。さらにこの主権（一般意志）は不可分、不可譲、不可謬、絶対という4特性を持ち、分割も譲渡

も，よって代表者への信託もできず，各人は直接自身で意見を表明する必要があるとし，彼は議会制民主政治を否定し全人民が直接政治に参加する直接民主制（人民主権論）を主張した[24]。主権の絶対性からホッブスが支配者たる君主権力の絶対性を引き出したのとは正反対に，ルソーは人民権力の絶対性を説いたのである。ブルジョワ的な立憲国家や議会政国家ではなく，人民主権論の立場から直接民主制を強く主張したルソーの思想は，フランス革命，特にジャコバン党の指導理論となったのである。

● モンテスキュー

立法権と執行権の分立及び前者の後者に対する優越を説いたロックの主張を受け継ぎ，これを三権分立論へと発展させたのがモンテスキューであった。17世紀末，フランス貴族の家に生まれたモンテスキュー（Charles de Montesquieu: 1689-1755）はボルドーの高等法院判事，法院長等を歴任し，その間，専制主義を批判した『ペルシャ人の手紙』(1721年) を刊行して名声を得た。その後法律研究のため欧州諸国を歴訪，最後にロンドンに2年間滞在し，英国の政治制度と憲法の運用ぶりをつぶさに観察した。そうした研究の集大成として著したのが『法の精神』(1748年) であった。同書でモンテスキューは各国の様々な政治体制を比較し，英国の政体を一種の理想としながら自由と権力の均衡の重要性を指摘し，「およそ権力を有する者がそれを濫用しがちなことは万代不易の経験である」との認識に立ち，「権力を濫用し得ないようにするためには，事物の配置によって，権力が権力を抑止するようにしなければならない」(第11編第4章) として，国家権力を立法・執行・司法の3権に区分し，それぞれを異なる人と機関に委ね相互に牽制・均衡させるべきだと主張した[25]。

近代における権力分立理論の始祖は，英国のハリントン（J. Harrington: 1611-77）といわれる。彼は平等な理想国家を描いた『オシアナ共和国』(1656年) において，権力の恣意的な行使を防ぐシステムとして二院制からなる立法府と行政府が独立関係を築くべきことを提唱した。また権力分立の発想はロックにもあったが，ロックが行政権を執行権（対内）と同盟権（対外）の二つに分けたのに対し，モンテスキューはこれを執行権として一つに纏め，ロックが執行権の中に含めていた司法権力を裁判権として独立させた。さらにロックが立法権の優位を認め，これを主権と同一視したが，モンテスキューは3権を完全に並

列的なものとし，分立のメカニズムを徹底させた点に特色があった。

　モンテスキューの権力分立論がめざすのは，君主，貴族，人民という社会的諸権力の均衡であり，国王大権を容認するものでもなければ，人民主権論に傾斜するものでもなかった。彼の理想とするところは制限（立憲）君主制であり，その関心は専制への転落を防止し，自由を保持しつつ如何に君主制を維持するかにあった[26]。『法の精神』で説かれた三権分立論はアメリカ合衆国憲法で制度的に実現されたほか，フランス人権宣言では「権利の保障が確保されず，権力の分立が規定されないすべての社会は，憲法を持つものではない」（第16条）と定められ，人権保障とともに自由主義的憲法の基本原理とされた。

5　19世紀の政治思想
●功利主義

　英国で育まれた自由主義の思想は，アメリカ独立の思想として継承されていくが，19世紀に英米の知的伝統において支配的となったのは功利主義（utilitarianism）の考えであった。名誉革命後の英国では王権が制約され，トーリー，ホイッグの二大政党が議会を支配するようになったが，地主や貴族等が下院の議席を独占し，選挙区の私物化や買収行為の横行等腐敗が進んだ。18世紀後半には産業革命が進展し，新たに産業資本家が台頭した。独立自助の精神が強い彼ら新興勢力は，自由放任主義の観点から地主・貴族階級優遇の既存の法体系の改正を求めた。市場社会の自動調整機能（「見えざる手」）を根拠に，国家の個人の自由への干渉を排すべきと説いたアダム・スミス（Adam Smith: 1723-90）の思想は，産業資本家の利益を擁護する役割を果たした。また自然権，自然法，社会契約といったそれまでの観念は歴史に実在しないフィクションとしてヒュームによって退けられ，社会秩序の変動に伴って新たな哲学の出現を期待する風潮も強まった。そうした環境の中で登場したのが，ベンサムによる功利主義（utilitarianism）の思想であった。

　懐疑主義者ヒュームの影響を受たジェレミー・ベンサム（Jeremy Bentham: 1748-1832）は，自然法や社会契約の考え方を形而上学的戯言として退け，法とは実定法であり，権利とは実定法によって保障されたもの以外にはあり得ないとした。そして政治体制を維持，正当化するもの，つまり統治の基準を「人

間(国民全体)にとっての効用の実現」という実質的な基準に求めた。苦痛(不幸)を避けて快楽(幸福)を求めるのが人間の自然の性向であり，この苦痛と快楽に価値の源泉を求め，人間社会の全ての行為の価値基準を苦痛と快楽の総計差によって評価すべきだと考えたのである(『道徳および立法の原理序説』1789年)。社会科学におけるニュートンを自負したベンサムは，人間の快楽と苦痛は計算可能であり，人間個々人のみならずその集合体である社会全体の幸福計算もできると考え，量的単位として強度，持続性，確実性，遠近性の4基準を設けた。そして社会の最大多数が最も幸福になるような，言い換えれば快楽の総計が苦痛の総計を上回る結果をもたらすような道徳や立法原理確立のための政治改革が必要であるとして，地主貴族階級を打破し産業ブルジョワジーに対する選挙権付与や自由の拡大を目的に，青年男子普通選挙制に基づく議会改革を主張した。

「最大多数の最大幸福」という快楽の増進に政府の正当性の根拠を求めるベンサム的な功利主義の考えは，ジェームズ・ミル(James Mill: 1773-1836)とその子ジョン・ステュアート・ミル(John Stuart Mill: 1806-73)に継承されたが，ジョン・ステュアート・ミルはベンサムの考えを修正させ，快楽には量だけでなく質の面があり，精神的な快楽を考慮すべきだと論じた。「たとえ野獣の快楽を完璧に与えられると約束されたからといって，人間的被造物なら，何らかの下等動物に変えられることに満足しようとはしないであろうし，知性的な人間なら，愚か者であることに満足しようとはしないであろう。教養ある人なら，無知な人間であろうとはしないし，感情と良心を持つ人なら，利己的で卑しくなろうとはしない。」「満足したブタであるよりは，不満足の人間である方がよいし，満足した愚か者であるよりは，不満足のソクラテスである方がよい」という有名な一節は，快楽に道徳的優劣をつけるべしとのミルの考え方を伝えている[27]。

彼ら功利主義者の活躍は，選挙法の改正を実現させる等産業ブルジョワジーの政治進出に道を開くことになった。またダーウィンの進化論に影響を受け，生物と同様に社会も生存競争，自然淘汰，そして環境に対する適応(適者生存)によって進化するとの社会進化論に立ったハーバート・スペンサー(Herbert Spencer: 1820-1903)は，功利目的の達成を社会進化の過程に求めるとともに，

社会の進化が自然の論理に従うものである以上，それを外部から妨害すべきではないと主張し，一切の国家干渉を否定する徹底した自由放任主義を展開した。もっとも19世紀末の英国は帝国主義の流れの中で海外市場への進出を強める一方で，国内では弱者の救済と不平等の是正が問題となり始めていた。そのため"拘束の不在"を重視し消極的自由の確保に固執するミルやスペンサー流の古典的な自由主義論だけでは時代の要請に対応し切れなくなり，国権拡大の理念と従来の民権尊重・自由主義の理念を統合，止揚する新たな政治哲学が必要となった。

これに応えようとしたのがトーマス・ヒル・グリーン（Thomas Hill Green: 1836-82）であった。彼はドイツ観念論哲学も取り入れつつ，市民的義務と「公共善」を強調し，個人の内面に潜む善への衝動を地域，そして国家共同体へと公共の場に拡大すべきことで国権と民権の調和をめざす理想主義的な政治（道徳）哲学を生み出した（オックスフォード学派）。「人格の成長」を達成するにはある程度個人の自由を制限することも可なりというグリーンの考え（積極的自由）は，社会権の概念へと発展していく。

● ドイツ観念論の形成とカント

18世紀のドイツでは啓蒙専制君主の政治体制が支配しており，思想界もそれに追随する状況であった。しかしフランス革命はこの国にも大きな衝撃を与え，新たな思想の展開をもたらすことになった。それがドイツ観念論（政治的理想主義）の哲学である。ベーコンに端を発する英国の経験論に基づく演繹論と，パスカル以来のフランス（大陸）の合理論に基づく帰納論をそれぞれ批判的に継承・総合させながら独自の認識論を構築し，ドイツ観念論哲学を形成したのが『純粋理性批判』『実践理性批判』等を著したカント（Immanuel Kant: 1724-1804）であった。カントは東プロシャのケーニヒスブルクの馬具師の子に生まれた。敬虔なクリスチャンであった両親の下で不正も不道徳も見聞することなき家庭教育を受け，後にケーニヒスブルク大学の教授として論理学と形而上学を担当した。

政治思想の面ではヒュームやモンテスキュー，特にルソーの影響を強く受けたカントは，市民的自由を，何人も法によって規定されるもの以外には服従の義務を負わない状態と解し，ルソーの「一般意志」を法理論に発展させ，法は

自由に対立するものではなく，真の自由が成立するための不可欠の条件であることを示し，法治国家の基本原則である「法律の支配」の概念的基礎を築いた。だがカント政治哲学の最大の特徴は，彼が自由の論議を政治領域よりも倫理的な問題として扱ったことにある。

人間は自然法則に従う単なる物理的存在ではなく，自らの良心に従う道徳的存在であると捉えたカントは，「自由」は恣意とは異なり，道徳法によって規制される人間意志であり，したがって真の自由は理性に従属することによって初めて実現される，人間はその行動が理性によって規定される場合にのみ自由となることができる，と考えた。彼にとって自由とは，人が欲するすべてのことをなし得る可能性の問題ではなく，つまり人間が自然的存在として持っている一つの属性ではなく，人間が理性的存在として自らを措定する義務ということになる。カントは自由を専ら倫理的な問題として把握し，その解決も現実の政治とは切り離して内面世界において想を巡らせたのである。またカントは共和政を支持しながらも，その一方で啓蒙専制主義者フリードリヒ2世（大王）を高く評価した。フランス革命の理念には共感を覚えつつ，その暴力的側面には理性主義の観点から忌避感を示し，理想の政体としては立憲君主国家を最良としたのである[28]。

さらに，法による各人の自由の共存というカントの考察は，『世界公民的見地における一般的歴史の理念』(1784年) や『永遠平和のために』(1795年) において，恒久平和の理想（自由諸国家による国際連合の創設）へと発展していった。こうしたカントの国家・政治観を基本的に継承したのがフィヒテ (Fichte: 1762-1814) であった。その後のドイツの政情を背景に，フィヒテは『封鎖的商業国家論』(1800年)や『ドイツ国民に告ぐ』(1807年) 等を著し，ドイツ民族の統一を求める国家主義的な思想を展開した。

17〜18世紀の英国やフランスでは，自由の問題は具体的な「政治的自由」として構想され追求された。これに対しドイツでは，政治の次元から道徳の次元に自由論議の場が転移せしめられ，人間の主観的，恣意的な自由ではなく，意思の自律や理性の自己支配という内面的な自由が取り上げられた。そこでは極めて観念的，思弁的な自由論が中心となり，かつ理性主義が前面に押し出された。また人間を物理的存在としてよりも精神の存在として把握し，精神的存

在としての人間が精神世界の理想を日常生活の中で実現する重要性が強調されたこともドイツ観念論の特徴であった[29]。こうした相違が生じたのは，ドイツでは政治変革を熱望する新興勢力（ブルジョワジー）の台頭が英仏に比して大きく遅れており，政治の論議も未だ観念世界に留まらざるを得なかったためである。

● ヘーゲル

カントによって興されたドイツ観念論はフィヒテ，シェリングを経てヘーゲル（Friedrich Hegel: 1770-1831）によって大成された。ヘーゲル哲学はカント的な理想主義とドイツロマン主義の総合的産物といえる。もっともカントがルソーと同様，個人の自由に対する思惟からスタートしたのに対して，ヘーゲルは個人ではなく民族や国家を思考の基点に据えた。また存在（ザイン）と当為（ゾルレン）を峻別する理性主義的なカント哲学とは対照的に，ヘーゲル哲学においては存在と当為が同一化される。有名な一節「理性的なものは現実的であり，現実的なものは理性的である」（『法哲学綱要』序文）から窺えるように，現実を理性的とする合理主義的な色彩が強い。さらに，ヘーゲルにとって歴史はたんなる事物の展開ではなく，理性の自己実現にほかならない。錯誤と失敗，悲劇の連続体である歴史を理性の展開とみなすにあたって，彼が取り入れた分析手法が「弁証法」であった。

ヘーゲルは，現実に存在する国家は既にそれ自身として真理を表明し，理性的な内容を持つ存在と認識した。現実の国家を非理性的な存在として攻撃を加え，その改革を論じる思想家は浅薄の輩だと批判し，彼らの理論をソフィストの諸原理と名付けて排斥した。国家は倫理的な理想の究極であり，社会的存在の最高形式である。人間はその一切を国家に負うており，夫婦や家族の間柄を契約で処理できないのと同様，国家と個人の関係を契約論で論じることはできないとして社会契約論を排除する。家族というものをただ複数の人間が構成する一社会実態以上の価値共同体として眺めるのと同じように，ヘーゲルにとって国家は単なる個人の総体ではなく，個を越えて個を包み込む崇高な実体であり，市民社会として論議される共同体とは異質で高次元の共同体であった。全体と個人の対立，全体に対する個人個我の独立をめざす西洋近代の政治思想を低質と退け，ヘーゲルは両者を統一的に捉えようとしたのである。

そしてヘーゲルは，国家こそ理性及び自由の具現であり，道義体系でありその完全なる最高形態と考えた。国家に全体系の中心があり，芸術や哲学等一切の事象に精神的基礎を授けるのも国家。そして，世界史の目的は最高自由の国家建設にあり，そうした国家の実現によって人間精神も完全に自由となる。国家を最高の精神的世界とし，その国家の意志に従うことこそが最高の自由と認識されたのである。国家に対立する存在としての個人を認めず，個人は国家の一員である時にのみその客観性や心理，倫理を獲得できると考えたヘーゲルは，世界史の真の主体は個人ではなく普遍的な理性であり，人類史を個人が自然と歴史の根底を成す絶対精神と合一するプロセスと捉えたのである[30]。またヘーゲルは，国家に立法，執行，君主の3権を認め，君主権が他の2権の上に立つとし，国家進化の最高段階を立憲君主国とした。この点はカントに近いが，国家間関係においては国家は地上における絶対権力であり，諸国家の間にはいかなる法務官も存在しない，それゆえ相互間の現実は主権原理の働く自然状態であり，カントの平和思想を夢想に過ぎずとして一蹴する。そして国家間戦争の不可避必然性が強調され，そればかりか腐敗を防ぐ手段，人倫の実現として戦争における正の倫理的意義が強調された。

　ヘーゲルの思想は，ナポレオン戦争終結当時のドイツの実態を反映していた。諸邦の分立競合で統一が遅れたばかりか，他国の蹂躙をも許してしまったドイツ。こうした不安定と無秩序を克服し，偉大なドイツ民族に相応しい国民的統一の達成を実現することがこの国の悲願となったのであり，そのためにはプロシャによる他邦支配が必要とベルリン大学教授の職にあったヘーゲルは考えたのであった。権力の持つ魔性的な性質を警戒した英米等の思想家とは対照的に，カントもヘーゲルも国家権力を肯定し，それを運命的に受容する哲学を構築したといえるが，彼ら観念論の哲学はその後のドイツ政治や現実の政治体制に影響を及ぼさずにはおかなかった。

● 近代保守主義の誕生

　フランス革命は，ドイツのみならず英国やフランス国内の政治思想の発展にも影響を与え，近代保守主義を誕生させることになった。近代保守主義とは18世紀の進歩主義に対する反動から生まれたもので，理性に対する強い信頼から個人の自由を説く進歩主義者の姿勢に疑問を抱き，長年の風雪変化の中で

歴史的に形成された伝統や習慣等既存の社会秩序や人々の結びつきを尊重する点に特色がある。その創始者がエドモンド・バーク（Edmund Burke: 1729-97）であった。

　下院議員でホイッグ党の闘士として知られ，また思想家でもあったバークは，フランス革命が勃発し，ジャコバン党による独裁と相次ぐ流血の事態を目の当たりにして，その無軌道な動きを批判するべく『フランス革命の省察』(1790年)を著した。名誉革命で生まれた英国の混合政体を高く評価するバークは，歴史的実態を無視し抽象的な人民主権の理念に溺れたフランス革命は容認できなかった。ヒュームと同様，バークは理性の価値を否定し，感情や伝統や習慣という人間の行為を重視する。人間が国家に服従しなければならないのは，国家が幾世代にもわたって蓄積された英知を体現しているからであり，社会変革はそうした現存する国家制度を改善するために，かつ漸進的に進めなければならない。しかるにフランス革命は伝統的な国家制度をただ破壊し，社会を混乱に陥れただけであるとバークは批判したのである。

　フランス革命を厳しく批判する一方で，バークは『アメリカとの調停』(1775年)等でアメリカの独立革命を擁護した。フランス革命が国家や社会の伝統的要素や制度を暴力で破壊し，国民生活に干渉したばかりかヨーロッパ秩序の転覆をも企てたのに対し，アメリカ革命は英国の伝統的な自由をアメリカの地で保持するための戦いであり，既に進行していた状況の変化は革命的行動を正当化すると彼は考えた。

　バークが独立への動きに理解を示したそのアメリカを訪れ，民主主義が陥りやすい危険性を考察し，平等を求める民主政が自由喪失の危険性を内在させていることを指摘したのが，ノルマンディの旧貴族の三男として生まれたフランス人トクヴィル（Alexis de Tocqueville: 1805-59）であった。7月革命による母国の政治的混乱を忌避したトクヴィルは，行政制度調査を名目に1831年4月から9カ月にわたりアメリカを旅行する。そしてジャクソニアン・デモクラシーが勃興したアメリカに，巨大な平等社会を実感する。貴族出身の彼は貴族政に愛着を感じていたが，貴族政からデモクラシー（民主政）へと移行する平等化の傾向は，人間の力では覆すことのできない歴史潮流であるとも認識しており，この平等化の過程で如何に自由を確保するかが彼の関心テーマとなった。そし

てアメリカを支配する民主政が欧州に波及する前に，有効な教訓を得るために著されたのが『アメリカの民主主義』(1848年) であった。

現実のアメリカ政治を目の当たりにしたトクヴィルは，平等化の傾向と不可分に集権化が進行することに気づいた。多数決原理が進めば，少数者は常に抑圧されるからである。平等化は自由を拡張すると同時に，専制を成立させる条件ともなるのだ。アメリカの民主政から生じる最大の危険が「多数者の専制」にあるとしたトクヴィルは，そうした危険を回避するには様々な意見が公的な場で表現できる政治的な自由 (多元主義) の保障が必要であると考え，タウンシップ等地方的な自由の精神や地方自治の確立，連邦制を説いた。また自由の保障と並び，物質的幸福から精神的な幸福へと目を向けさせるうえで宗教が重要な役割を成すことも指摘した。さらに，個人の自由や社会的自由を伴わない平等や民主政の危険についてのトクヴィルの指摘はジョン・ステュアート・ミルに影響を与えた。『自由論』(1859年) の中でミルは，国家だけでなく社会も自由に対する潜在的脅威となり得ること，そして個性なき多数者よりも個性ある少数者の自由を守る意義を強調したのである[31]。

トクヴィルが認めたように，アメリカでは早い段階から民主主義と自由主義とが結びついていたが，絶対王政への対抗原理として自由主義が機能したヨーロッパとは異なり，王政を経験していないアメリカの自由主義は，国内に異質の対立的原理を抱えないまさに絶対的な真理であった。こうした自由主義の絶対化が自己と異質なものからの逃避 (孤立主義)，あるいは反対に異質なものの地上からの殲滅を希求するメシアニズム (膨脹主義) となって，以後，この国の政治や外交を支配することになる[32]。

6 イデオロギーの時代と思想

ヨーロッパ文明が地球規模で拡大・普及していった19世紀後半〜20世紀の時代，世界は帝国主義に基づく侵略戦争や東西対立の激化 (冷戦)，民族自決運動の高揚等によって大きく揺れた。なかでも産業革命が生み出した破壊力の強大化は戦争の規模と犠牲者の数を一挙に増大させたが，政治参加の範囲が拡大したことも世界戦争の時代を招来させたいま一つの要因であった。新たに主権者となった市民大衆の思想や情念が，全体戦争や総力戦と呼ばれる全国民参加

型の戦争に途を開いたのである。大衆が何を考え，何を欲し，何に怒りを覚えるかが，その国の対外政策や安全保障政策の行方を決定的に左右するようになり，政治思想は一部特権階層の知的ツールではなくなった。それゆえ，この時期の世界には大衆の深層心理に訴えかけるような幾多の政治思想が登場し，それを武器に巧みに大衆の心を掴み，彼らのエネルギーを政策実現に取り込もうとする指導者が輩出する時代となった。人類は"イデオロギーの時代"を経験することになったのである。ここでは，その代表であるナショナリズム，コミュニズム，それにファシズムを眺める。

● ナショナリズム

ドイツ30年戦争の終結後，ウェストファリア条約を契機に主権国家体制が成立したが，18～19世紀における市民革命によってそれまでの絶対国家を倒して誕生したのが国民（民族）国家(nation state)である。国民国家とは，領域の排他的な支配を行い，その内部に居住する全住民を国民ないし民族(nation)という統治単位として扱う政治共同体である。国家が政治単位としての凝集性を高めるには，まずその構成員の国民としての凝集性を高める必要があり，領域内の住民に一つの国民あるいは民族としての自覚やアイデンティティを植え付けねばならなかった。そのため，国民国家においては義務教育の実施によって，①言語や史的体験の共有化が促された（「国語」教育の導入と共通（標準）語の設定，方言に対する共通語の優位，歴史教育の重視）ほか，②知的水準の均質化（カリキュラムの共通画一化），③国家への帰属意識の徹底化（国歌，国旗等の象徴を利用）が図られた。

かように，政治共同体としての国民国家及びその構成員である国民と自己を一体化させ，国家・国民を最高至上のものとし，その独立，発展を求める意識を「ナショナリズム(nationalism: 国民主義，民族主義)と呼ぶことができる。アーネスト・ゲルナー(Ernest Gellner: 1925-95)はナショナリズムを，「政治的な単位と文化的，民族的な単位を一致させようとする思想や運動」と定義している[33]。ナショナリズムの理論的創始者はルソーと言われる。アメリカの建国とフランス革命が国民国家形成の契機となり，それに伴いナショナリズムも現実の力となる。そしてヨーロッパ全土でナショナリズムが意識されるようになったのは，フランス革命とそれに続くナポレオン戦争であった。フランスに対す

る反革命干渉戦争は，革命の国民主権原理と祖国防衛のための愛国心を結合させ，またナポレオンの侵略は中・南欧の旧体制を破壊することで，ナショナリズムを噴出させる地盤を各国に作り出した(34)。

　身分・教養の階層序列が固定化し，人間の移動も限られていた農耕社会では，文化・習俗的な多様性がその時代における社会一般の特性であった。そもそも巨大帝国であれ王朝であれ，あるいは自治都市にせよ，かっての政治共同体は一握りの支配階級の財産と特権を守る必要から作られたもので，超階層的な視点から文化と政治の融合や文化・習俗的な統一を志向することはなかった。読み書きできる教養を身に付けていたのは一部特権階層だけであり，それでこと足りていたのである(35)。しかし，次に訪れた産業社会では状況が一変する。「高度の生産性は複雑で洗練された分業を必要と」し，経済成長のためには永続的な変化が求められる。その結果，社会の流動性が高まるとともに，平等主義が強まっていく(36)。

　なぜ平等主義かといえば，宗教的な束縛から解放され合理的思考の持ち主である産業社会の経営者は，伝統的な社会秩序の枠組みに囚われることなく，生産性向上のために良質の労働力が確保できる社会を欲した。そこでの良質とは，円滑なコミュニケーションと最低限の読み書き能力を身につけた労働者を意味し，そうした人材を得るには人々の（文化的）"同質性"が必要となったからである(37)。ゲルナーはこうした社会構造の変化（農耕社会から産業社会へ），具体的には産業社会の出現に伴う"同質性確保"の欲求がナショナリズムを生み出したと説明する(38)。

　かように，国民（nation）やナショナリズムの観念は，18世紀のヨーロッパに生まれたが，それは社会構造の変化に対応する必要から生み出された人為的な概念であることに注意を要する。ゲルナーは「人間を分類する自然で神与の仕方としてのネーション，ずっと遅れてやってきたが生得の政治的運命としてのネーション，それは神話である」(39)とし，次のように述べている。

　「ネーションは人間が作るのであって，人間の信念と忠誠心と連帯感とによって作り出された人工物なのである。（例えば，ある領域の住人であるとかある言語を話す人々であるとかいった）単なる範疇に分けられた人々は，もし彼らが，共有するメンバーシップの故に，互いにある相互的な権利と義務とを持ってい

ると固く認識するならば，その時，ネーションとなる。ある範疇の人々をネーションへと変えていくのは，お互いがそのような仲間であるという認知であって，何であれ，彼らをメンバー以外の人々から区別するような他の共通する属性ではない。」[40]

それ故，ベネディクト・アンダーソン (Benedict R. O'G. Anderson: 1936-) は国民国家を一種の人工物であり，「想像の共同体 (imagined community)」と主張し，ボブズボウム (E. J. Hobsbawm: 1917-) も「創りあげられた伝統 (invented tradition)」と表現している。かように近代の国民国家はある時期に意図的に作られたものであり，国民＝民族（ネーション）やそれを受けたナショナリズムの概念も作為的なものと解釈されるのが一般である[41]。このような生成の経緯を踏まえれば，文化や言語，歴史体験等のエスニックな共有性を土台にしつつも，民族や国民国家の概念を定着・発展させる過程で，教育が果たす役割の大きさが理解されよう。

18〜19世紀当時，国民国家は自由意志を持つ個人（ブルジョワジー）がその構成員であることを前提としており，ナショナリズムは自由平等な市民の結合による国民国家樹立の気風を高め，君主権力や旧社会秩序からの解放等自由主義的な理念と一体化するものであった。しかし，ナショナリズムが自らの生活空間である国家や国民（民族）への思い入れの意識であるということは，他国と自国を峻別し，自国優位の意識や他国との競争心を強めることでもあった。そのため，ナショナリズムは国家への忠誠心を強め，その版図を拡大膨脹させる動因となり，19世紀後半には富国強兵や帝国主義的な侵略・植民地化政策の形をとって現れた（国家主義）。E・H・カーは，ナショナリズムの発展をその担い手の拡大過程から，①王朝的，②ブルジョワ的，③大衆的の3段階に区分し，①から②への転換点にフランス革命，②と③の間に第1次世界大戦を据えている[42]。また20世紀前半には，中・東欧やアジアで一民族一国家樹立の民族自決主義が広がる一方，大衆民主社会の出現を背景に市民の権威への盲従化が進み，ファシズムのような抑圧的政権の下での極端な自民族の優越性と他民族に対する排他攻撃的な意識（人種主義）としても働いた[43]。さらに第2次世界大戦後は，植民地における独立運動の原動力（民族主義）として作用した。

《ナショナリズムとエスニシティ》　先述のように，nationという国民，民族

の概念は，国民国家の登場に伴い創造された極めて政治的な概念である。これに対し，一定の地域において歴史や風俗，習慣，宗教，言語，血縁を共有することから一定の人々の間に生まれ，抱かれる一体意識がある。これがエスニシティ（ethnicity）と呼ばれるもので，こちらはより自然発生的で，社会的，文化的な概念である（このほか，コーカソイドやモンゴロイド等生物学遺伝学的な観点に立った「人種」の概念も存在する）。両者の違いは，愛国心と郷土愛の差異からも理解できよう。国民国家に対する愛国心は，国民国家という政治枠組みを構成員に受容，支持させる過程で政治的に育まれた言わば後天的な意識だが，自らが生まれ育った地域やその社会に対する思い入れである郷土愛（patriotism: パトリオティズム）は，近代になって生まれたナショナリズムよりも遥かに古くから存在する先天的な意識といえる[44]。ゲマインシャフト的な共同体が多数存在し，それに対する帰属意識としての郷土愛も各地に多数並立存在していたが，やがて国民国家が登場し地域共同体がゲゼルシャフトである国民国家へと再編成，集束されることにより，愛国心が郷土愛の上位概念として受けとめられていったのである。

　ナショナリズムの概念が，郷土愛に象徴されるエスニシティの概念とは全く無関係か，それを克服する過程のなかで発展を見たのか，あるいはエスニシティを基に形成されていったのかについては見解が分かれるが，両者の継続相関性を認める考え方が今日では有力である。「ナショナリズムは近代に付随したものであり，ネーションは近代的な性格を持っている」が，「近代のナショナリズムを理解するにあたっては，非常に長い時間に基礎づけられた歴史的な土台を分析することが大切である」とし，「ネーションとナショナリズムは，何世代もの時間の経過の過程で統合し，形成以前よりずっと存在し続けている伝統と遺産の産物でもある」と説くスミスはその代表者である[45]。そして橋川文三が指摘するように，人間永遠の感情として非歴史的に実在するパトリオティズムは，ナショナリズムという特定の歴史的段階において形成された一定の政治的教義によって時として利用され，時としては排撃されるという関係におかれている[46]。ナショナリズムは人為的感情であり，愛国主義（自分の生まれた郷土や国への愛情）は自然の感情といわれる。後者は文化的地域的，エスニック的宗教的アンデンティティに基づく感情だ。ナショナリズムは政治的制度，

政体への拘りがあり，他国と祖国を差別化し，同胞を外国人と等しくみなすコスモポリタニズムとは相容れ難いが，それゆえにこそナショナリズムは開放的であるべきで，異質なものとの接触経験を経ていないナショナリズムの脆さを丸山真男は指摘する[47]。

ところで，現実の世界に目をやると，ネーションである国民（民族）と国家が一致し，同一の広がりを持つという意味での完全な国民（民族）国家と呼べるものはほとんど存在しない。多くの国家はその内部にエスニックマイノリティを抱えている。一つの国民国家の中には複数のエスニックグループが併存するのが一般である（カナダでは英国系，フランス系，英国では習慣，言語を異にするイングランド人，スコットランド人，ウェールズ人が政治的に統合され英国というネーションを形成する。スイスでは仏独伊，マレーシアではマレー人と華人系等）。もっとも，国民国家体制にあっては，その凝集力を確保するため一民族一国家の擬制がとられ，国民国家における国民とは，領域内に居住する幾多のエスニシティの中の多数派によって形成され，一つの国家には一つの民族しか存在しないものとされた。そのため，現実の国家にはその国のいわば標準型とされた多数者のほかに，人種や宗教，言語を異にする多くのエスニックグループ（先住民族や少数民族，移民等）が存在するにも拘らず，一つの民族だけで国家を形成しているという虚構が堅持され，多数者優先の政治が続いたため，マイノリティの権利や主張は抑圧されてきたのである。

現在では，こうした少数派が自らのアイデンティティを主張し，独自の権利と立場を求めるエスノナショナリズム（旧ユーゴスラビア，カナダのケベック州やインドネシアの東ティモールの分離・独立運動等）や，自らのエスニック集団の文化や価値観を基準に他の文化を否定的にとらえる自民族中心主義（エスノセントリズム：ethnocentrism）が活発化しているが，それに対する反発も強い[48]。冷戦後，旧ユーゴスラビアで行われた民族浄化（ethnic cleansing）と呼ばれるムスリムに対するセルビア人の虐殺行為はいまだ記憶に鮮明である。21世紀の世界において共生共存の途をめざすならば，どのような形のナショナリズムであれ，それはインターナショナリズムやグローバリズムの洗礼を受けて相対化された，自制克己的なナショナリズムである必要があるだろう[49]。

● 社会主義・社会民主主義

　資本主義を差別と搾取のシステムであると批判し，生産手段を公有化することで人間の平等が可能となる社会の建設をめざす思想を社会主義という。社会主義理論の中で最も有名なものにマルクスとエンゲルスの理論があるが，それ以前にも万人が皆平等を享受できる社会の実現は，古来よりユートピアの思想として存在した。プラトンは統治階級と戦士階級の共産制を主張し，原始キリスト教でも，神の前の平等という教えに共産主義的な色彩が込められていた。さらに近世に入ると，トマス・モアやカンパネラが階級なき理想社会を描いている。そして18世紀末～19世紀に入り，フランスでバブーフ，サン・シモン，フーリエらによって初期の社会主義思想が芽生えるようになった。

　ルソーの思想的影響を強く受け，かつロベスピエールの意思を実現しよう

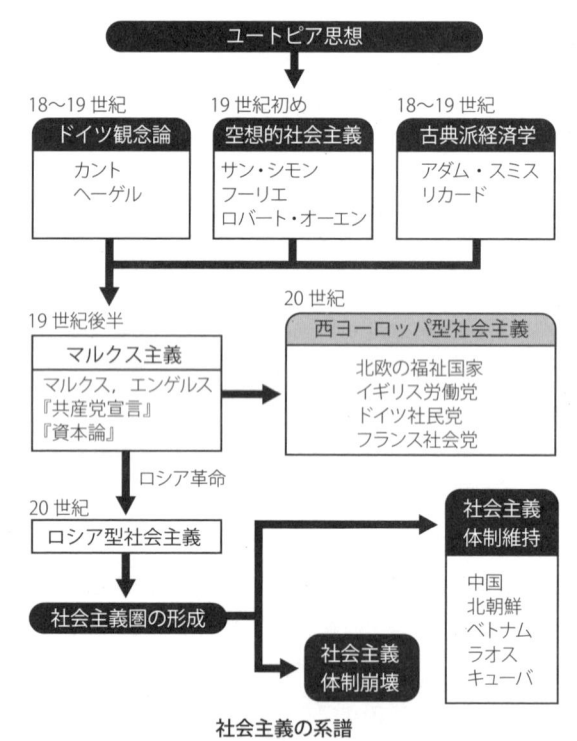

社会主義の系譜

（出典）『資料新総合政・経（改訂2版）』（東京書籍，2005年）173ページ

考えたバブーフ (Babeuf: 1760-97) は，フランス革命で得たものは形式的な平等に過ぎず，真に市民が実質的な平等を手にするには土地の私的所有を排除する必要があると考え，私有財産制度の廃止を主張した。サン・シモン (Saint-Simon: 1760-1825) は私有財産制自体は否定しないが，貧困層の救済を可能にするためには配分するパイの拡大を実現しなければならず，そのためには有閑階級を追放し，すべての人間が産業活動に従事する社会を築かなければならないと説いた。さらにフーリエ (Fourier: 1772-1837) は，人間社会の調和を生み出す情念を重要視し，情念が十分に発揮できる社会としてファランジェと呼ばれる農業を主体とする共同体の構築をめざした。3人の思想はいずれもヒューマニズムに基づき，資本家による搾取を糾弾しつつも，平等社会実現の方途や理論的根拠が明確でなく観念的であったため，空想的社会主義と呼ばれている。このほか，生産教育や協同組合運動等の人道主義的な施策を通して自給自足完全平等な社会の建設を試みた英国のロバート・オーエン (Robert Owen: 1771-1858) もこれに含ましめることができる。

　こうした空想的社会主義の限界を乗り越え，階級闘争の不可避性を強調するとともに，労働者を社会主義建設の担い手として明確化させたのがマルクスの思想であった。フランスの空想的社会主義に加えて，ドイツの観念論（古典）哲学と英国の古典派経済学の三つがマルクス主義の源泉となった。学生時代に法律と哲学を専攻したマルクス (K. H. Marx: 1818-83) はヘーゲル左派の影響を受け，当初は『ドイツ・イデオロギー』(1845年) や『共産党宣言』(1848年) 等哲学的な論考を発表したが，次第にヘーゲルの理想主義と離れ興味は哲学から経済学に移行し，その思惟は『資本論』(1867〜94年) となって大成された。

　弁証法的唯物論の考えに立つマルクスによれば，人間生活のあり方を最終的に決定するものは生産力と生産手段の所有関係だとする。生産力は道具や機械の発展に伴い増大する。一方，生産手段の関係からは，あらゆる時代を通して生産手段を所有する階級と所有しない階級の対立があり，人類史は階級闘争の歴史に他ならない。奴隷性社会では主人と奴隷，封建社会では君主と家臣，そして資本主義社会においては資本家（ブルジョワジー）と労働者（プロレタリアート）の闘争が繰り広げられている。そして資本主義社会にあっては国家が，支配階級である資本家が被支配階級の労働者を経済的に搾取し，政治的に抑圧す

るための権力装置となっている。そのため，少数の資本家に搾取され続けている大多数の労働者が解放され，平等を手にするためには資本主義国家を消滅させ，かつ資本家を打倒し労働者が生産手段を獲得しなければならないとマルクスは主張した。また，こうした労働者の革命に対し国家は軍隊や警察等の権力装置で対抗するため，社会主義実現の革命は労働者による暴力革命となることが必然とされた[50]。

さらに，暴力革命で労働者が政治権力を独占的に獲得する(プロレタリアート独裁)ことによって誕生する社会主義国家は，抑圧装置である国家のない共産世界実現に向けた第一歩であり，万人平等の共産世界を到来させるには労働者が国際的に連帯し，世界各地で社会主義革命を成功させ資本主義国家を地球上から一掃しなければならないと論じた(世界共産主義革命)。プロレタリアート独裁は過渡的に権力の一時的独裁化をもたらすが，資本主義社会が廃され社会主義社会が形成されれば，階級対立は消滅し，階級の支配と搾取の道具である国家も死滅し，「生産者の自由で平等な協同関係を基礎とした社会」が到来すると主張したのである[51]。

マルクスの『資本論』執筆に物心両面の支援を与え，マルクスの遺稿をもとに『資本論』の2・3巻を編集したほか，自らも『反デューリング論』や『家族，私有財産および国家の起源』を執筆したのがエンゲルス(F. Engels: 1820-95)であり，彼らの思想を共産主義世界実現の具体的な政治構想へと発展させたのが『国家と革命』(1917年)を著したレーニン(V. I. Lenin: 1870-1924)であった。マルクスは「一つの社会構成は，すべての生産諸力がその中ではもう発展の余地がないほどに発展しないうちは，崩壊することがない」と論じたが，それでは未だ資本主義が十分に発展していないロシアでは革命が生まれないことになってしまう。そこでレーニンが資本主義の発展に対応させて考え出したのが，帝国主義の理論であった。『帝国主義論』(1916年)においてレーニンは，資本主義の独占的段階を帝国主義と規定し，そこでは資本の集中・独占が進むとともに，産業資本と金融資本が融合し金融寡頭制が成立する。そして国内の過剰生産を処理し利潤を高めるため，商品のみならず資本の輸出も活発化し，植民地争奪戦(帝国主義戦争)が不可避化すると論じた[52]。

そのうえで，ロシアは市場あるいは原料の提供地として西欧資本主義諸国に

不可欠の役割を果たしており、ロシアの労働者は国内における皇帝支配（ツァーリズム）と国外における帝国主義国家の支配という二重の搾取を受ける立場にあるため、戦争を内乱に転化させることで革命の発起点となり得ると考えたのである。また労働者の組織的な運動と結集が期待できない点については、少数の職業革命家が主導する前衛党が革命の牽引役となるとの考え方を提起し、ロシア革命実現の理論を構築した。一方、産業の発展が遅れ、ロシア以上に労働者が独裁の主体とはなり難い中国の実情を踏まえ、労働者に変えて農民による独裁の理論を構築し、中国で社会主義政権を実現させたのが毛沢東（1893-1976）であった。毛沢東の思想は、マルクス・レーニンの理論と漢民族のナショナリズムを結合させた中国土着の革命思想といえる。

　空想的社会主義に対して、マルクス、エンゲルスのそれは科学的社会主義とも呼ばれたが、この政治理論には非常に問題が多い。まず物質的な下部構造のみを重視する社会構造論は片寄りがあり、仮に生産手段や生産活動を歴史発展の根本に据える点は首肯し得るとしても、資本家と労働者の対立や階級闘争を絶対・固定化し、社会問題の全てが階級や国家を廃止することで実現できるという発想はあまりに短絡的であった。またブルジョワ対プロレタリアート、資本主義対共産主義、さらには支配対被支配という近代ヨーロッパに典型的な二元対立の思考様式も、現代社会を分析する知的パラダイムとしては単純に過ぎた。かってカール・シュミットは"友・敵関係"から政治を定義したが、「友か、敵か」という二元的発想が歴史の究極的現実として絶対化され、あたかも非常事態がすべてであるかのように受けとめられた[53]。その結果、シュミットのこうした理論が、ナチズムの台頭と正当化を許してしまったことは記憶に新しい。マルクスの政治理論においても、これと同様の危険性とその理論的限界がその内部に潜んでいたのである。

　そのうえ、資本主義から共産世界への移行を必然と断じるその直線史観はヘーゲル歴史哲学の影響を色濃く受けたものであるが、キリスト教の終末論思想を世俗化させた一種のユートピア思想に過ぎない。さらに、一方で富の集中を強く否定し、また支配階層の被支配階層に対する抑圧を過度に強調しながら、他方でマルクス理論は権力の集中には盲目的である。資本家と労働者の対立や階級闘争を絶対・固定化し、しかも階級闘争という"戦い"を積極的に肯定す

るマルクス理論には，新たな独裁と暴力支配を生み出す因子が潜んでいる。本来，マルクス主義政治理論は革命の理論であるが，先進民主主義諸国における革命の可能性が減退するにつれて，マルクス主義の有効性も減退した。そして，社会主義を唱える国々でも資本主義諸国家と同様に行政国家化が進み，あるいはそれ以上の兵営国家，軍事大国となり，マルクスの予言は完全に外れた。死滅したのは国家の方ではなく，社会主義そのものであった。

西欧先進国ではマルクス主義のユートピア性を批判し，漸進改良主義的な社会主義理論が構築された。ドイツ社会民主党のベルンシュタイン（E. Bernstein: 1850-1932）は，史的唯物論や弁証法を否定，また少数の有産者は益々富み，多数の無産者は益々貧困化に向かうという絶対的窮乏化の理論が現実の西欧諸国ではあてはまらないことを指摘し，暴力ではなく議会を通しての平和的な社会主義政権への移行を主張し，労働者の要求に現実的な対応を重ねていく改良主義的アプローチを唱えた[54]。この立場は自由主義と議会制民主主義を堅持しつつ，平和的な手段をもって平等の実現と社会主義形成をめざす社会民主主義の流れとなっていく。

● ファシズム

ファシズムとは，第1次世界大戦後の経済不況の下で生まれた，極端に全体主義的な独裁体制を指す。資本主義体制の危機的状況を打開するため，反対勢力の弾圧（反革命）と国民の強制画一化（個我の否定）をめざす思想と言える。元来はムソリーニ率いるイタリアのファシスト党による独裁政治（1922～43年）を意味した。古代ローマのファシオ（団結，束の意。元来はローマ帝国の将軍の権威の標章であった束桿斧を指した）がその語源で，ムソリーニは権威の下に結束するという意味に因み，自らの団体をファシスト党と名付けたのであった（1921年）。

やがてファシズムは汎用的に用いられ，1920～40年代にイタリア，ドイツ，日本等で勢いを持った民族主義的色彩の濃い政治運動や，思想の自由を否定し反対意見を許さない極端な独裁体制，反民主主義・反個人主義・反社会（共産）主義の思想を総称する語となった。ヒトラーの指導の下，民族共同体が個人に優越するとし，基本的人権を抑圧し全体主義を進め，組織的なユダヤ人虐殺行為や対外侵略をくり返したドイツにおけるナチスの政治（ナチズム）はその代表

である$^{(55)}$。個に優先されるべき全体として重視されたものは，イタリアでは国家，ドイツでは民族であった。

　ファシズムは，対外的には排他的な民族主義・膨脹主義を唱え，対内的には社会・共産主義ばかりでなく，近代政治原理である個人の尊厳や人格的価値を無視し，自由主義や議会政治，既成政党をも否定した。政治手法としては，まず大衆宣伝を駆使し現状に不満を抱く下層階級や中間層を取り込み，人民の代表者として指導者を政界に送り込む。そして，非合法手段やテロ，クーデターといった暴力も厭わず，ひとたび政権を獲得するや一党独裁体制を敷き，恐怖と煽動を巧みに使い分けながら，民衆に対して絶対的服従を強制するのである。心理的側面からファシズム支配の構造を分析したフロム (Eric Fromm: 1900-1980) は，ファシズムにおいて支配・服従を成り立たせているものは，指導者と大衆の双方に存在する「権威主義的性格」と「サディズム及びマゾヒズムの共棲」という複合関係の存在であるとした。そして，権威主義的でマゾ，サド両面の傾向をもった大衆と指導者の双方が揃わず，どちらか一方だけでは孤立した無力の存在に過ぎず，ファシズムは根づかないと論じた$^{(56)}$。

　ファシズムは資本主義システムそれ自体を否定するものではないが，それまでの自由主義的な資本主義体制では直面する社会・労働問題を解決できず，それが階級闘争の激化と国家の社会主義化を引き起こすことを懸念する。そこで，国家による経済活動への積極的な介入が必要であるとし，また労使間の協調を重視する（コーポラティズム）が，組合活動や社会主義運動は厳しく禁じた。1980年代以降，ドイツをはじめヨーロッパ各国では，失業や経済不況を背景として，外国人労働者の排斥や暴力行為，民族差別等を公然と主張し，これを実行に移すネオ・ナチズムと呼ばれる排外的な民族主義が誕生している。これらの犯人はほとんどがスキンヘッドの青年で，ドイツではハルプシュタルケ（半分強い）と呼ばれており，現状に対する強い不満分子である。ファシズムの再来を防ぐためには，経済政策の充実（貧困の追放）だけではなく，国民の自由主義的な精神の発露が求められよう。

■注　釈
(1)「俺（ソクラテス）の方があの男よりは賢明である。なぜといえば，私達は二人とも，

善についても美についても何も知っていまいと思われるが，しかし，彼は何も知らないのに，何かを知っていると信じており，これに反して私は，何も知りもしないが，知っているとも思っていないからである。されば私は，少なくとも自ら知らぬことを知っているとは思っていない限りにおいて，あの男よりも智恵の上で少しばかり優っているらしく思われる。」プラトン『ソクラテスの弁明・クリトン』久保勉訳（岩波書店，1964年）21ページ。クセノフォーン『ソークラテスの思い出（改版）』佐々木理訳（岩波書店，1974年）参照。

(2)「まず，多くの人々から賞讃されているところの，かのクレタ及びスパルタ風の国制（名誉政）がある。それから，第二番目の国制で第二番目に賞讃されているもの，寡頭政制と呼ばれている国制があり，これは実に多くの悪をはらんでいる国制だ。それから，その敵対者であり，それに続いて生じてくる民主政。そして，これらすべての国制にたちまさる高貴な僭主独裁政，これが第四番目にあって，国家の病として最たるものだ。」（プラトン『国家(下)』藤沢令夫訳（岩波書店，1979年）170ページ。一部改訳した。

(3)「時折なされる……非難は，プラトンが述べているような仕方で国家を管掌しうるような守護者たちを見つけ出すのは明らかに不可能だ，というものである。プラトンはその困難を重々承知していた。……プラトンはここ（『国家』）に描かれている国家が一つの理想にすぎないことについて，決して幻想を抱いてはいない。のちに「政治家」において彼はこの不完全な現実世界に即応した実際的妥協案を提出しているし，「法律」ではその提案にかなり細かな所まで手を加えている。しかし当面の意図は別のものである。彼は意識的に理想を描こうとしているのであって，その理由は，理想的なものが把握されたときにのみ，それに近似した如何なるものも自在に達成しうるからである。」R・S・ブラック『プラトン入門』内山勝利訳（岩波書店，1992年）170〜1ページ。プラトンの理想国家論はスパルタの国家体制がヒントとなっていた。アテネの民主政治が師ソクラテスを殺したこと，ペロポネソス戦争におけるアテネの敗北とスパルタの興隆が影響していたと思われる。一方，アリストテレスはその滅亡過程を直接見聞していたことから，スパルタの国制（リュクルゴス体制）には批判的であった。

(4) 小笠原弘親他『政治思想史』（有斐閣，1987年）24ページ。

(5) プラトン『法律（上・下）』森進一他訳（岩波書店，1993年）参照。

(6) 理想主義的観念論的であったプラトンに対して，現実主義的実在論的なアリストテレスは当時の158の国家の制度を研究（その一つが『アテナイ人の国制』）し，それを基礎に『政治学』において良き国制を考察した。アリストテレスもプラトンと同様に国制を六つに分類，支配者と被支配者の共通善や利益をめざす国政を，王政（1人支配），貴族政（少数支配），ポリティア（多数支配）の三つに，支配者自身の特殊利益のみをめざすものを僭主政（1人支配），寡頭政（少数支配），民主政（多数支配）に分類したうえで，理想の政体は貴族政と考えつつも，実現可能な最善の政体としては「民主政でも寡頭政でもなくて，これらの中間のもの，即ちポリティア」であるとし，中庸を備える中産階級の多数参画する「ポリティア」を推奨した。アリストテレス『政治学』山本光雄訳（岩波書店，1961年）87ページ。『アテナイ人の国制』村川堅太郎訳（岩波書店，1980年）参照。極端な大富豪や極端な貧困者をなくし中産階級を国家の中心勢力にす

ることは，国家安定の経済的な基礎となるばかりか，多数者が数の力で少数者の良識を無視したり，逆に少数の富豪が富の力で多数の声を圧殺することも防げよう。中庸の体制を築くには，多数の人々の中に両極端の激情に翻弄されない温和な理性的人格を育成することが必要となる。

(7) ローマ共和政では，君主政，貴族政，民主政の3類型が執政官，元老，護民官という三つの権力主体の形で混在しており，各主体のどれも他を完全に圧倒せず，相互の牽制，と権力均衡により政体の安定が確保され，またそれぞれが自己利益を追求しても，結果的には共和国全体の公共利益（レス・プブリカ）が実現されるとした。

(8) 若きアウグスチヌスの精神的遍歴とその苦悩は，彼の哲学的自伝である『告白』に詳しい。聖アウグスティヌス『告白（上・下）』服部英次郎訳（岩波書店，1976年）参照。

(9) アウグスティヌス『神の国(1)～(5)』服部英次郎他訳（岩波書店，1982～91年），特に第5巻の第19, 21～22章参照。

(10) 中世後期の詩人ダンテは『帝政論』（14世紀前半）において，アウグスティヌスが消極的な評価しか与えなかった「地の国」に積極的な意味を見出し，地上に平和を維持するための最高かつ普遍的な政治権威（世界帝国）出現の必要性を説いている。

(11) 佐々木毅『近代政治思想の誕生』（岩波書店，1981年）33～45ページ。

(12) マキャベリは分裂状態から統一国家を作り出すには権力の集中が必要としながらも，『政略論（ディスコルシ）』では共和制ローマを讃え，長期にわたり国家を保持するには共和主義（混合政体）が好ましいと説いている。

(13) 神はアダムに，妻イブやその子供の他一切の絶対的支配権を与えたが，その権力はアダムの直系の子孫である族長達を経て各国の国王に代々受け継がれてきた。よって人間は生まれつき自由ではなく，アダムの直系の子孫である国王に服従すべきだとフィルマーは説いた。岩田靖夫『ヨーロッパ思想入門』（岩波書店，2003年）187ページ。

(14) 小松春雄『イギリス政治思想史』（木鐸社，1974年）74～88ページ。

(15) 「自然権とは，各人が，かれ自身の自然即ちかれ自身の生命を維持するために，かれ自身の欲するままにかれ自身の力を用いるという，各人の自由である。したがって，かれの判断と理性において，そのためにもっとも適当な手段だと思われるあらゆることを，行う自由である。」ホッブズ『リヴァイアサン(1)』水田洋訳（岩波書店，1954年）208ページ。

(16) 「人間の本性のなかに，我々は，争いの三つの主要な原因を見出すのである。第一は競争であり，第二は不信であり，第三は誇りである。第一のものは，人々をして，獲物を求めて侵入せしめ，第二のものは，安全を求めて侵入せしめ，第三のものは，評判を求めて侵入せしめる。……こうして，次のことは明らかである。即ち，人々が，彼らのすべてを威圧しておく共通の力なしに，生活している時代には，彼らは戦争と呼ばれる状態にあるのであり，かかる戦争は，万人の万人に対するそれなのである。」ホッブズ，前掲書，202～3ページ。一部改訳した。

(17) 「正と邪，正義と不正義の観念は，そこ（自然状態）には存在の余地がない。共通の力がないところには法はなく，法のないところに不正義はない。強力と欺瞞とは戦争においては，二つの主要な徳である。」ホッブズ，前掲書，206ページ。

(18) ホッブズ，前掲書，229ページ。
(19) 藤原保信『ホッブズ　リヴァイアサン』（有斐閣，1978年）参照。ホッブズの死後出版された『ビヒモス』（1682年）において彼は，ビヒモスを宗教的熱狂主義が生み出すアナーキーのシンボルとして用いている。宮田光雄『平和のハトとリヴァイアサン』（岩波書店，1988年）。
(20) 「我々は，すべての人間が天然自然にはどういう状態に置かれているのかを考察しなければならない。そうしてそれは完全に自由な状態であって，そこでは自然法の範囲内で，自らの適当と信ずるところにしたがって，自分の行動を規律し，その財産と一身とを処置することができ，他人の許可も，他人の意志に依存することもいらないのである。それはまた平等の状態でもある。そこでは，一切の権力と権限とは相互的であり，何人も他人より以上のものはもたない。」ロック『市民政府論』鵜飼信成訳（岩波書店，1968年）10ページ。
(21) 「本来，万人が自由平等独立であるから，何人も，自己の同意なしにこの状態を離れて他人の政治的権力に服従させられることはない。人が自分の自然の自由を棄て市民的社会の羈絆のもとにおかれるようになる唯一の道は，他の人と結んで協同体を作ることに同意することによってである。その目的は，彼らの所有権の享有を確保し，かつ協同体に属さない者による侵害に対してより強い安全保障を確立し，彼らに安全，安楽かつ平和な生活を相互の間で得させることにある。……このようにして各人は，一政府の下に一個の政治体を作ることに他人と同意することによって，多数者の決定に服し，それに拘束されるべき義務を，当該社会の各員に対して負うようになるのである。」ロック，前掲書，100～101ページ。
(22) 「組織された国家にあっては，ただ一つの最高権しかあり得ない。これが立法権である。それ以外の一切の権力はこれに服従し，また服従しなければならないのである。しかも立法権は，ある特定の目的のために行動する信託的権力に過ぎない。立法権がその与えられた信任に違背して行為したと人民が考えた場合には，立法権を排除または変更し得る最高権が依然としてなお人民の手に残されているのである。何故ならある目的を達成するために信託された一切の権力は，その目的によって制限されており，もしその目的が明らかに無視され違反された場合にはいつでも，信任は必然的に剥奪されなければならず，この権力は再びこれを与えたものの手に戻され，その者はこれを新たに自己の安全無事のために最も適当と信ずるものに与え得るわけである。」ロック，前掲書，151ページ。
(23) 「不平等は自然状態においてはほとんど無であるから，不平等は，われわれの能力の発達と人間精神の進歩とに基づいて，その力を得，またそれを増大させたのであり，ついに財産と法律との制定によって安定し正当となる，ということになる」ルソー『不平等起原論』本田喜代治他訳（岩波書店，1933年）120ページ。
(24) 「国家を作った目的，つまり公共の幸福に従って，国家の諸々の力を指導できるのは，一般意志だけだ，ということである。なぜなら，個々人の利害の対立が社会の設立を必要としたとすれば，その設立を可能なものとしたのは，この同じ個々人の利益の一致だからだ。こうした様々の利害の中にある共通なものこそ，社会の絆を形作るのである。

……社会は、専らこの共通の利害に基づいて、治められなければならぬのである。だから私は言う、主権とは一般意志の行使にほかならぬのだから、これを譲り渡すことは決してできない、と。また言う、主権者とは集合的存在にほかならないから、それはこの集合的存在そのものによってしか代表されえない、と。権力は譲り渡すこともできよう、しかし、意思はそうはできない。……もし人民が服従することを簡単に約束すれば、この行為によって（主権者としての）人民は解消し、人民としてのその資格を失うのである。支配者ができた瞬間に、もはや主権者はいない。そして、忽ち、政治は破壊されるのだ。」ルソー『社会契約論』桑原武夫他訳（岩波書店、1954年）42〜3ページ。

(25) モンテスキュー『法の精神（上）』野田良之他訳（岩波書店、1987年）210ページ。
(26) 仲手川良雄『歴史のなかの自由』（中央公論新社、1986年）96ページ。
(27) ミルの思想は、小泉仰『ミルの世界』（講談社、1988年）第2部参照。
(28) 原田鋼『新版西洋政治思想史』（有斐閣、1985年）364〜73ページ。
(29) エルンスト・トレルチは論説「自由のドイツ的理念」において次のように述べる。「ドイツの自由理念は、英仏の西欧のそれとは幾分異なっている。しかし、それにも拘らず、ドイツの自由は真に価値あるものである。即ち、自由は、国家意志の形成に関して形成的協同作用である限りにおいて存在するのであり、ドイツ人にとっては、個人意思の総計から支配的意思を作るのでもなく、政策決定者を委託者によってコントロールすることでもなく、むしろ、歴史、国家、国民によって既に厳存する全体への自由な意識的義務的帰依であり、献身において存在するものである。……このような自由は権利によって存するよりは義務において存する。」多田真鋤『政治・文化・歴史』（南窓社、1974年）101ページ。
(30) ヘーゲルは、世界歴史は精神（＝自由）の自己実現の過程と捉える。個々の人間はそれぞれの欲望や野心に基づいて行動しているつもりでも、実際には世界精神に操られて行動しているに過ぎず、世界精神の目的は自己実現としての理性化の完遂にある。そのため、歴史の流れを経て理性化が進み、非理性的なものが克服され、全ての人間が自由になると認識するのだ。ヘーゲルは歴史を3段階に分け、第一の段階は精神が自然性のうちに埋没し、未だ自由であることを自覚していない東洋的段階で、一人の専制君主のみが自由に過ぎない。第二の段階はギリシャ人の段階で、自由の意識には目覚めるが少数者の自由に留まっている。第三の段階はキリスト教とともに到来し、人間が人間として自由であることが初期には「神の前の平等」として宗教的に意識され、それが現実の社会においても世俗的に実現される過程とする。そして人間の自由が最高度に実現される最終の政治形態に位置するのが、ゲルマン民族に成立した立憲君主制だとヘーゲルは主張した。ヘーゲル『歴史哲学（上・中・下）』武市健人訳（岩波書店、1971年）、特に序論参照。
(31) 阿部斉『現代政治理論』（放送大学教育振興会、1985年）32ページ。
(32) ルイス・ハーツ『アメリカ自由主義の伝統』有賀貞他訳（有信堂、1963年）215ページ。
(33) アーネスト・ゲルナー『民族とナショナリズム』加藤節監訳（岩波書店、2000年）1ページ。
(34) 「フリードリッヒ大王とナポレオンとはともに野心的で無遠慮な軍事的征服者であ

り，時代的に50年とは隔たっていないけれども，二人の距離は以上の意味から甚だ大きい。フリードリッヒ大王はいまだ正真正銘の王政の時代に属しており，その臣民を自己の野心の道具として扱い，自国の言語と文化を賤しめ，プロシャを国民的存在としてでなく自己の家族の所領と考えていた。ところが，ナポレオンは解放されたフランス国民の戦士または委託者の身振りを示すことによって，自らを近代ナショナリズムの主たる布教師とした。彼は，いろいろな意味で，最初の民衆的独裁者であった。……それ以来，国際関係は国王の個人的利害，野心また感情によってではなく，国民の集団的利害，野心また感情によってではなく，国民の集団的利害，野心また感情によって支配されることになった。」E・H・カー『ナショナリズムの発展』大窪愿二訳（みすず書房，1952年）13ページ。「ナポレオン戦争の時代以前には，国民の極めて小さな集団だけが，その国家の対外政策と自己を同一化していた。対外政策は実際のところ，国家の政策ではなく王朝の政策であったし，同一化の対象は，国家というような集合体の力及び政策というよりは，むしろ個々の君主の力及び政策であった。……ナポレオン戦争と同時に国家の対外政策及び戦争の時代が開始された。即ち，国家の大多数の大衆が，自己を王朝の利益と同一化するということに代わって，自己を国力及び国家政策と同一化する時代が始まったのである。」ハンス・モーゲンソー『国際政治』原彬久多訳（福村出版，1985年）113ページ。

(35)「この社会（農耕社会）のレベルにおいては，文化的同質性を促進することなどには，誰も，あるいはほとんど誰も関心を持たない。国家は租税を搾り取り，平和を維持することには関心を持つが，それ以外には関心を持たない。国家は従属する共同体間の横のコミュニケーションを推進することには関心を持たないのである。」アーネスト・ゲルナー，前掲書，18ページ。

(36)「近代社会は，平等主義的であるが故に流動的なのではない。流動的であるが故に平等主義的なのである。さらに，近代社会は望むと望まざるとにかかわらず流動的でなければならない。」アーネスト・ゲルナー，前掲書，42ページ。

(37)「産業社会は，たいていの基準から見て，最高度に専門化された社会であろう。しかし，その教育制度は，かって存在した中でも，明らかに最も専門化の度合いが少なく，最も普遍的に標準化されている。」アーネスト・ゲルナー，前掲書，46ページ。

(38)「スミスは，ネーション形成を熱望させたのは，分業の分野における革命（地域的分断状況を克服する広域経済圏の登場），軍事・行政管理における革命（職業軍隊と官僚機構増大の必要性），それに文化的統一の革命という，西洋において最初に姿を現した三つの革命が生み出した衝撃であるとする。アントニー・D・スミス『ネイションとエスニシティ』巣山靖司他訳（名古屋大学出版会，1999年）154～9ページ。

(39) アーネスト・ゲルナー，前掲書，82ページ。

(40) アーネスト・ゲルナー，前掲書，12ページ。

(41) ベネディクト・アンダーソン『増補 想像の共同体』白石さや他訳（NTT出版，1997年），エリック・J・ホブズボウム，テレンス・レンジャー編『創られた伝統』前川啓治他訳（紀伊國屋書店，1992年）参照。

(42) E・H・カー，前掲書。「19世紀を通じて，貴族的国際社会が分化して国民社会がで

きつつあった時，ナショナリズムの主人公達は，このような展開が，国際道徳の紐帯を弱めるよりはむしろ強めることになろうと信じた。というのは，解放された人々の国民的願望が満たされ，貴族支配が国民による政府に置き換えられれば，諸国民を分断するものは地上にはもう何もないと彼らは信じたからである。……しかし，現実には，ナショナリズムの精神がひとたび民族国家に具現されると，それは普遍主義的，人道主義的なものではなく，個別主義的，排他主義的であることがわかったのである。」ハンス・モーゲンソー，前掲書，267ページ。

(43) 国民国家樹立の前提となる中央集権的な統一性にかけていたドイツでは，ヘルダーがフォルク（volk）の概念を主張した。これはロマン主義者やグリム兄弟等に影響を与え，ドイツ統一を促す理論ともなったが，nationに比して人民主権の概念は希薄であった。20世紀に入りナチスが登場すると，ドイツではフォルクは人種主義，排外主義的に用いられ，nationは自由主義的概念だとして非難されるようになった。

(44) ナショナリズムの語がフランスの文献に最初に登場するのは，ナポレオン時代の1812年で，それまでは愛国主義（patriotism）が用いられていたという。桑原武夫『フランス学序説』（講談社，1976年）102～4ページ。

(45) スミスは，ネーションとエスニシティを区別し，確かにネーションやナショナリズムが近代になって創られた概念であるが，同時に近代以前からエスニシティの感覚は存在したこと，それは「記憶，価値，神話，象徴」のような永続的文化的属性からなる文化的アイデンティティに基づくもので，このような歴史と文化に基礎付けられた共同体を彼はエトニと名づけ，これが近代以後のネーション形成に重要な役割を果たしたという。アントニー・D・スミス，前掲書参照。

(46) 橋川文三『ナショナリズム』（紀伊國屋書店，1968年）21ページ。

(47) 丸山真男『丸山真男集 第16巻 雑纂』（岩波書店，2004年）66ページ。

(48) 国家は基本的人権の保障された平等かつ同質的な個人からなる，という成員の同質性を前提とした国家イメージにおいては，個人間の不平等は厳しく批判是正されるが，特定のエスニックグループが不利な状況に置かれた場合，これにどう対処すべきかが明瞭ではない。伝統的な政治理論に立てば，ある集団が不利を強いられたら，圧力団体や多数派の形成によって自らの政治的欲求を実現させるべきことになるが，少数集団としてのエスニックグループにははじめからその規模的拡大に限界があり，結果的に常に多数者の抑圧に甘んじねばならない構造的な問題が伴っている。また，文化は妥協による政治取引の対象となり難いという別の問題も存在する。そのため，国民の同質性を前提とした民主主義理論の欠点を補う論理として，国民国家の内に存在するエスニックグループには平等な政治的処遇を認めるべしとの多文化主義（multiculturalism）の考えが登場した。例えば，エスニックグループの言語も公用語として認め，複数の公用語の存在を許すこと（多言語主義）も多文化主義に基づく政策である。マジョリティをなす英語系社会に対して仏語系のケベック州や先住民が反発を強めるカナダでは，この多文化主義が政府の公式政策に採用され，少数派の文化に対する尊重が表明された（1971年）。財の配分ではなく他者との差異を認める新たなタイプの政治は，差異の政治（politics of difference），あるいは承認の政治（politics of recognition）と呼ばれ，

エスニシティやジェンダー，宗教等が対象となるが，このような考えを強調すると国家そのものが分裂に陥る危険性も高まる。川崎修他『現代政治理論』（有斐閣，2006 年）180〜2ページ。

(49) アンダーソンは，グローバル化に対応したナショナリズムの概念として，「遠距離（遠隔地）ナショナリズム」の概念を提唱する。ベネディクト・アンダーソン『比較の亡霊』糟谷啓介他訳（作品社，2005 年）。また英国のミラーは，他者のナショナリズムにも同等の権利を認める穏健なナショナリズムを主張，それを排他的と批判される一般のナショナリズムと区別する意味で「ナショナリティ」と呼称している。ミラーは，権威への忠誠によって過去から伝わるナショナルアイデンティティの維持を図る立場を「保守的ナショナリズム」として批判すると同時に，それとは反対にナショナルアイデンティティを政治的操作の産物として警戒し，国家を闘技場と捉え，多くの個人や集団のアイデンティティが同等に尊重され，共存していくべきとする「ラディカルマルチカルチュラリズム」にも批判の目を向ける（David Miller, *On Nationality*, Clarendon Press, 1995）。

(50) 「暴力は，新しい社会を孕んだあらゆる旧社会の助産婦である」（「資本論」），あるいは革命が「これまでの社会組織の暴力的な転覆によってのみ達成される」（「共産党宣言」）と暴力革命論を基本とする一方で，マルクスやエンゲルスは例外として英米両国のように労働者が平和的手段で目的を達成できる国も存在することを認めてもいた。しかしその後，レーニンによって暴力革命論がテーゼとして不動の地位を得ることになる。

(51) エンゲルス『家族，私有財産および国家の起源』村井康男他訳（大月書店，1954 年）226 ページ。

(52) レーニン『帝国主義』宇高基輔訳（岩波書店，1956 年）。

(53) Carl Schmidt, *Der Begriff des Politischen*, Duncker & Humblot, 1932.

(54) エドゥアルト・ベルンシュタイン『社会主義の諸前提と社会民主主義の任務』佐瀬昌盛訳（ダイヤモンド社，1974 年）参照。

(55) ハンス・コーンは『ドイツの思想』において次のように述べている。「ドイツ国民のほとんどは，ワイマール共和国を臨時の国家であるとみなし，実際にそれを国家と呼ぶことを拒否していた。彼らにとっては，国家という言葉は，『誇り』であり，『権力』であり，『権威』を意味するからである。そこで，ドイツ国民は共和政体を単なる組織，しかも西欧の腐敗した制度に過ぎないと侮蔑していた。……民主主義はドイツ国民の魂に適応しない西欧からの輸入品であった。」多田真鋤，前掲書，105 ページ。

(56) エーリッヒ・フロム『自由からの逃走』日高六郎訳（創元社，1951 年）参照。

第5章　日本の政治思想

　安土桃山の時代，日本はルネサンスと大航海時代を迎えた当時のヨーロッパと同じような社会環境にあり，人々の精神構造もまたヨーロッパのそれと非常に類似したエトスとパトスを持ち合わせていた。身分秩序は流動化し，旧来の権威や伝統が影を潜めるなか，実力主義の原理が機能し，在野の中から登場した合理性と進取の精神に富む新タイプのリーダーが新たな政治秩序を築こうとしていた。人間の可能性を信じる時代精神の下，自由闊達な文化が出現し，また多くの商人は海外に雄飛し，海洋交易国家への発展に途を開きつつあった。このような潮流がその後も続いておれば，ブルジョワジーの形成と台頭を招来し，西洋的な近代集権国家が早い段階で日本にも誕生していたであろう。

1　江戸時代：統治・人倫の政治思想
●官学としての儒教の導入

　徳川幕府の鎖国制度導入によって，躍動のエネルギーは封印されてしまった。身分は固定化され，発展拡大よりも安定と現状維持を尊ぶ江戸時代が3百年近く続くことになる[1]。そうした時代にあっては，政治思想も安定と体制維持の論理が重視されることになる。その役目を果たしたのが儒学であった。徳川家康は社会秩序の維持を儒学，特に朱子学に期待したのである。中世の人心に拠り所を与えていた仏教に代わり，近世封建社会の精神を支配する思想，即ち幕藩体制擁護の政治思想として儒学が評価されたのは，社会各層における人々の役割を説き，上下の身分秩序を重んじ，「忠孝・礼儀」を尊ぶ考え方が歓迎されたからである。下克上の思想的根拠とされた天道，天命等の革命思想を朱子学の客観的な理と結びつけて換骨奪胎するとともに，世俗的な秩序化を進める上で君臣や父子の理等あるべき社会秩序として朱子学の理が大きな指針となり得たのだ。

もっとも，儒学はただ固定的身分と体制維持を説く学問として機能しただけではなかった。中でも官学的な座を占めた朱子学は，江戸期のみならずその後の日本の政治思想や国民意識に大きな影響を与えた[2]。明治以降，わが国は近代国家として目覚ましい躍進を遂げたが，それを可能にした要因に，国民の高い知的水準や自律克己的な精神の存在を指摘することができる。儒学は現秩序肯定の学としてだけでなく，近代化成否の重要な鍵となった知性や国民精神の基盤を形成する役割をも果たしたのであった[3]。

● 朱子学

　幕藩体制の安定とともに，儒学のもつ意義は増大していったが，中でも朱子学の思想は封建社会を維持するための教学として幕府や藩に歓迎された。朱子学は南宋の哲学者朱子（朱熹）によって形成された新儒教で，宋学とも呼ばれる。北宋の程明道，程伊川兄弟の学問的影響を受けているので程朱の学と称されることもある。それは宇宙論，人性論，実践哲学を一貫した原理によって説明する（東アジア最大の）雄大な体系を持つ思想で，万物の始源で超越的性格を持つ理と，理がそれぞれの物体に宿った気の理気二元論に立つ。朱子学の掲げる理は天地宇宙を統べるものであると同時に，人間，社会，自然の万物に遍く内在するあるべき道理，理法とされた。具体的には理は仁義礼智信の五常で，ことに君臣父子の上下関係の秩序が重んじられた。さらにその中の節義，名分が尊ばれた。また気が人間性に賦与されることで生じる「気質の性」の相違によって，人は凡人にも聖人にもなる。人が濁った気質の性を清め聖人となるには，事物の理を究めて自分の心の知を完全にする必要があると説いた（居敬窮理・格物到知）。実践的には人欲を排し，自己の内なる事物の理を窮め，さらに自己の外なる事物についても遍くその理を窮めることを説いた教えといえる[4]。

　社会秩序，人倫学としての朱子学の基本は，『大学』の「修身斉家治国平天下」の考えに示されている。つまり，身を修めることができれば家を斉えることは自ずからできる，家が斉えば自ずから国は治まる。国が治まれば天下全体も平和になるという論理で，個人の道徳的修養を全ての基本とするものであった。禅宗が世俗生活（人倫）の意義づけや世俗社会の秩序をどう保つかという問題に十分な回答を提示できなかったのに対し，修身（自己の完成）と治国（政治の安定）を統一的に実現させる朱子学の論理は新たな魅力ある思想として歓迎され，

元禄・享保の時代は朱子学の全盛期となった。

《林家》　儒教による秩序の維持を期待した徳川家康は，藤原定家12世の孫藤原惺窩(1561～1619年)を招致し，中国の学問談話を講じさせた。京都相国寺で学僧となり，儒教に触れた惺窩は仏教にない人倫の道を説く儒教に魅力を感じ，その関心を仏教から儒教へと移していった人物であった。惺窩は日本朱子学の開祖といわれるが，さらに家康はその博識を認め，藤原惺窩の門人林羅山(1583～1657年)を登用した。仏教の出世間主義を批判し，朱子学に魅了されて五山の僧をやめ還俗したのは羅山も惺窩と同様であったが，惺窩が他の儒教諸派に寛容であったのとは異なり，羅山は朱子学だけを正しい教えとして陽明学等他の儒学を仏教や切支丹ともども異端として厳しく排斥した。羅山は家康から家綱に至る4代の将軍に使え，朱子学の特権的地位と林家の学界における指導的立場を確立させた。

林家はその後，羅山の子鵞峰や孫鳳岡等代々幕府の儒官に起用された。鵞峰(1618～80年)は羅山の遺志を継承して『本朝通鑑』を完成させた。林鳳岡(信篤:1644～1732年)は将軍綱吉によって幕府の教学を担う大学頭に任じられ，新設なった湯島聖堂の側に家塾を移し学問所とした(昌平坂学問所)。以降，林家が幕府の文教政策を司ることになる。

《京学の発展》　藤原惺窩を祖とする京学は林家のほか，町儒者として京都の私塾で門人を養成した松永尺五や石川丈山らが出た。尺五の弟子木下順庵(1621～98年)は金沢の前田家に用いられ，のち綱吉の侍講となる。また木門の祖として新井白石(1657～1725年)，室鳩巣(1658～1734年)，雨森芳洲(1668～1755年)ら木門十哲を輩出した。白石は家宣，家継の政治補佐役を務める(正徳の治)一方で，朱子学の格物という考え方を歴史研究に活かし，『藩翰譜』『読史余論』『古史通』等の歴史書を残した。『藩翰譜』は諸大名の家系譜，『読史余論』は古代から江戸時代までの公家・武家政治の盛衰の軌跡を記述した作品，『古史通』は「神は人なり」という合理思想の下で神話の新解釈を試みたものである。雨森芳洲は対馬藩に仕え，韓国語を研究し，韓使来聘の応接に貢献した。

室鳩巣は加賀藩に仕え，その後幕府の儒者となる。彼は儒学者が不学者を蔑視する姿勢は社会道徳の実現を妨げていると批判，また儒者による空理空論の

論争を嫌い,覚悟を決めた武士の行動や気概,実践を正当に評価すべきと論じた(『赤穂義人録』)。さらに享保の改革では,人材登用と庶民教化(『六諭衍義大意』の作成)で中心的な役割を果たした[5]。

《南学の系譜》 戦国時代に南村梅軒によって開かれ,土佐の谷時中に受け継がれた南学(海南学派)も朱子学の一派で,この系統からは山崎闇斎(1618〜82年),野中兼山(1615〜63年)らが出た。山崎闇斎は厳格の学風で知られ,朱子の教説を純一に信奉して道徳の実践に努力すべきことを主張した。社会秩序を維持するものとして道徳規範を絶対視し,その形式的な遵法を主張する闇斎の立場は,固定的な身分秩序に組み込まれ,上級権力への絶対服従を求められた武士階級の生活信条に適したものであった。それゆえ崎門学派は勢力を得,門人には崎門の三傑と呼ばれる佐藤直方,浅見絅斎,三宅尚斎を輩出している。また闇斎は中年以後神秘主義に浸り,儒教と神道を結合し,朱子学の理気の思想によって神道を解釈する独自の神道説である垂加神道を説いた。このほか福岡藩士貝原益軒(1630〜1714年)のように,いずれの学派にも属さない朱子学者もいた。益軒は本草学や歴史学の分野にも業績を挙げたが,特に『和俗童子訓』『養生訓』等の教育書は影響を与えた。

儒学諸派の中でも,特に朱子学は林家が幕府に登用されたことから権力と結びつき,官学に近い扱いを受けた。しかし,朱子学の形式主義に対抗して中国明の王陽明の流れを汲む陽明学や,古典への復帰を説く古学派も力を得るようになる。中国や朝鮮の朱子学は現体制を支えるイデオロギーとして機能するに留まったが,日本では朱子学の理の硬直性・観念性への批判から多様な思想や学問が花開き,互いに競いあうことになった。

- **陽明学**

陽明学は,明の王陽明が始めた朱子学と並ぶ新儒教の一潮流である。宋・明代に官学として認められた朱子学だが,格物窮理の学説のため心の問題を軽視し,自己の外の理だけを求める傾向が生まれた。この点を批判し,内面化の道を求めたのが陽明学である。それゆえ陽明学の主たる関心事は宇宙論等ではなく倫理問題にあり,それは理即気の合一論に立つ心即理の唯心論であった[6]。陽明は理を事物の上に求めた朱子学は誤りで,心そのものに理が備わっていると説いたのである。内的主観的な心の理を重んじた陽明学は,初め朱子学を学

んだ中江藤樹（1608～48年）や門人の熊沢蕃山（了介：1619～91年）らがこれを取り入れて日本に広めた。

《中江藤樹・熊沢蕃山》　伊予大洲藩士であった中江藤樹は当初朱子学を修めたが，朱子学が理知的で形式に流れ易いことに不満を抱くようになった。また中国の経書に記された礼法を伝統や風習の違う日本の社会でそのまま実践することの無意味さを悟り，陽明学に接近した。そして儒学は「明徳新民之実学」，つまり個人の心の徳性を明らかにし，正しい政治によって民の心を新たにするための実践実用の学であるべきだとし，漢籍の知識博学を誇る姿勢は邪道として林家を批判した。周囲との軋轢から27歳で脱藩，故郷近江の農村に帰郷した藤樹は『翁問答』（1640年）を著し，孝を「天下の至徳」として普遍化させ（「わが身は父母にうけ，父母の身は天地にうけ，天地は太虚にうけたるものなれば，本来わが身は太虚神明の分身変化なるゆへに……」）「孝」を核とする独自の思想を築いたほか，藤樹書院を設けて庶民の教化にも努め近江聖人と呼ばれた。

陽明学に立ちながらも藤樹は内面の問題に関心を置いたが，本来陽明学は現実を批判して「知行合一」の立場で矛盾を改めようとする革新性を持っており，藤樹の門人熊沢蕃山は個人修養の手段にとどめず，これを藩制の確立に活かそうとした。そして備前岡山藩主池田光政に仕え藩政改革に手腕を振ったが，その著『大学或問』（1686年）で参勤交代制の緩和や農兵制への復帰等を説いたために幕政批判として咎めを受け，下総古河に禁錮され同地で没した。

●古　学

古学とは，山鹿素行の聖学，伊藤仁斎の古義学，荻生徂徠の古文辞学の総称で，宋・明代に創始された儒学（朱子学・陽明学）に飽き足らず，孔孟の古典原文に立ち帰ろうとする点で共通していた。古学は，日本で創始された朱子学といえる。朱子学が理に勝ち過ぎ，また仏教と同様，人間の欲望に対して消極否定的な態度を取ることへの不満がその背景にあった。

《山鹿素行と士道の形成》　山鹿素行（1622～85年）は浪人の子として会津に生まれた。江戸に出て儒学等を学ぶが，『聖教要録』（1665年）を著して観念的な朱子学を批判し，古代の聖賢に立ち戻ることを主張した（聖学）。それは朱子学のもつ形而上的な面を排除し，武士の日常に有益となるものを求めて築かれた学問であった。兵学者としての立場から，内面だけを見つめ道徳修養をする

だけでは，武士として実践的な社会生活を送るうえで役に立たないと素行は考えたのだ。また戦乱の時代が終わり，武士のあり方が問われる太平の世において，生産に従事しない武士の職分は，人倫の道を実現し，道徳において万民の模範となるべきだとし，従来の「武士道」に対して「士道」と呼ばれる新たな理論を形成した。

　武士の実践倫理，行動規範は武士階級の発生と共に形成され，鎌倉時代には「弓馬の道」「兵の道」と呼ばれた。それは，武勇，質素，廉恥，忠誠，信義，名誉，礼節等の徳目を内容とした。これらの道徳意識は領地を介しての主従関係が軸となっていた。その後，守護大名の領国制が発展し，また戦国時代には下克上の風潮が強まり「天命」説や徳を失った君主は放逐してもよいという「放伐」説が流布し，武家の秩序は大きく動揺した。そこで素行は儒教の理論を基に，平時における武士の倫理道徳として「士道」（武士道）を大成し，君臣の関係を恩賞や封禄から超越した絶対不可侵のものとした。また武士の職分は農工商の上に立ってこれを教え導くことにあるとし，為政者としての自覚を促し，そのためには文武兼備の徳性を積まなければならないと説いたのである。

　『聖教要録』が幕府（熱心な朱子学の信奉者で将軍家綱を補佐していた保科正之）に忌避され，素行は赤穂に配流されたが，彼が謫居していた播州赤穂藩で後に忠臣蔵の義挙が生まれたのも，山鹿兵学や士道の訓育と無関係ではなかったろう[7]。大道寺友山も士道的な考えを受入れ，『武道初心集』(1720年代頃)を著し，乱世ではなく治世の武士道を説くとともに，四書五経七書等を用いての「教育の督励」を促した。『武道初心集』は徳川斉昭や松平慶永に愛読され，信州松代藩では刊行されて藩士に配布されている。

　一方，士道の誕生とは逆に，天下太平の世にあって武士は人倫の道を極めるべしとの教えに反発し，あくまで乱世の武士の生き方を尊び，戦国武士道における「死の覚悟」を殊更に強調することで，失われ行く戦国武士の精神を伝承，再興しようと願う立場も生まれた。『葉隠』(1716年)を著した佐賀藩士山本常朝はその代表者であった。格物致知の知を重視した素行の士道論を理屈に走るもの，「上方風の打ち上がりたる武道」と退け，「無二無三の狂死」に理想を求めた常朝の立場は，鎌倉武士以来の主君への献身や死の覚悟を追求してきた武士の伝統を受け継ぐものといえるが，常朝自身が希望したにもかかわらず殉死

を果たせず出家したという現実がある。彼の生の生き様と屈折した心情が，一層の死狂いを追求させたのである。

常時死の恐怖と直面し，しかもそれを超越して平然と死ねる潔さに武士本来の理想像を求めた常朝から見れば，「武士道といふは，死ぬ事と見付けたり。二つ二つの場にて，早く死ぬ方に片付くばかりなり。別に仔細なし。胸すわって進むなり。図に当らぬは，犬死などといふ事は，上方風の打上りたる武道なるべし」(『葉隠』聞書1) の論理となり[8]，吉良邸討ち入りを果たした赤穂の浪士達も，主君の死から2年近い歳月を生き延び，しかも泉岳寺で即刻自決しなかった計算高い「上方風の打上りたる武士道なるべし」と酷評されてしまう。

ところで赤穂藩に預けられた素行は藩主浅野長直の厚遇を受け，儒者が徒に中国を「中華」と尊ぶ考え方に反対し，日本を「中朝」とみなす『中朝事実』(1669年) をこの地で著し，日本は政教文物では中国と同等の域にあり，軍事面 (夷狄防衛) と皇統の連続という点では中国に優越していると主張した。このほか素行は，兵学者として武士の百科全書ともいうべき『武家事紀』(1678年) や，門人が筆録した『山鹿語類』(1665年) 等の作品も残している。

《伊藤仁斎》　同じく17世紀後半，京都の商家に生まれ，堀川に私塾古義堂を開いた伊藤仁斉 (1627～1705年) も，朱子学への仏教，道家思想の混入を見咎めこれを批判し，原典に直接依拠した研究を進め，先人の経験的知識を重視した。仁斉は特に『論語』『孟子』を重視し，論孟二書に書かれた道徳を普遍的に行われるべき客観的な道徳規範とみなした。朱子学でも仁義礼智の道徳原理は普遍的な理法とされたが，それは天理 (自然界の法則) と人性 (人の心の本性) に一致するという形而上学的な思考方式で説明された。これに対し仁斉は，人の道と自然界の理は別物であること，また性即理ではなく教育と修養によって人の性を徳にまで高める必要があること等を説いて異を唱えたのである。仁斎は仕官の誘いを断り，市井の儒学者として生涯を過ごした。彼の一派は古義学 (堀川学) 派と呼ばれた。仁斎の子東涯 (1670～1736年) も父を引き継ぎ，堀川学派には多数の門下生が集まった。

《荻生徂徠》　仁斎らの古学に啓発され，17世紀末，独自の古学の体系を作りあげ，治国＝政治を重視して，礼楽・制度を整えることの重要性を説いたのが荻生徂徠 (1666～1728年) である。父は後に5代将軍となる館林侯徳川綱吉

の侍医であったが，その逆鱗に触れ一家江戸払いとなり，父とともに少年の徂徠も母方の実家があった上総の農村（本納）に移り，辛酸の生活を送った。この地で独学し，民間の実情にも接した徂徠はやがて赦を受け江戸に戻って頭角を表し，31 歳から綱吉の側近柳沢吉保に仕えた。

　古典の中でも五経を尊重した徂徠は，古代の言語や文章を正確に読み取ることに努め（それゆえ古文辞学と称される），また古代の思想は当時の社会や風習に対する正しい理解無しには習得できないとして歴史事実の研究を重んじた。徂徠にとって聖人とは先王，つまり古代の帝王を意味し，彼らが天下を安寧に治めた政治の術こそが道であるとし，儒学を政治制度のあり方を考えるための学と捉えた。そして主著『弁道』『弁名』(1717 年) で，為政者が道徳的に立派なら天下国家も立派に治まるという朱子学の政治道徳を排し，政治の狙いは社会の制度化であって個人の道徳を修めることにはないとして政治を道徳から切離し，古代儒学の経典に拠りつつ経世の学を樹立しようとした[9]。

　道徳と政治の分離を説いた徂徠の考え方がよく表れているのが，赤穂義士討ち入り事件に対する彼の考えである。元禄 14 年 (1701) 3 月，赤穂藩主浅野内匠頭長矩が江戸城中で吉良上野介に刃傷および，内匠頭は即日切腹を命じられた。その 1 年 9 カ月後，浅野の家臣 47 人が吉良邸に討ち入り，上野介を殺して主君の敵討ちに成功する。世にいう赤穂義士の討ち入りである。江戸の庶民や儒者の多くも一様に赤穂浪士の行為を大いなる義挙としてこれを称賛した。例えば討ち入りに感激した室鳩巣は『赤穂義人録』(1703 年) を書いて浪士の行為を絶賛した[10]。だが，徂徠は私の世界と公の世界，個人道徳と政治・法律の論理との連続性を断ち切り，公の私に対する優位の立場を打ち出し，浪士への科刑を主張した。以下は幕府の下問に対する徂徠の奉答書とされる「徂徠擬律書」である。

　　「義は己を潔くするの道にして，法は天下の規矩なり，礼を以て心を制し義を以て事を制す，今四十六士其主の為に讎を報ずるは，是侍たる者の恥を知るなり，己を潔くするの道にして其事は義なりと雖も，畢竟は私の論なり，其ゆへんのものは，元是長矩殿殿中を不憚其罪に処せられしを，又候吉良氏を以て為仇，公義の免許もなきに騒動を企る事，法に於て許さざる所也，今四十六士の罪を決せしめ，侍の礼を以て切腹に処せらるゝも

のならば，上杉家の願も空しからずして，尤も公論と言ふべし，若私論を以て公論を害せば，此以後天下の法は立べからず。」[11]

結局，赤穂浪士の処分は，徂徠および日光門主公弁法親王が示した方針に従い切腹と決したが，この処置によって浪士は永遠の生命を得ることになった。

儒学を政治制度を考察するための基準として捉えた徂徠は晩年，将軍吉宗の諮問に応えて経世学の書『政談』（1726～27年頃）を著し，幕政立て直しの方策を講じた。武家の窮乏は武家が一生旅宿住まいの状態にあることから生じたとし，貨幣経済や都市の発展を抑え，武士の帰農，土着を彼は主張した。また政治改革論議のための理論的根拠も提供した。徂徠が儒学を政治の術と位置づけたことで，以後，その道徳思想としての性格は弱められることになった。

● 国学の発展

儒教・仏教といった外来の思想から解放されて，日本の古代の姿をありのままに捉えようとする動きが生まれた。国学である。当初古典文献の研究から発足したが，次第に我が国の古道を明らかにすることに力点が移り，後の水戸学や尊皇攘夷思想の形成にも影響した。国学の芽生えは元禄期における和歌の革新運動であった。戸田茂睡（1629～1706年）は伝統と因習に束縛されて定形化した歌学の方法を批判し，歌詞の自由と自然簡単な新風を唱えた。『万葉代匠記』を著した契沖（1640～1701年）は儒仏による解釈を排し，古典古歌の注釈，仮名使いの研究に先人の教えに囚われない新たな見解を示した。そして18世紀に入ると復古主義の傾向が強まり，荷田春満（1669～1736年）以後，国学と称し，賀茂真淵（1697～1769年），本居宣長（1730～1801年），平田篤胤（1776～1843年）の系譜を連ねていった。

京都伏見稲荷の神官の子に生まれた荷田春満は契沖に学び，神道と日本書紀，万葉集等の古典研究に基づいて日本固有の古道を究明し，儒教仏教等の外来思想排斥を主張した。賀茂真淵は浜松の神官の子に生まれ，荷田春満に師事し，のち江戸に出て開塾。『万葉考』（1760年）等歌学や物語文学の研究で業績を上げるとともに，日本の古道が儒仏二教の渡来によって失われたとして排斥し，外来思想に歪められることなく古代に行われていた「神代の道」への復帰を説いた。

賀茂真淵の継承者となったのが，伊勢松阪の木綿問屋に生まれた本居宣長で

あった。「万に漢を尊き物に思へる心」を洗い去ろうと発起した宣長は、『古事記』のなかに純粋な日本固有の精神があるとして、その写本を集めて校訂し、古代日本人の精神である「直毘霊」への復帰を主張した（『古事記伝』1764～98年）。宣長は、イザナギ、イザナミの二神が始め、天照大御神が継承して伝えた「神の道」を唱えたが、それは日本国成立の原理であり、具体的には天皇による国家統治（天皇親政は必ずしも意味せず）を意味していた。また彼は『源氏物語』の本質はものの「あはれ」にあるとして、文学を儒仏の道徳的解釈の枠から解き放した。宣長の死後その門人となった平田篤胤は、宗教的国粋主義の傾向を強め、真淵・宣長の復古思想を神道として大成し、復古神道を発展させる。

● 尊皇論の発展

徳川幕府は形式上は朝廷を国家の長として崇拝する姿勢を見せながら、実質的には禁中並公家諸法度等を定め、厳しくその動静を監視、規制していた。だが貨幣経済の進展に伴い封建制度が動揺し始めると、幕府は朝廷の伝統的権威を取り込むことで自らの支配権を補強、正当化しようとした。そのため、朱子学の大義名分論を根拠に尊皇論が形成されるようになるが、尊皇論は幕政批判の根拠を提供することにもなった。垂加神道を唱えた山崎闇斎は天皇を尊び武家を退ける尊皇斥覇の思想を展開したが、これは同門の浅見絅斎に引き継がれた。その後、同じ流れを汲む竹内式部や山県大弐は王政への復古を唱えたため、幕府によって処分されている（宝暦・明和事件）。

さらに18世紀末～19世紀に入ると、国学や神道における復古主義の影響を受けて、幕府批判の尊皇論は広がりをみせた。高山彦九郎は諸国を遍歴して尊皇思想を主張し、蒲生君平は諸国の御陵修復と皇権の回復を説いた。頼山陽は『日本外史』（1827年）を著して、武家政治の歴史と尊皇思想を論じた。また水戸藩では、2代藩主徳川光圀によって『大日本史』（1657～1906年）編纂の事業が実施された。これは儒教の大義名分論によって歴史人物の正邪善悪を弁別し、皇統の尊厳を明らかにしようとしたもので、神武天皇から南北朝合一後の後小松天皇までをその対象とした[12]。この事業が継続するなか、同藩では浅積澹泊や三宅観瀾らが輩出し、尊皇思想を軸とする水戸学が形成された。

2 幕末の政治思想

●西洋列強の進出と国体論の誕生

《後期水戸学》 18世紀の末，工藤平助は『赤蝦夷風説考』(1783年) を老中田沼意次に献じ，南下を目論むロシアへの備えを説いた。また林子平は『海国兵談』(1791年) を著し，西洋への警戒と海の守りの必要性を訴えた。幕府は同書を発禁としたが，その直後，根室にロシアの使節としてラクスマンが来航する。そして天保の改革 (1841年〜) 以後，外国艦船が日本近海に頻繁に出没するようになり，国防 (海防) 問題は俄かに高まりをみせた。

内外多難となったこの時期に理論的先導役を果たしたのが，後期水戸学の思想であった。それは，『大日本史』編纂の事業を通して形成された尊皇思想が時の政治問題と結びつくことによって生まれたもので，その理論的特徴は，天と天皇を結合させ天皇の威厳を高めるとともに，将軍がその最高の臣として仕えるという論理構成にあった。将軍の上に天皇を戴くことによって幕府支配の正当性を高め，もって幕政の安定を図ろうとしたのである。儒教の立場から伝統回帰と日本主義を生み出した点で，それは儒仏排除から尊皇思想へと発展する国学と対照的な過程を辿ったといえる。

後期水戸学の祖は，藤田幽谷 (1774〜1826年) である。幽谷は「天祖 (天照)，天孫 (天皇) はもとより天と一なり。……神天合一，殷周の天と配するも尚ほ天と二たるを免れざると同じからず」と述べ，天皇は太陽とともに永久であり，中国とは異なり日本に革命などあり得ないと主張する。そして「幕府，皇室を尊べば，すなはち諸侯，幕府を崇び，諸侯，幕府を崇べば，すなはち卿・大夫，諸侯を敬す。夫れ然る後に上下相保ち，万邦協和す。甚しいかな，名分の正しく且つ厳ならざるべからざるや」(『正名論』1791年) との尊皇敬幕論を唱えた。彼の弟子で『新論』(1825年) を著した会沢安 (正志斎) (1782〜1863年) は，日本を「神州」と呼び，尊皇と攘夷を結びつけ尊皇攘夷論を形成するとともに，日本国家建国の原理及びそれに基づく国家体制としての「国体」の概念を提示し，後期水戸学を完成させた。爾後，国体の概念は幕末から太平洋戦争の敗北まで，日本国家形成の指導原理として生き続けることになる。また幽谷の子東湖 (1806〜55年) は藩主徳川斉昭と共に水戸学の理論を藩政改革という政治実践の場に活かすとともに，幕政にも働きかけ，さらには藩を越えて尊皇攘夷思

想を全国に普及せしめた。

　後期水戸学は幕藩体制の建て直し・強化を意図するもので，幕府への忠誠に疑いをもったり，封建制度の根本的矛盾を突き討幕を視野に入れた思想ではなかった。民衆に示す蔑視・警戒感も，国民国家的な発意とは程遠いものだった。だが，朝廷から委託された征夷大将軍としての責務を全うするため攘夷をなし得る実力を養うこと，そのためには幕府権力維持のためのそれまでの本強末弱政策を廃し，幕府本位ではなく国家的見地に立って諸藩の実力増大を図るべしとの論理が体制の中枢から発せられたことは新鮮であり，各藩から強い支持を得ることになった。

　《佐久間象山》　やがて中国で阿片戦争が勃発するが，この戦争に衝撃を受け，日本の独立を如何にして守るかを自らの研究命題となし，洋学研究を志したのが信州松代藩の佐久間象山（1811～64年）であった。老中であった藩主真田幸貫が幕府の海防掛となり，その顧問として海外事情調査を依頼された象山は西洋式砲術家江川太郎左衛門（英竜）の門に入り，高島流砲術を学び，西洋式火器の大量製造と洋式軍艦の導入による海軍の育成を緊急に推進すべき施策として主張した「海防八策」を藩主に提出した[13]。

　また旺盛な好奇心から軍事に留まらず，医学，薬学，物理学等西洋の広範な自然科学を自力で習得し，西洋が科学技術において圧倒的優位に立つ現実を自覚するが，「東洋道徳，西洋芸術（技術）」の発想に立ち，西洋人の作り出した技術の優秀性を高く評価し，それを学ぶべきとしながらも，東洋における儒教の教えはこれを保持すべきであるとし，実学では西洋に遅れをとっても精神面ではなお東洋の優位を主張した。象山は吉田松陰の密航事件に連座して8年間蟄居を命じられ，その間，国家利益の観念を抱くようになるが，赦免直後に京都で暗殺されたため，現実の政治に影響を及ぼすことは少なかった。

　なお国防の危機や社会不安の解決をめざす動きとしては，象山より少し早い時期に渡辺華山や高野長英ら尚歯会を作る洋学者グループが存在したが，幕府の弾圧にあい現実的な力とはなり得なかった。

● 黒船来航と尊皇攘夷論の台頭

　ペリーの来航により，藩政改革ではなく尊皇攘夷問題が時代の中心課題となった。しかも日米修好通商条約締結に当たり朝幕一致の対応がとれず，大老

井伊直弼が勅許を得ずに調印したことから，将軍継嗣も絡んで政情は騒然となった。朝廷と幕府の意思が分裂矛盾してしまった以上，後期水戸学にそれを解決する理論を提示することはできなかった。後期水戸学は多様な思想や志士を凝集させる力を失い，存在意義は弱まった。そして様々な論者が登場する。

《吉田松陰》　厳しい国際環境の中でわが国の独立を維持するには，徳川封建体制を打ち破り近代国民国家への脱皮が必要であり，そのためには藩を越えた国家意識の形成が不可欠であった（精神革命）が，天皇への絶対的忠誠という特殊日本的な君臣関係を核とした国体論を説き，後期水戸学において芽生え始めた日本というナショナルアイデンティティをさらに明確化させたのが長州藩の吉田松陰（1830～59 年）であった。

松陰は，佐久間象山から洋学やリアリスティックな国際政治観を，後期水戸学からは尊皇論を学んだ。国防を全うするにまず西洋の実情を知る必要があるとして，密航を企てるも失敗。幕府権力を強化することで国家の独立を図ろうとする象山に対し，松陰は幕府にも各藩にも失望し，草莽の蹶起に期待する。天皇への忠義と毛利家家臣としての立場に悩むが，やがて後期水戸学の名分論，国体論を否定し，幕藩体制を越えて「主君（藩）よりも天皇（国家）への忠節を第一義」とする天皇絶対の「一君万民」の思想を形成する。これが志士達の尊皇攘夷運動の精神的支柱となり，さらには明治日本の思想的原形となったのである。

《横井小楠》　佐久間象山が富国強兵による国防を説いたのに対して，列強との平和貿易によって独立を維持する発想に立ったのが熊本藩の横井小楠（1809～69 年）であった。当初は攘夷論者であったが，その後，後期水戸学を否定し開国論に転向した小楠は，松平春嶽の政治顧問となり，越前福井藩の藩政改革や幕府の改革にも関わっている。福井藩政改革の指針とすべく著した『国是三論』（1860 年）において小楠は，万国通商の利を説き，開国により交易を推進すべしと民富論的な富国政策を推奨した。しかし他の開国論者とは異なり，国家エゴを排し平和共存を理想とし，仁の体現者としての日本が世界のイニシアティブをとるべきだと論じた[14]。また鉱業を興して得る利を海軍力の強化に充て以て国防政策の中心となすこと，文武の一体化，堯舜禹の「三代の学」に復帰すべきこと等を説き，新たな王道の思想を展開した[15]。

朱子学を基礎としながらも、垂直的な華夷秩序の国際関係を否定し、水平平等主義の国際関係を唱えたこと、また「東洋道徳、西洋芸術」の象山に対して、仁の普遍性を前提に、理想とする堯舜三代の仁政は東洋にはなくいまや西洋において実現を見ている（「支那と我が国とは愚かな国になりたり。西洋には大いに劣れり」『横井氏説話』）とアメリカの共和制（ワシントン）を評価したこと、さらには封建体制や鎖国を幕府の私利として退け、公共哲学の概念を展開させた点で小楠の政治観は画期的なものであった。

● 安政の大獄以後：幕末志士の現実主義

彦根藩主井伊直弼が大老に就任し、勅許を得ないままに日米修好通商条約に調印するとともに、一橋派を押し切って徳川慶福（家茂）を将軍の後嗣に定めた。この措置には強い反発が起きたが、井伊は厳しい弾圧でこれに対処した。この安政の大獄で吉田松陰、橋本左内らは処刑され、これに憤激した水戸脱藩浪士によって井伊直弼は暗殺される（桜田門外の変）。変の後、幕政を司った老中安藤信正は朝廷との関係改善に動き、幕府や西南雄藩藩主層を中心に公武合体の動きが生まれるが、下級武士の間では尊皇攘夷の動きが活発化していった。

そして攘夷派が優位に立った朝廷は攘夷の決行と鎖国を幕府に迫るが、幕府にその意思はなく、これに応じた長州藩が下関海峡を通過する外国船への砲撃を実施した。こうして日本の政治権力は、幕府と朝廷を担ぐ西南諸藩とに急速に分解していった。その一方で、四国艦隊の下関砲撃や薩英戦争での敗北体験から、多くの志士たちはそれまでの精神主義から現実主義的立場（開国止むなし）へと転換を遂げ、攘夷はあくまでも討幕のための論理、戦術と位置づけるようになる。徳川に代えて天皇の象徴的価値を利用し、朝廷中心の統一国家を作りあげる以外に日本の独立と近代化は果たせないという発想であった。攘夷を唱えていた若き下級武士は相次いでその列強諸国に自ら留学し、西洋の学問とその実態（圧倒的な軍事力と近代文明）に触れた多くの志士の間では、めざすべき理想として富国強兵の国作りが共通のイメージに育っていくが、一部には立憲主義や交易国家の論理に共感する志士も現れた[16]。

3 明治の思想：大権・国権・民権
●開化運動の思想と明六社

1867年，王政復古の大号令が発せられ，天皇を中心とする新政府が樹立された。明治政府は版籍奉還，廃藩置県，学制・徴兵制の実施や地租改正等矢継ぎ早に改革を断行し政治的統一の基礎を固めるとともに，産業技術や社会制度，学問・思想等西洋文明を積極的に摂取し，近代化を推進することによって富国強兵をめざした。これに伴い，明治初期の国民生活においては，文明開化と呼ばれる新しい風潮が生まれた。思想界ではそれまでの儒教・神道が時代遅れと排斥され，代わって自由主義や個人主義等の近代西洋思想が唱えられた[17]。その中心となったのが福沢諭吉，森有礼，加藤弘之，西周ら洋学者によって組織された明六社だった。アメリカから帰国した森有礼の提唱で結成された明六社は，『明六雑誌』の発行や演説会を通して，西洋近代思想の紹介普及活動を行うとともに，民心の改革と封建思想の排除に努めた。

明六社の中心人物であった福沢諭吉（1835～1901年）は『学問のすゝめ』（1872年）を著し，天賦人権思想に基づき，人間は生まれながらに自由であり，誰もが機会の平等を与えられているとし，諸個人は実学を学ぶことで精神的物質的な独立を達成して自立的な国民になるべきだと主張した。「一国の文明は，独り政府の力をもって進むべきものに非ざるなり」，また「外国に対して我国を守らんには，自由独立の気風を全国に充満せしめ，国中の人々貴賤上下の別なく，その国を自分の身の上に引き受け，智者も愚者も……各々その国人たるの分を尽さざるべからず」と説く一方で[18]，ともすれば権力に阿ることが日本人の欠点と見ていた福沢は，「日本には唯政府ありて未だ国民（ネイション）あらず」の現状を嘆いた[19]。一身の独立こそ一国独立の基礎（「国と国とは同等なれども，国中の人民に独立の気力なきときは一国独立の権義を伸ること能はず」）であり，一人一人が独立心を保持し，政府と人民の間に力の均衡を生み出すことによって，多元的な価値観を容認する自由社会を日本に形成する必要があると考えたのである（独立自尊）。

もっとも，福沢を除けば明六社に関係した者の多くは官途に就くなど反権力性は弱く，森有礼は後に文部大臣となり日本の国家主義教育を確立，帝国大学総長となった加藤弘之は天賦人権論を捨てて国権主義を主張，西周は山県有朋

のブレーンとして軍人勅諭の草稿を作る等軍制の構築に参画している。

● 自由民権運動

戊辰戦争に際して政府軍に加担した士族の中には、彼らの主張が新政府に反映されないことに対する不満が強まっていた。そして征韓論に破れた西郷隆盛、板垣退助らは一斉に辞職し、不満士族の声を背景に政府批判の運動を始めた。板垣退助らは民撰議院設立建白書を提出し、天下の公論に基づく政治を行うための国会の開設を求めた。これが自由民権運動の口火となり、板垣らが結成した自由党を中心に中江兆民、植木枝盛、大井憲太郎らの民権派が人民主権論の論陣を張った。このうち中江兆民(1847〜1901年)はルソーの『社会契約論』の一部を漢訳(『民約訳解』1882年)したほか、『三酔人経綸問答』(1887年)では、急進的民権論者で民主・平和主義を掲げる洋学紳士、士族的感情に根ざしアジア割取を主張する豪傑君、立憲制で漸進現実主義の路線を説く南海先生という3人の架空人物のやり取りを通して日本の進むべき進路を論じた[20]。土佐出身で板垣の側近でもあった植木枝盛(1857〜92年)は口語文体の『民権自由論』(1879年)で、専制、圧制に対比させて自由や民権の意義を強調した[21]。

その間、徴兵礼や廃刀令による特権喪失、秩禄処分による俸禄制の有償的な停止等は武士階級、特に下級武士の過半を窮乏に追い込んだ。彼らの不満は佐賀の乱や神風連の乱へと発展したが、最大の武装蜂起となった西南戦争の鎮圧によって政府は一連の士族の反乱を収束させることに成功し、これ以後、反政府運動は武力に代わって言論がその主体となる。もっとも、民権運動は士族だけでなく地租減免を求める地方の地主や農民、都市の商工業者等も加わる広範なものとなり、それに伴って運動は過激化し、秩父事件、大阪事件等各地で大規模な騒擾事件が続発した。この動きに対処すべく、政府は保安条例を制定し民権運動を厳しく弾圧、それと同時に官主導の立憲化に動き、欽定憲法制定の方針を決定し国会開設を公約したため(1881年)、民間グループや民権派思想家らも憲法私案を相次いで発表した[22]。そして内閣制度の樹立(85年)に続き、1889年には大日本帝国憲法が発布され、翌年には第1回帝国議会も開設され、ここに日本は維新後約20年で、東洋最初の近代立憲国家となった。

● 明治政府と大権の論理：儒教倫理の復古と古代回帰——天皇教の導入

憲法制定の必要に迫られた明治政府は伊藤博文らを欧州に派遣し、その報告

を基に，プロシャに範をとった大日本帝国憲法を発布する (1889 年)。「大日本帝国は万世一系の天皇之を統治す」(第 1 条) で始まる大日本帝国憲法では，天皇の大権が重視された。富国強兵を推し進めるには集権的な国家体制の確立が不可欠であり，そうした強国作りを支える政治的バックボーン，つまり国家統治 (維新政府) の正当性原理として天皇制が強調されたのである。それは古代日本における天皇制を，天皇親政の政治モデルとして近代に蘇らせようとする試みであった[23]。また西洋諸国においては古くからキリスト教が国民精神の機軸たる役割を果たしており，我が国でも国民統一の思想倫理が必要とされた。しかし，日本にはキリスト教の如き創唱宗教は無い。そのため，天皇制を柱とする神道を国家の宗教 (国家神道) となし，その保護・発展を図ることで，天皇制に創唱宗教の役割りを担わせたのである[24]。

　政治 (世俗) と内面 (精神) の双方が天皇制によって統一されたことで，公と個は渾然一体化し，両者の分離は困難となる。このような思惟の体系は家父長制国家においてしか成り立たない。それゆえ天皇は臣民の父にあたり，臣民は天皇陛下の赤子とされたのである。忠と孝の間には本来，矛盾，対立が生じるが，すべてを親子関係という単一の論理で説きくるめることでそれは糊塗曖昧化された。家父長国家の頂点に立つ天皇は，単に政治的な権威・正当性を持つだけでなく，国民一人一人の内面を支配する精神的権威でもあるから，西欧流の立憲君主と同一であってはならず，その存在は絶対でなければならない。

　しかも，復古的天皇親政主義や天皇教という官製の論理を導入し，それを国民に受容浸透させるには徹底した教育が必要となる。そこで明治政府は憲法にとどまらず翌 90 年に教育勅語を発布し，国民教育の場を通して①政治システムとしての天皇制と②儒教的な忠孝の論理を用いての皇室崇拝と服従の精神，さらに③天皇中心の家族主義的国家観の浸透を図ったのである[25]。以後尊皇と忠君愛国の思想，それに家父長国家の論理が政体や国家観念，そして国民精神 (道徳) の核となり，日本国家のアイデンティティともなっていくのである。しかし，一方で立憲主義を取り入れながら，同時に国民精神の急速な統合一体化を実現するため，後期水戸学以来の国体論を政治の基礎に据えて古代君主政を理想像に掲げるとともに，天皇教や儒教の忠孝倫理によって個人の内面領域をも国家が支配するという矛盾，跛行的な近代化は，その後の我が国の進路に大

きな影を落とすことになった。

● **民権運動敗北後の潮流：国権論とナショナリズムの台頭**

　政府の弾圧と上からの国会開設によって，民権運動は下火に向かう。また新政府発足以来の近代国家建設事業も一応軌道に乗り，明治も中期になると，それまでの開化運動（欧化主義）一辺倒に対する反発が生まれるようになった。安定期を迎え来し方を振り返る精神的余裕が生まれたことに加え，急速な開化と西洋思想の流入が，独立を全うすべき日本の国家，民族の個性を逆に失わしめているのではないかという疑念が強まったこと，また幕末には外部脅威であった西洋文明が開化運動によって内在化し，君民の主権抗争や労資対立等国の内部から国家独立を脅かす因子となりつつあることへの懸念も生じたためである(26)。近代化を引き続き西洋本位で行うべきか，あるいはそれまで無視否定されてきた伝統本位の姿勢で進めるべきかという構想・路線をめぐる論争である。

　これは，日本が西洋の一員か東洋の一員かという自己認識に関わる問いかけでもあったが，折からの朝鮮問題が契機となり，民権論者の中にも国権の拡張を重視する国権論を唱える者が現れるようになった。1885年，福沢諭吉は「日本の国土は亜細亜の東辺に在りと雖も，其国民の精神は既に亜細亜の固陋を脱して西洋の文明に移りたり」とし，「支那朝鮮に接するの法も隣国なるが故にとて特別の会釈に及ばず，正に西洋人が之に接するの風に従て処分す可きのみ」と説き，アジアの悪友である清，朝鮮を謝絶すべしとの「脱亜論」を『時事新報』に発表し，明治政府の対アジア強硬外交を肯定した。前年，朝鮮では日本公使援助の下で金玉均ら開化派がクーデターを企てたが，清国の軍事介入によって失敗に終り，改革派勢力が半島から一掃された（甲申事変）。一向に改革に目覚めない朝鮮と，その朝鮮守旧派を支援することで影響力を保持し続けようとする清国に，福沢は憤りと失望を禁じ得なかったのである。

　これに対し樽井藤吉（1850〜1922年）は同じ年に『大東合邦論』を執筆し，日鮮両国が親和の精神で対等合併し（新たな国名は大東国），西欧列強の侵略に対抗するとともに，世界の理想国家をめざすべきことを説いている（清国は多民族国家で民族の間に支配被支配の関係があるため対等合併は不可能で，合縦に留めるとしている）(27)。列強が互いに熾烈な競争を続け団結を欠く状況を利用して東アジア諸国が団結することで，西欧及びロシアの脅威と侵略に対抗すべしとの

考えである。樽井の理想主義的なアジア連帯の思想が日本外交に直接影響を与えることはなかったが、反西欧とアジア団結の発想はアジア主義の起点となり、その後、日本の対外膨脹の軌跡とも絡みあいながら、頭山満（玄洋社）や内田良平（黒龍会）、孫文を支援した宮崎滔天[28]、「アジアは一つ」（「東邦の理想」）と説いた岡倉天心、インド独立に動いた大川周明らの思想、さらには大東亜共栄圏の構想等に継承されていった。

　欧化主義と国権論の対立は、条約改正問題を巡り先鋭化していった。『将来の日本』(1886年)において全面的な西洋化を主張していた徳富蘇峰 (1863〜1957年)[29]は、民友社を創立（雑誌『国民之友』：87年刊行）した後は、政府が条約改正のために行った欧化政策を貴族的欧化主義と批判し、一般国民の生活向上や自由拡大のための平民的欧化主義を説くようなった（平民主義）。雑誌『日本人』を発刊 (88年) した三宅雪嶺や志賀重昂、福本日南らは、やはり一般国民の幸福を意識しながらも、その前提として国家の独立や国民性をより重視した（国粋主義）[30]。陸羯南も新聞『日本』(89年) において類似の日本主義（国民主義）を打ち出し、西欧的平民主義とは異なるナショナリズムの立場から藩閥批判を展開するとともに、立憲政治を重視し徳義に基づく憲政の運用を求めた[31]。これら一連の国権論を要すれば、それは、天皇の権威を利用した"上からの国民統合"ではなく、国民各自のナショナリティに対する自覚に基づいた内面的変革を伴う"下からの国民統合"を進めることの重要性を説き、それによってはじめて国家的利害と国民的利害は合致し、国際圧力に対抗し得る真の国力も備わるという考え方であった。彼ら国権論者の多くは、明治育ちの青年であった。

　そして日清戦争の勃発とその勝利は、政治や思想界の動向にも大きな影響を与えた。それまで政府と対立していた民党は開戦と同時に政府攻撃を止め、10月の臨時議会は1億5千万円に上る軍事予算案を全会一致で承認し、4日で閉会した。福沢は自ら主宰する『時事新報』の社説で日清戦争を「文野の衝突」と捉え、日本を「文明人道の保護者」と位置づけた。開戦と同時に彼は報国会を結成して拠金活動の先頭に立つが、その趣意書には「帝国臣民たるもの、豈其勇武以て軍務に当り、勤倹以て軍資を継ぎ、我大日本国の権利を保全せざる可けんや」とあった[32]。徳富蘇峰は開戦と同時に『大日本膨脹論』を刊行し、

日清戦争の「最大の戦利品」は「大日本国民の自信力」だと述べ，膨脹的日本こそ日本の国民的性格であると断言したほか，国民と皇室の接近を評価した（「我が国民は，今日に於いて，始めて心よりして，尊王の真意義を解したるなる可し」）。また蘇峰は自由貿易論に立脚したそれまでの平和主義的立場から一転し，帝国主義を支持するようになった。これは当時英国で力を得た社会進化論や大英国主義の影響を受けたものと思われる[33]。蘇峰の主張した如く，日清戦争を通じ「日本」及び「日本人」という国家，国民（臣民）の意識は大衆レベルにまで普及浸透し，それと同時に天皇の権威が高まることにもなった。

このほか，高山樗牛も雑誌『太陽』で日本主義を唱えて我が国の大陸進出を肯定したほか，日本の中国分割に批判的であった陸羯南もロシアの満洲占領によって対露強硬論へと転じた。こうした動きに反発して，社会主義者（幸徳秋水，堺利彦）やキリスト教思想家（内村鑑三）は非戦平和論を唱えたが，日露戦争前には対外膨脹を支持する国家主義が政治思想の主流となっていった。もっともこの時期の国権運動は，民族的自覚を伴っての近代化，国民国家建設を主張するものであり，天皇制や国体を過度に強調した昭和期の排外的な国粋主義とは異質のものであった。

● 劣等意識と大国意識の混在：大和魂論の誕生

もう一つ付け加えるべきは，当時の論客識者の多く，それも国権論者ばかりでなく内村鑑三のようなキリスト教徒までが，自らの内面規律に武士の精神を据えていたという事実である[34]。集権化を急ぐ明治政府は天皇親政の復古主義や忠孝の儒学論理を取り入れたが，それとは別に，明治の知識人や政府指導者の精髄には江戸期の士道倫理が脈々と受け継がれていたのだ。また西洋文明の成果と文物はそれを模倣，導入するにしても，人間精神においてはなお東洋，特に日本のそれが西洋を圧するという「和魂洋才」や「東洋道徳，西洋芸術（技術）」（佐久間象山）の意識も明治期の日本人には等しく共有されていた。

そして，いくら西洋の知識を理解習得しても完全な西洋人にはなれぬ冷厳たる現実，あるいは自由と平等を説く一方で西洋以外の地で彼らが示す侵略主義と白人優越主義の実態を目のあたりにするなか，国民皆兵による軍事強国路線の進展に伴い，かっては武士という一階級内部の禁欲的倫理に限られていたものが国民全てを律する精神規範へと拡大・利用され，儒教的な士道やあるいは

葉隠的な死を恐れぬ精神が「武士道」として喧伝されるようになる。それと同時に，官民双方に備わった日本的精神に対する自負の意識——それは後進国としての民族コンプレックス克服のための代償的思惟であった——は，民族の精神的アイデンティティとしての地位を得るに至る。それが「大和魂」であった。大和魂の概念は平安期に用いられた本来の用法（世故に通じ世馴れている才腕）とは大きく相違し，また武士道よりも遥かに曖昧かつ多義的であったが，逆にその汎用，柔軟な概念規定のゆえに農民や商人等武士階層以外の出身者や軍人以外の一般社会人に広く受け容れられ，日清・日露の両戦争を通して，日本民族の精神的至高性（精華）を意味する言葉として普及・定着していったのである。

　時代が下り，日本の国際的地位が高まり，と同時に我が国に対する国際的な圧力も増すにつれて，西洋に対する精神的優越の意識（精神文明は物質文明に勝るという思考），即ち「和魂洋才」と戦勝で掴んだ「民族としての自負」を基盤に，国力貧弱の中で対外膨脹を支える攻勢主義のエトスとして強調された大和魂論は，ファナティックな精神主義を誘発させる温床となった。そして太平洋戦争での敗北と戦後における民族的過去の全否定によって，近代日本における国民精神構築の大業は挫折に帰した。以後，国民的な精神や倫理に穴があいたままの状況が現在に至るまで続いている。

4　大正デモクラシーから大東亜共栄圏構想へ

●国家改造

　1912年7月，明治天皇が崩御し，大正という新たな時代が到来した。同年（大正元年）末，2個師団増設が閣議で認められなかったことに抗議し，上原勇作陸軍大臣が単独で辞表を大正天皇に提出，陸軍が軍部大臣現役武官制を盾にその後任を推薦しなかったため，第2次西園寺内閣は総辞職に追い込まれた。代わって長州閥で陸軍の長老桂太郎が3度目の内閣を組閣したが，犬養毅（立憲国民党）や尾崎行雄（立憲政友会）らは「閥族打破憲政擁護」の国民運動を繰り広げた。世にいう第1次護憲運動である。そのため桂内閣は50日余で退陣に追い込まれた。後を継いだ山本権兵衛は立憲政友会を与党に内閣を組織したが，シーメンス事件（1914年）が発覚し，同内閣も高まる抗議行動の前に退陣を強いられた。その後，米騒動で寺内正毅内閣が倒れ，原敬による初の本格政党内

閣が誕生を見る (1918年)。

こうした政治情勢の中，吉野作造 (1878～1933年) は『中央公論』に「憲政の本義を説いてその有終の美を済すの途を論ず」と題す論文を発表 (1916年) し，「民本主義」を提唱して政治の民主化を訴えた。民本主義はデモクラシーの訳語であるが，吉野は天皇主権を規定する明治憲法との関係から"国民"主権を意味する"民主主義"の語を用いることを避け，主権の所在に拘らず政治の民主的運営は可能との発想から，政治の目的は一般民衆の福利向上にあること，政局運営や政策決定は民意に基づくこと，さらに現実の政治が代議政治 (間接民主制) とならざるを得ない以上，二大政党制に基づく政党政治の発展が重要であることを強調した。また吉野は，富国強兵を国家生活の唯一の理想とする時代はもはや終わったと主張し，人類の文化的進歩の向上を新たな理想に掲げたが，彼の民本主義は美濃部達吉の天皇機関説とともに，大正デモクラシーを代表する理念となった。ジャーナリズムでは，長谷川如是閑 (1875～1969年) が民主主義の擁護に筆を振った (「現代国家批判」1921年)。

しかしこの時期は長くは続かなかった。ロシアで社会主義革命が勃発し (1817年)，翌年には米騒動が発生。また第1次世界大戦終了による戦後恐慌で，日本経済は苦境に陥った。そこに関東大震災が襲い (1923年)，金融恐慌も生まれた (1927年)。そうした過程で財閥の産業支配は進み，独占・金融資本が日本経済で支配的な地位を占めるようになった。財閥は政党に接近し (三菱は憲政会，三井は立憲政友会)，政党に対する大衆の不信と反感は急速に高まっていった。虎ノ門事件で倒れた山本内閣に代わり政党とは無関係の清浦奎吾が首相に就くや第2次護憲運動が起こり，その成果として普通選挙法が成立する (1925年) と労組，農民組合を基盤とする社会・共産主義勢力は社会改革に向けた動きを強め，合法的な無産政党である農民労働党 (翌26年労働農民党) が組織された。普通選挙制による初の総選挙で無産政党が当選者を出したため，政府は共産党員の逮捕や治安維持法強化等の抑圧策を講じた。

その結果，左翼の動きは弾圧されたが，20～30年代にかけて右翼勢力の側でも軍部の力を背景に国家の改造をめざす動きが強まった (国家改造運動)。『日本改造法案大綱』(1923年) を著した北一輝 (1883～1937年) は，我が国は明治維新によって天皇と国民が一体化して政権を担う民主主義となったにも拘らず，

その後の藩閥・財閥・官僚勢力の台頭で平等の精神は失われたと嘆き，軍事クーデターによる改革を主張した。それは，天皇大権の発動で3年間憲法を停止させ，国会を解散し戒厳令を発布する。そして平等主義徹底のために貴族制や貴族院を廃し，普通選挙制度を実現，また国家社会主義ないし混合経済的な施策と体制化を推進し，労働者の権利・処遇の改善と福祉国家の実現をめざすものであった。対外政策に関しては，国家は自衛権の行使以外に，不法に大領を独占する国に対して，あるいはまた抑圧された他国や他民族を救うために開戦権を有しており，日本は英露と戦い，ひいてはアジア解放のため正義の戦争を断行すべしと説いた。政党政治への不信や軍縮の行き詰まり，満蒙問題の逼迫，さらに農村の疲弊等鬱屈した政治情勢の中で，彼の国家改造思想は多くの青年将校（皇道派）から共感をもって迎えられ，2.26事件を惹起せしめる思想的根拠となった。

　この事件の後，軍部の政治支配は急速に進んだ。また国家総動員法が制定される（1938年）など国民の権利が大幅に制約されるなかで，国家による経済統制を強化して総力戦に対応できる体制作りが急がれた。そうした中で，ソ連を敵視し，かつ社会主義思想を忌避・警戒・排除しながら，いつしか日本の軍部や革新官僚も社会主義国家と類似の国家統制システムに引き寄せられていった。皮肉な結果であるが，イデオロギーの時代に入り，現実の力関係よりも理念や精神に幻惑魅了されたのである[35]。そうした催眠状態に実力集団たる軍部が深く関わりを持ったことが，日本にとって不幸であった。

　1937年，文部省は国体明徴運動の一環として『国体の本義』を発行し，全国の学校・官庁に配布して以後の思想統制の基準とした。この書では天皇機関説を公式に否定し，西洋文化の個人主義を排斥するとともに，記紀神話に基づいて国体（天皇制）の尊厳や天皇への絶対服従が説かれた[36]。またこの年には日中戦争を契機に国民精神総動員運動が展開され，国家主義，軍国主義を鼓吹し，節約，貯蓄等国民の戦争協力が求められた。戦時体制の形成に伴い国体論に基づく思想統制も強化され，社会主義，自由主義への弾圧は一段と厳しくなった。1935年には美濃部達吉の天皇機関説問題[37]，37年には矢内原事件が起きている[38]。

　しかし，独伊のファシズム国家とは異なり，日本では大規模な大衆運動を利

用して個人が権力を奪取，独占する事態は起きなかった。それどころか，政治的な発言力を手中に収めた軍部（軍閥）も明確な国家運営のビジョンは持ち合わせず，内部では陸海軍の深刻な対立が続き，しかも上層部が下克上の風潮を統制できない等多極分裂的な権力状態を抱え込んだまま，状況に押し流される格好で対米英戦争に突入していった。昭和前期の日本をファシズム国家と捉えることはできない[39]。我が国の場合は，天皇を家父長とする家族主義的な国家観や，国家が個人の内面をも支配する絶対的なナショナリズムが超国家主義や家族共同体的な全体主義を生み出し，それが総動員体制や太平洋戦争下での徹底した抗戦姿勢を生み出したのである。

● 大東亜共栄圏

1940 年 7 月に発足した第 2 次近衛内閣は「大東亜の新秩序建設」を謳う基本国策要綱を閣議決定し南進政策を打ち出し，40 年 9 月には日本軍が北部仏印に進駐する。先に第 1 次近衛内閣は日満支の提携をめざす「東亜新秩序」声明（38 年）を発表したが，大東亜の新秩序建設とはこの声明の範囲を拡大し，南方を加えたものであった。同内閣の松岡外相は「大東亜共栄圏」の構想を高々と掲げた。それは「大東亜の新秩序建設」という固い表現を大衆向けのキャッチフレーズに改めたもので，南進論の台頭を背景に，日本の南方進出を正当化するため，アジアの諸民族を欧米の帝国主義支配から解放し，新たに日本を盟主とする共存共栄の経済圏を作りあげねばならないという主張であった[40]。

国家総力戦の時代には，戦争は軍隊相互の衝突にとどまらず思想と思想の戦いともなる。満洲，中国に加え列強が支配する東南アジアへの進出にあたり，植民地解放という新たな目的をスローガンに掲げたこの大東亜共栄圏構想は，まさにそのためのテーゼであった。そして高坂正顕や高山岩男，さらには西田幾多郎らの京都学派は，いまや西洋が主導する近代は閉塞状態に陥っており，日本こそがそれに変わって新しい世界の盟主となるべきであり，太平洋戦争を「西欧的近代を超克する世界史的な使命を帯びた戦い」と捉え，対英米戦遂行の理論的根拠を軍部に提供する役割を担った[41]。

しかし，開戦に至る経緯を具に顧みれば，日本はその大陸政策に対するアメリカの強い反発に驚き，しかも石油禁輸事態への処方箋を持ち合わせず，成り行き任せ，他国（ドイツ）本願で対米英戦に雪崩込んだのが現実の姿だった。当

時の指導層は，開戦に向けた確固たる戦略も勝算も無いまま資源欲しさの戦争に踏み切った，いや踏み切らされたのである。一部個人の恣意や情念は別として，国家としての日本がアジア解放の戦争を決意し，準備，実行したわけではない。1943年11月の大東亜会議では，英米の大西洋憲章に対抗して，共存共栄，独立親和，文化高揚，経済繁栄，世界進運貢献の5原則を掲げた「大東亜共同宣言」が採択された。しかし同年5月の御前会議では，ビルマとフィリピンには形ばかりの独立を与えるが，マラヤ，スマトラ，ジャワ，ボルネオ，セレベスを帝国領土と決定し，重要資源の供給地とすることが秘密裏に決定されていた。

5 戦後の政治思潮

大東亜戦争の敗戦に伴い，この戦争に思想的民族的な能動的意義を求める立場は全否定かつ一掃され，戦争に負けたのは非近代的な戦前期日本の国家システムや未熟な精神構造の必然的所産であったとの受けとめ方が主流となった[42]。南原繁の門下で戦後東大に復帰した丸山真男（1914～96年）は，国民の主体性の欠如や無責任体系の存在が悲惨な戦争を招いたと指摘し，進歩主義グループの旗手となり戦後の論壇をリードした[43]。経済史家の大塚久雄（1907～96年）は，プロテスタンティズムに基づいた禁欲的な勤労精神が西欧に資本主義や近代社会をもたらしたのに対し，日本では国家をも一つのイエと捉える家族主義的な思考が支配してきたと批判し，封建的土地制度からの農民の解放と近代的な国内市場の育成を主張した。

また，戦争の責任は軍部にあり，国民は軍部に騙されていた犠牲者であり，軍閥を打倒したアメリカ流の民主主義こそ新生日本が手本とすべき政治の理想として礼賛する風潮が生まれた[44]。加害者から被害者に回ることで国民は自身の罪の意識を軽減できたし，天皇制存続を願う保守層は軍部がすべての責めを追うことを願った。さらに，日本人が軍部や軍事を邪悪視し，解放者アメリカの価値観と豊富な物量に引き付けられることは，日本の軍事大国化再来を防ぐために，後には反共の防波堤として我が国を自陣営に取り込もうとしたアメリカには好都合であった。そしてそのような日本人の意識変化はアメリカによる対日占領政策の成果以外の何物でもなかった（東京裁判史観）。

ところで，敗戦後間もなく，メディアに対する言論統制の基本法であった出版法と新聞紙法はともにその効力を停止された（1945年9月）。しかし，日本は連合軍から思想・言論の自由を与えられたわけではなかった。占領軍は戦前に定められた既存の言論弾圧諸法を撤廃させた一方で，自らは新たに日本新聞遵則（Press Code）や日本放送遵則（Radio Code）等七つの覚書を定め，民間検閲課（CCD）をはじめとする占領軍検閲機関を通して，我が国メディアの思想言論に対する徹底した検閲，統制を実施していたことが今日では明らかになっている[45]。

占領統治を円滑ならしめることにその目的があったことはいうまでもなく，日本側の自由な思想・見解の表明を阻んだばかりでなく，「太平洋戦争史」や「真相はこうだ」「真相箱」といった新聞記事，ラジオ番組を作成させ，日本人が戦前の日本を悪，米国を善のイメージで観念させるよう仕向けた。日本軍部の戦争責任や日本軍隊の非人道的行為，侵略性を殊更に強調し，自らに一片の正義も正当性も持ち合わせていなかったことが敗北の原因であり，先の大戦は破れるべくして破れた価値のない戦いであったこと，また正義の戦争の勝者である米国の指導に従うことが日本再建と民主主義国家建設の大前提であるとの意識（自己批判と対米追随）を日本に植え付け，洗脳していったのである。冷戦の激化も加わり，米国の対日意識操作は長期間続けられ，日本に送り込む映画や雑誌等のメディア操作を駆使し，親米的な意識と勢力の扶植を怠ることはなかった。完膚なき敗北を喫し，国全体が虚脱状態に陥っていた状況下で実施された米国の世論操作と検閲は，自らの戦前を完全自己否定し，対米追随を肯定する戦後日本の保守意識形成を促す一因をなしていたのだ。

さて，占領軍が民主改革を進める中で，言論活動の中心をなしたのは，大正デモクラシーの時代に思想的な基盤を固めたオールドリベラリスト（穏健保守知識人）と，戦前弾圧を受けていたマルキスト（及びその親派）の二派であった。前者は先述したようにアメリカから恩恵的に供与された民主主義を信奉し，アメリカとの良好な主従関係に日本の将来を託すべきだと考える親米保守勢力として再編成されていった。後者は戦前期に抑圧された社会主義思想に再びの理想と日本の将来を求めるグループとして，戦後の日本で大きな力を得た。ニューディール思想に傾斜した急進リベラリストが占領軍総司令部の多数を占

めていたため，占領当初GHQが共産主義活動に寛容であったことも，彼らの台頭を許す一因となった。

　やがて両勢力は，独立や日米安保条約を巡って激しく対立を続ける。即ち，1950年の講和問題，60・70年の安保条約改定問題，自衛隊への対応等を巡り，日本社会党等左派政党やリベラルな知識人の多くは，政府の単独講和に対して全面講和，安保条約改定に対しては戦争巻き込まれ等を理由に安保（改定）反対，さらに政府・保守の自衛隊合憲論には9条違反の違憲の存在とし，自衛隊の解体や非武装中立論等を主張した。しかし高度成長路線が軌道に乗り，国民への"パイのばら蒔き"型の分配システムが定着するに伴い，60年安保騒動を境として左派の運動は徐々に影響力を失っていった。国際情勢においても，社会主義陣営の分裂や中国における文化大革命の実態，それにソ連経済の停滞ぶり等が明らかになるや社会主義への期待は幻想へと変わった。また日中和解で共産中国が日米安保，自衛隊を肯定したことから，安保肯定・自衛隊容認の世論が確立することになった。またこの間，戦前の反動からナショナリズムや国家の観念は殊更無視あるいは敵視され，それに代わって高度成長の時期，大衆に強く意識され，かつ奉仕すべき対象とされた共同体は"カイシャ"であった。

　その後，新冷戦の80年代に入ると，日米安保体制と自衛隊の存在を肯定重視する保守現実主義の立場が一挙に台頭を見た。経済大国となった日本が今後採るべき国家路線も問われ始め，引き続き経済への特化を求める町人国家論が提起される一方で，応分の国際責任を担うべきとして吉田ドクトリン（経済重視軽武装路線）の見直しも主張されるようになる。そして冷戦の終焉と湾岸危機を機に，軍事力の行使にも踏み込んでの国際貢献のあり方が模索されるようになる。ソ連の崩壊によってマルキシズムが完全に力を失い，保守現実主義に対抗する論争軸の座を喪失した一方，保守内部では，良好な対米関係の維持を最重視する伝統的な立場に加え，日本独自の主張やアジアの一員としての視点を重視し，アメリカと一線を画すべしとの立場も生まれるようになった[46]。

6　日本政治思想の特徴

　これまで時代毎の政治思想の潮流を眺めてきたが，近世以降の日本政治思想の特徴を纏めれば，それは以下の5点に要約できる。

1. 外来思想の受容とその伝統思想への包含化
2. 原理原則の不在と実利的選択優先の基準
3. 拝外と排外のサイクル（外来一色から敵視完全排除へ）
4. 挫折に伴う思想の断絶的転換
5. 精神と物質（技術）の分離思考

まず第一の「外来思想の受容と伝統思想への包含」であるが，加藤周一は日本文化を「雑種文化」と名付けた。彼は純粋な日本化も完全な西洋化も不可能であり，日本文化は根本から雑種であるとし，日本文化の多元性を直視した。確かに外来思想を容易に受容できるということは，国内に確固とした思想体系が無いからでもある[47]。また日本人は功利的な動機で外来思想を取り入れ，それを即物的な満足充足の具と捉える傾向が強い。これが第二の特色である。思想的座標軸欠如の理由を丸山真男は「神道の無限抱擁性と思想的雑居性」に求めているが[48]，そうした神道の性格も日本文化における絶対者の欠如に起因したものである。唯一絶対神（一神教）の伝統がなく多宗教国家である日本は，あらゆるものをその時々の必要にあわせて巧みに受容し，自らのものとして取り込んでいける[49]。日本には抽象雄大な思想体を持ったものが少ない。日常生活の延長から得られる実践を基に思想を構築するその傾向は，大陸合理論よりは英国流の経験論に近いといえる。

無論日本にも生活原理はある。それが和の重視である。しかしこれは本来日常生活円滑化のノウハウである。和が日本の理念であるということは，日本人が普遍的，絶対的価値としての正義や真理よりも，生活の知恵の方に高い価値を見出していることを示している。和の重視が思想面で機能するケースもあるが，思想としての和イズムは種々雑多な思想の雑種共存化を許容する原理となる。その代表が，聖徳太子による17条の憲法である。

外来思想の受容に抵抗感がなく，また古代より受容化の要領にも手慣れた国柄ゆえに，幕末〜明治の動乱期において，我が国は中国や朝鮮とは違って巧みに西洋の文物を取り入れ，独立を守り抜くとともに急速な近代化を為し遂げることにも成功する。その反面，状況が不透明で先が読めないと日本は弱い。近代化と国防実現には西洋思想の導入しか方途がなかった時代は簡単であったが，世界がイデオロギーの時代に入り，コミニズムやファシズムが生まれ，西洋世

界が精神的に混迷期に入るや進路を誤った（昭和前期）。戦後も東西対立が続いたが、敗戦国日本に思想選択や再軍備の自由はなく、アメリカ主導の資本主義体制に取り込まれ、物質的繁栄に目標を絞ったことが幸いした。しかし、明確なキャッチアップの対象やモデルが特定できず、新たな世界に向けた海図が読み取りにくいポスト冷戦期の現在、日本の低迷は続いている[50]。

さらに、我が国では外来思想が猛烈な勢いで普及した後、今度はそれを排斥敵視する逆の傾向が生まれるようになる。儒学の受容とそれに抗する国学の登場、明治に入っての極端な西洋化とあとに続く国権主義の興隆等はその例だ。そして排外主義が行き詰まり挫折するや再び一転して新たな外来思想を全面受容し、大きな思想的断絶を残すことになるのである。歴史を通してこうした変化は周期的に繰り返されてきた。幕末における攘夷と開国、敗戦を境とする国粋主義と民主化、安保闘争における反米運動とその後の一転親米化と安保肯定等々である。なぜこのような断絶的な転換を行うのであろうか。

拝外から排外への変化には、外来思想や先進国に対する強迫観念の存在が影響している。日本の発展のためには受容せざるべからずとの切迫感を抱くが、他方それは日本の独立を脅かす、あるいは既に日本を打ち破った敵の文明である。相手国は恩人であると同時に敵でもある。この矛盾が日本人の内面に無意識の圧力や精神的負担となり、いつしかそれが許容限度を超えたときに暴発するという解釈である。恩人ゆえに言いたいことも我慢してひたすら友好関係の維持に腐心する。それが外交の目的であるかに錯覚さえもするようになる。ところが、ある契機が生じ恩人と思っていた相手から手痛い仕打ちを受けると、裏切られたと感じ、強い衝撃を受ける。これが憤激と憎しみの感情に変わり、思想の追放や戦争へと至る。日本人の、"横ではなく縦"の、"契約ではなく支配従属"の国際関係、また（母子関係的な）甘えの対外意識が、振り子のような振幅の大きい行動と思想潮流の断絶的変化に走らせるのである[51]。

平川祐弘は次のように述べている。

「西洋列強に対抗するために西洋文明の採用を余儀なくされた、この一見矛盾した状況に、幕末以来大東亜戦争に至る1世紀の日本の特殊な心理的緊張の原因がある。西欧化することによって近代化を推進しようとした明治維新以後の日本は、西洋に敵対し、西洋を攻撃しようとしても、相手

の文明を腹の底まで軽蔑することはできない，という中途半端な状況の中に置かれてしまったからである。それが，非西洋の諸国の近代化運動一般に含まれる心理的矛盾なのだが，そのような心理的葛藤こそ西洋諸国の自然発生的な内発的な近代化の過程には見られない，非西洋諸国の外発的な近代化の特殊な相貌なのである。そしてそのような関係からくる劣等感と優越感の奇妙な交錯が，日本をやがて太平洋戦争へ突入させた強力な心理的理由の一つになったことにも注意しなければならない。」[52]

　日本人の精神的防御機能が無意識に作用し，敵から文明を受け入れるという考え方を拒否し，敵を友好国と思い描こうとすることで自らの行動を正当化させる。それが明治における対列強感や戦後の対米感を形作っている。つまり日米友好や親米は，敵からの文明の受容という屈辱的現実からの逃避，自己正当化の思惟に過ぎない。アメリカの民主主義や理念，価値に共鳴しての友好や親米ではない。それが真の日米同盟化を妨げる一因ともなっている。しかも先述の如く，バンドワゴン的に外来思想を受容するから，日本は我々を値踏みしており，所詮実利的なメリットが手に入る限りにおいてのみ同盟を組んでいるに過ぎないのではとの疑念を相手国に抱かせる恐れもある。それは一面で冷徹な現実主義ではあるのだが，理念の共有を難しくさせてしまう。フロイトの理論や精神分析の手法を国家，集団に適用した岸田秀は，ペリー来航で日本人の精神に外的自己と内的自己の分裂が生じ，外的自己（外国崇拝，外国への迎合）の優越が続くことで，抑圧された内的自己（自尊心や民族のアイデンティティ，外国を憎悪蔑視する誇大妄想的排外主義）が暴発するという仮説を提示しているが，同様の捉え方といえよう[53]。

　そして対外的な挫折を経験すると，原理不在，実利的選択の基準が作用し，先の思想で破れたのだから，それを打ち破った新たな外来思想は優秀であるとして，その受容吸収に邁進するという構図が生まれる。中山治も固有の体系や原理・原則がない日本の思考傾向を「情緒原理主義」と呼び，それが日本思想の断絶化現象を引き起こしてきたと指摘する。

　「情緒原理主義はその時々の情緒に従って，あるときは「帝国主義」という軸に情緒的に過剰に同調し，その結果大やけどを負うと，今度はそれに情緒的に反応して「呪術的平和主義」の軸に過剰に同調する，といったよう

に，極端から極端へと振れるのである。行動原理主義はテーゼとアンチ・テーゼの対立と緊張のダイナミズムで社会が動くのに対し，情緒原理主義は絶えざる転向と変身，すなわち状況の変化に応じてそれまで自分が便宜的に採用してきた行動原理を一斉に「裏切る」ことによって動くのである。情緒原理主義はこのように何かの行動原理にいったん同調するとそれ一色に染まりやすく，またアンチ・テーゼは原理的にあり得ないがゆえに，同調した行動原理の「聖化」が生じやすい。大日本帝国憲法は不磨の大典として聖化され，それは戦後の平和憲法にも引き継がれている。戦前はこの大日本帝国憲法を根拠に天皇という生身の人間が「現人神」として聖化されたが，戦後は「平和主義」や「人権」という理念が聖化されている」[54]。

このような特色は，思考や発想に柔軟性を付与する反面，無節操の誇りを受け易く，かつ体系的な論理思考が育たないといった弊害ももたらす。

最後の精神と物質（技術）の分離思考であるが，「東洋道徳，西洋技術」，「和魂洋才」の言葉に代表されるように，幕末以来の近代化過程で，西洋の技術はこれを積極的に受容するが，精神においてはなお日本の伝統的な人倫や道徳の優秀性に拘るという意識が近代日本の政治思想に一貫して流れている。先進文明国に対するコンプレックスが生み出した精神的代償作用といえるが，昭和前期には大和魂として日本的精神の優秀性が極度に誇張された。

戦後においてもこの傾向は，例えば太平洋戦争敗北の原因は米軍の圧倒的な物量やレーダー，原爆といった兵器（技術）の前に破れた（＝1対1での戦いや，精神力では負けていない）との受けとめ方となって現れている。無論，物量や技術力の格差は戦局を決する大きな要因であったことは確かだが，それだけではなく，総力戦といういわば国家主導の巨大プロジェクトを遂行し得るだけの政治軍事システムの形成力における彼我の優劣という，より根本的な問題を見落としがちとなっている。

精神と技術を分離して捉え，精神＝内，技術・物質＝外という二元的分裂の思考は，国民の意識や政治の志向が内向きになった時には精神を強調した観念的な思考のパターンを強めさせる。どの国であれ愛国主義的な風潮が強まれば精神面が強調されるものだが，特に日本では物質や技術が外（敵）なるものとして排除されるため，他の国以上にファナティック，誇大妄想的な精神主義に

陥り易いのだ。それとは反対に，外向きの時代には物質中心の風土を生み出すことになる。戦後，国家の観念が亡失され，また国家としての自己主張も極力抑えられ，対外（米）協調を最優先とする時代において，拝物主義的な意識が強まっていったのはそのためである。

こうした分裂思考は一方で超国家主義や排外主義を生み，他方で人倫の頽廃，社会道徳の低下を招くという弊害を生み出す。この弊を防ぐには，単なる外世界の重視でもアンチテーゼとしての内世界の重視でも不十分であり，常に意識して外に向かい，内と外の摩擦によるストレスの中で内を意識するという視野拡大型の内考パターン，言い換えれば精神的鎖国を排し，全面的なる開放開国の状況を常に現出させつつ，その下でアイデンティティ獲得の活動として内なる日本を思考する姿勢が必要だ。島国に生きる我々は，精神的鎖国や閉鎖主義，国内（自民族）中心主義に陥りやすい。それゆえ，常に意識して精神的開国に努め，その中でアイデンティティ探求としての内的思索を試みる発想とその実践の努力が求められるのである。

■注　釈

(1) 1690年，ドイツ人医師ケンペルが長崎に来て，2年にわたる滞在中の調査を基に，帰国後『日本誌』を著した。その中で彼は，日本は国を閉ざしているため国内は平和が保たれ，産業も発達し，この政策は適切だと評価した。これを長崎のオランダ通詞志筑忠雄が『鎖国論』(1801年) として翻訳した。鎖国の観念が広まったのもこの頃といわれる。一方，鎖国批判には和辻哲郎の『鎖国』がある。「太平洋戦争の敗北によって日本民族は実に情けない姿をさらけ出した。……その欠点は一口にいえば科学的精神の欠如であろう。合理的な思索を蔑視して偏狭な狂信に動いた人々が，日本民族を現在の悲劇に導き入れた。……この欠点は，一朝一夕にして成り立つものではない。近世の初めに新しい科学が発展し始めて以来，欧米人は3百年の歳月を費やしてこの科学の精神を生活のすみずみにまで浸透させて行った。しかるに日本民族は，この発展が始まった途端に国を鎖じ，その後250年の間，国家の権力をもってこの近世の精神の影響を遮断した。これは非常な相違である。この250年の間の科学の発展が世界史の上で未曾有のものであっただけに，この相違もまた深刻だといわなくてはならぬ。」和辻哲郎『鎖国（上）』（岩波書店，1982年）13〜4ページ。

(2) 朱子学の受容が日本社会に与えた影響について，源了圓は以下の6点を指摘する。①日本社会の世俗化に寄与した，②上下の身分関係や自分の生まれた身分を先天的なものとして受け取り，その中における自己の分に安ずるという人倫道徳を築いた，③「修身斉家治国平天下」の教えが武士に対して公的世界への責任感を植えつけた，④名分論

を強調する崎門学派の考えは尊王論に途を開いた，⑤理を究める経験的合理主義的思惟を発展させ，西洋の自然科学受容の母体となった，⑥朱子学の理が自然法的役割を果たし，西洋の国家平等思想を受容する基盤をなした。源了圓『徳川思想小史』（中央公論社，1973年）24〜7ページ。

(3) 同じ儒教圏にありながら，中国や朝鮮は西欧の衝撃への対応に失敗したが，日本だけは独立を保ち，しかも急速な近代化にも成功した。この違いはどこにあるか。一口に儒教圏といっても，日本の場合は儒学を学問として受け入れたが，同姓不婚のような儒教の礼法や社会制度は受容せず，武家政治の体制は堅持された。その一方で日本の儒教は，支配層である武士の道徳的精神的エトスとして機能した。花鳥風月や詩歌に通じた読書官僚（士大夫）ではない武士階級が，自制と克己の倫理の下で，暴力管理の専門家であると同時に国家統治のテクノクラートとして幅広い方面で機能し得たことが，幕末〜明治の成功に関わっていた。尾藤正英『日本文化の歴史』（岩波書店，2000年）215〜6ページ。古来より外来文化の吸収に慣れた日本の国柄に加えて，幕末維新の志士たちが儒教的教育の産物としての「勤勉克己の精神」と「非思惟性（非哲学性）」を帯びていたことが，彼らをして西欧文化の吸収に邁進させたのではあるまいか。

(4) 朱子学は宋代に成立した新儒学を大成したもので，士大夫階層（＝読書人官僚）の立場から考えられた合理主義的な人生観であった。別名を道学あるいは理学（性理学）と称されるように，一面において社会の道徳的秩序確立をめざすとともに，その道徳の根拠を人の心の本性に内在する理に置き，人の心の内なる本性に即した道徳秩序の社会的実現を要請することで，社会秩序の確立と個人の自主性発揮とを調和両立させようとするものであった。個人の自主性が活かされるためには，社会の秩序・道徳規範は人間性に即した合理的なものでなくてはならない（道則理也）。と同時に人も私欲を抑えて，道徳の理にかなった行動ができるよう修養しなくてはいけない。しかし道徳の理はもともと心の外にあるものではなく，人の心の本性に備わっている（性即理）から，ひとたび心の理が会得されれば社会的に正しい行為が何であるかは，個人が自主的に判断できるようになる。そのような状態に達することが修養の目的であり，その方法としては古代の聖人の書物（経書）を読み，そこに記された理想的な道徳のあり方を学び，実践することだとされた。石田一良『日本文化史概論』（吉川弘文館，1968年）373〜4ページ。修己と治人，人格的修養と政治的有効性を一体のものと捉える朱子学の発想は，自分たちが天下国家を担うのだという士大夫の気概と責任感の表明でもあった。朱子学については，守本順一郎『東洋政治思想史研究』（未来社，1967年）等参照。

(5) 佐藤弘夫編『概説日本思想史』（ミネルヴァ書房，2005年）168ページ。

(6) 王陽明は主知主義や形式主義に傾斜しがちな朱子学を批判し，朱子学の「性即理」に対して「心即理」の理気一元論を唱えた。そして知・情・意を含む心の全体を純粋に働かせることで心の理は会得できるとし，そのためにはただ内面的に思考するより，社会的な行為に即して心の作用を修練すること(認識即実践)が必要だと主張した(知行合一)。

(7) 『山鹿語類』には「我が身たとへ生きながら敵人の手に渡るとも，命は卒爾に棄つべからざると存する也。己が一時の怒に身を棄て，恥を思うて早く死し，死を潔くして一時の思を快くせんことは忠臣の道にあらざる也」とある。源了圓，前掲書，82ページ。

(8) 山本常朝『葉隠（上）』和辻哲郎他校訂（岩波書店，1940年）23ページ。
(9) 丸山真男は，朱子学では「修身斉家」（私的道徳）に「治国平天下」（公的政治）が従属していたが，徂徠は両者を切離し，ゲゼルシャフトとしての政治をゲマインシャフトとしての私的道徳から独立させ，政治を近代的な思惟の俎上に乗せたとする。丸山真男『日本政治思想史研究』（東京大学出版会，1952年）229ページ。
(10) 同じ儒学者でありながら，浪士の行為を義挙と讃えた室鳩巣や浅見絅斎，三宅観瀾らとは対照的に，太宰春台や佐藤直方は，幕命に背いて武装し，戦場の法を以て吉良を討ったのは天下の大罪人であり，しかもその後すぐに自害することもなくのめのめ生きて幕府の処置を待つという態度は，世人の称賛を利用して死を免れ，就職の機会を得ようとするものである等と厳しく糾弾している。赤穂浪士討ち入りに対する儒学者の論議は，徳富蘇峰『近世日本国民史赤穂義士』（講談社，1981年）第14・15章，田原嗣郎『赤穂四十六士論』（吉川弘文館，1978年）第3章，池波正太郎他『忠臣蔵と日本の仇討』（中央公論社，1999年）156〜170ページ等参照。
(11) 源了圓，前掲書，69ページ。
(12) 1657年に光圀が編纂に着手し，彼の死後完成した『大日本史』は，足利尊氏が擁立した北朝ではなく後醍醐天皇の政権である南朝こそが正統との史観を提起した。
(13) 松浦玲編『日本の名著 佐久間象山・横井小楠』（中央公論社，1984年）123ページ。
(14) 「天地の気運と万国の形勢は人為を以て私する事を得ざれば，日本一国の私を以て鎖閉する事は勿論，たとい交易を開きても鎖国の見を以て開く故，開閉共に形のごとき弊害ありて長久の安全を得がたし。されば天地の気運に乗じ万国の事情に随い，公共の道を以て天下を経綸せば万方無碍にして，今日の憂る所は惣じて憂るに足らざるに至るべきなり。」横井小楠『国是三論』花立三郎全訳注（講談社，1986年）24〜5ページ。松浦玲『横井小楠 増補版』（朝日新聞社，2000年）177ページ以下参照。
(15) 小楠の理想主義の概要は，岡崎正道『異端と反逆の思想史』（ペリカン社，1999年）第3章参照。
(16) 『自然真営道』（1753年）を著した安藤昌益（1703〜62年）は，封建体制を維持し民衆を搾取するために儒学が利用されたとし，孔子や儒学を批判するとともに，武士中心の封建体制そのものを否定し，身分階級差別をなくしすべての者が労働に従事すべきとの農本的無政府主義を説いた。だが彼の存在は明治中期まで世に知られず，その思想が幕末〜維新の動向に影響を与えることはなかった。E・ハーバート・ノーマン『忘れられた思想家（上・下）』大窪愿二訳（岩波書店，1950年），安永寿延『安藤昌益』（平凡社，1976年）等参照。
(17) 「英米仏よりも1，2世紀も遅れて近代国家と近代資本主義を創出しなければならなかった独日等の後進国においては，社会契約説や近代自然法思想は，出発時点の極く短期間を除いては第二次世界大戦後まで真に根づくことはなかった。先進諸国では個人自由の確立と経済的自由主義が浸透したのち社会的平等の要求と社会主義を迎え入れる段階を経たため，自由と平等の関係はある程度相互補完的なものとして理解され得たのに対し，急速に資本主義が建設された後進国においては，国家主義と社会主義が真向から対立し，個人主義も自由主義も結局は社会主義の友軍として敵視され，人間の自由・平

等という普遍的価値を高唱する社会契約説や近代自然法思想は偏狭なナショナリズムによって早々と圧倒されてしまった。」田中浩『近代政治思想史』(講談社, 1995年) 72～3ページ。
(18) 福沢諭吉『学問のすゝめ』(岩波書店, 1978年) 30, 37ページ。
(19) 福沢諭吉, 前掲書, 41ページ。『文明論之概略』では,「今, 実際に就て偏重の在る所を説かん。爰に男女の交際あれば, 男女権力の偏重あり。爰に親子の交際あれば, 親子権力の偏重あり。兄弟の交際にも是あり。長幼の交際にも是あり。家内を出で, 世間を見るも亦然らざるはなし。師弟主従, 貧富貴賤, 新参故参, 本家末家, 何れも皆, 其間に権力の偏重を存せり」と述べている。福沢諭吉『文明論之概略』(岩波書店, 1995年) 209ページ。
(20) もっとも兆民自身は政治的に不安定なことからフランスの急進的共和制には批判的で, 英国流の立憲主義を志向していたといわれる。
(21) 植木枝盛については家永三郎『革命思想の先駆者』(岩波書店, 1955年) 参照。
(22) 民間の憲法私案としては, 議院内閣制と国務大臣連帯責任制を定めた交詢社の「私擬憲法案」がある。植木枝盛の『東洋大日本国国憲按』は, 広範な人権保障, 権限の強い一院制議会, 抵抗権, 革命権等をもった急進的な内容で, 立志社が発表した『日本憲法見込案』も同じ系統に属するものであった。太平洋戦争後, 憲法制定に向けて民間研究者グループの憲法研究会が「憲法草案要綱」を発表した。これがGHQの目に止まり, マッカーサー草案作成時の参考にされたとの説があるが,「憲法草案要綱」には『東洋大日本国国憲按』の構想が活かされていた。小西豊治『憲法「押しつけ」論の幻』講談社, 2006年。
(23) 1888年6月, 枢密院で行われた帝国憲法草案審議の劈頭, 議長である伊藤博文は憲法制定の根本精神について以下のように述べている。「憲法政治ハ東洋諸国ニ於テ曾テ歴史ニ徴証スヘキモノナキ所ニシテ, 之ヲ我日本ニ施行スルハ全ク新創タルヲ免カレス。故ニ実施ノ後, 其結果国家ノ為ニ有益ナル歟, 或ハ反対ニ出ツル歟, 予メ期スヘカラス。……欧州ニ於テハ当世紀ニ及ンテ憲法政治ヲ行ハサルモノアラスト難, 是レ即チ歴史上ノ沿革ニ成立スルモノニシテ, 其萌芽遠ク往昔ニ発セシルハナシ。反之我国ニ在テハ事全ク新面目ニ属ス。故ニ今憲法ノ制定セラルヽニ方テハ先ツ我国ノ機軸ヲ求メ, 我国ノ機軸ハ何ナリヤト云フ事ヲ確定セサルヘカラス。機軸ナクシテ政治ヲ人民ノ妄議ニ任ス時ハ, 政其統紀ヲ失ヒ, 国家亦タ随テ廃亡ス。……抑, 欧州ニ於テハ憲法政治ノ萌セル事千余年, 独リ人民ノ此制度ニ習熟セルノミナラス, 又宗教ナル者アリテ之ガ機軸ヲ為シ, 深ク人心ニ浸潤シテ, 人心此ニ帰一セリ。然ルニ我国ニ在テハ宗教ナル者其力微弱ニシテ, 一モ国家ノ機軸タルヘキモノナシ。仏教ハ一タヒ隆盛ノ勢ヲ張リ, 上下ノ人心ヲ繋キタルモ, 今日ニ至テハ已ニ衰替ニ傾キタリ。神道ハ祖宗ノ遺訓ニ基キ之ヲ祖述スト難, 宗教トシテ人心ヲ帰向セシムルノ力ニ乏シ。……我国ニ在テ機軸トスヘキハ, 独リ皇室アルノミ。是ヲ以テ此憲法草案ニ於テハ専ラ意ヲ此点ニ用ヒ君権ヲ尊重シテ成ルヘク之ヲ束縛セサラン事ヲ勉メリ。……乃チ此草案ニ於テハ君権ヲ機軸トシ, 偏ニ之ヲ毀損セサランコトヲ期シ, 敢テ彼ノ欧州ノ主権分割ノ精神ニ拠ラス。」丸山真男『日本の思想』(岩波書店, 1961年) 28～30ページ。

(24) 東京大学で日本語講師を務め、『古事記』の翻訳や『日本事物誌』等を著した英国人バジル・ホール・チェンバレンは、帰国後の1911年に発表した論文「武士道：新宗教の発明」の中で、日本はヨーロッパのキリスト教に匹敵する価値基準として天皇崇拝という新宗教を作り出したと指摘している。
(25) 学校教育では、元田永孚起草の「教学大旨」が天皇の名で発布され（1879年）、儒教道徳によって仁義忠孝を明らかにすべきことが謳われた。翌年には教育令を改正し、終身科を第一において尊皇愛国心を育成すべきことを強調した。さらに元田が編纂した欽定修身書たる「幼学綱要」が各学校に配布された。一連の動きは「教育勅語」（1890年）へと繋がっていく。一方軍部は「軍人訓誡」（78年）や「軍人勅諭」（82年）を制定し、兵士に天皇への絶対忠誠を求めた。古田光他『日本思想史読本』（東洋経済新報社、1979年）179ページ。
(26) 石田一良『日本文化史概論』（吉川弘文館、1968年）472ページ。
(27) 大塚健洋編著『近代日本政治思想史入門』（ミネルヴァ書房、1999年）107ページ。
(28) 宮崎滔天については、岡崎正道、前掲書、第6章「宮崎滔天：アジア解放と共栄楽土の夢」等参照。
(29) 徳富蘇峰はスペンサーの社会進化論を基に、武力を主体とする軍事型社会から経済力を主とする平和的な産業型社会への転換が歴史発展の必然であり、日本も前者（江戸期の軍事型社会）から後者へと向かう形の近代化が求められ、その過程で西洋諸国に類似した社会が出現すると論じた。
(30) 「『日本人』の初代編集人を務めた志賀重昴は、……日本人が自己の独自性であると明示できるもの、日本人がこれこそ自分達だと考えられ得るもの、そして誇りを持って世界に掲げることができるものを追求した。彼がこの目標を言い表わすためにしばしば用いた言葉は、『国粋保存』であった。『国粋』は間もなく通用するようになった言葉だが、彼はそれを英語の「国民性（nationality）」の同義語として用いた。……歴史上の偉大な文明は自らを強化するために常に他文明の摂取を行ってきた事実を知っていたが故に、志賀は一定程度の摂取には反対しなかった。しかし彼は、それが「国粋」を保存することと調和しなければならないと感じていた。歴史は、一国民がその国民としての性格を喪失したとき、その敗北と服従は不可避的であることを示しているように思われる。ギリシア人は、彼らがアフリカ化し始めた時に没落し始めた、と志賀は記している。」K・B・パイル『新世代の国家像』松本三之介他訳（社会思想社、1986年）97ページ。
(31) 陸羯南は『近時政論考』（1891年）の中で、ナショナリズムの訳語として用いられていた国粋主義を退けて敢えて「国民主義」と訳し、それは「外に対して国民的独立」、「内に向かって国民的統一」をめざすもので、「国家の独立」と「多数の福利」の二重の視点を強調し、『日本』誌上で藩閥政府や欧化政策、条約改正交渉等を批判した。また陸は文化的従属が国家の衰退への躓きの第一歩であり、日本に最善の防衛策は国民の自己認識だと主張した（K・B・パイル、前掲書、108ページ）。
(32) 知識人だけでなく、戦争遂行の当事者であった陸奥宗光も『蹇蹇録』において、日本を「西欧的文明の代表」、清国を「東亜的旧習套」と位置づけ、日清戦争を「西欧の新文明と東亜的旧文明の衝突」と解釈した。佐藤弘夫編、前掲書、238〜9ページ。

(33) それまでの世界理解は書籍からのものに過ぎず，三国干渉で初めて現実の世界に触れたと自己批判した蘇峰は，「無力なる道理は，有力なる無理に勝たず。道理をして実行せしめんとすれば，之を実行せしむる実力なかる可からざるを覚悟したり。……予は是に於て，力の福音に帰依したり」（「実務一家言」）と述べ，帝国主義政策の支持へと転じたばかりか，松方内閣の勅任参事官として入閣したため，変節漢との批判を受ける。坂本多加雄『近代日本精神史論』（講談社，1996年）290，297ページ。
(34) 亀井俊介『ナショナリズムの文学』（講談社，1988年）115，154ページ。
(35)「昭和の精神史は，戦後も含めて，このマルクス主義の時間図式に対して，それに同化することも含めて，どのように対処するかという問題をめぐって展開されたといってもよいであろう。」坂本多加雄，前掲書，53ページ。
(36)『国体の本義』については，近代日本思想研究会『天皇論を読む』（講談社，2003年）29～41ページ参照。
(37) 1935年，右翼活動家蓑田胸喜が美濃部の天皇機関説を反国体的だと非難し，それを受けて貴族院議員菊池武夫が帝国議会で弾劾演説を行い，一挙に社会問題化した。岡田内閣は国体明徴声明を発表し天皇機関説を公式に否定した。そのため『憲法提要』等美濃部の著書は発禁処分となり，当時貴族院議員であった美濃部は辞職を余儀なくされた。世にいう天皇機関説事件である。
(38) 左翼や自由主義者への言論弾圧は行われたが，新聞，雑誌等のメディアについては事情が異なっている。それは，国家権力による報道規制の以前に，メディアの側が部数拡大を図るため競いあうように戦意高揚記事を掲載し，あるいは大衆が求める戦況報道に力を注ぐ等自主積極的に国策協力を行った事実があるからだ。戦後，自らの責任回避の思惑も働き，左翼・自由主義者と同様，報道機関にも厳しい言論統制や苛酷な弾圧がなされたためやむなく圧力に屈し国策報道を重ねたという被害者イメージが形成・流布され，それがメディアの戦争責任を曖昧化させる結果となった。「メディア＝言論弾圧の犠牲者」というステレオタイプの問題点は，中村智子『横浜事件の人々』（田畑書店，1979年），佐藤卓己『言論統制：情報官鈴木庫三と教育の国防国家』（中央公論新社，2004年）等参照。権力に対するメディアの自主規制，迎合のスタイルは，戦後におけるGHQの検閲に対してもそっくり再現された。
(39)「イタリアやドイツにおいては，国家主席ムソリーニも総統ヒトラーも共に一介の無名の新人から成り上がった者たちであり，また，彼らの場合には最初は，中産層以下の大衆を組織してその力を拡大し，政権獲得後に既成の支配層と結びつき，その統治組織を利用するといった，いわゆる『下から』の大衆運動を展開しつつファシズム体制を確立した点にその特質がみられる。これに対して，日本の場合には，……神聖不可侵の天皇を頂点とした強権的統治機構を軸に，それを利用した軍閥・官僚・政党・法曹界・大学教授などが一体となって，いわば『上から』の軍国主義的全体主義体制を完成していった点に，イタリアのファシズム運動やドイツのナチズム運動との大きな違いが見られる。」田中浩，前掲書，114ページ。
(40) 小林英夫『大東亜共栄圏』（岩波書店，1988年）29ページ。「大東亜共栄圏」の言葉が最初に公の場に登場するのは，1940年8月1日，松岡外相が外務省担当記者団と

の記者会見の席上,「わが国眼前の外交方針としては,この皇道の大精神に則りまず日満支をその一環とする大東亜共栄圏の確立を図るにあらねばなりません」と語った時といわれている。矢野暢『「南進」の系譜』(中央公論新社, 1975 年) 156 ページ。大東亜共栄圏については,栄沢幸二『「大東亜共栄圏」の思想』(講談社, 1995 年),読売新聞20世紀取材班編『大東亜共栄圏』(中央公論新社, 2001 年),小林英夫『日本軍政下のアジア』(岩波書店, 1993 年),深田祐介『大東亜会議の真実』(PHP 研究所, 2004 年) 等参照。国家主義とアジア主義が結び付いたものとしては,このほかにも石原莞爾の「東亜連盟論」や,近衛内閣の政策研究集団である昭和研究会が提唱し,近衛が発表した東亜新秩序声明にも影響を与えた「東亜共同体論」等がある。

(41)『中央公論』(1942 年 1 月号)で「世界史的立場と日本」と題した座談会が掲載された。続いて続編の座談会として「東亜共栄圏の倫理性と歴史性」「総力戦の哲学」が催され,併せて『世界史的立場と日本』として刊行された。この座談会に参加した高坂正顕や高山岩男,鈴木成高らは,日本の世界史的立場や大東亜共栄圏建設の意義を説き,共栄圏建設のための日本の南進は西欧列強の植民地化とは異なること等を主張した。また 42 年 7 月には文学者,哲学者らが「近代の超克」と題するシンポジウムを行い,その内容が雑誌『文学界』の 42 年 9, 10 月号に掲載され,翌年には同名の出版物として刊行された。ここでも,ヨーロッパ中心の世界認識がいまや崩壊に至ったことなどが指摘された。

(42)「京都学派の営みは,日本の敗戦とともに,その現実的な基盤を失った。敗戦の衝撃のなかで,多くの人々を捉えたのは,従来の日本が「近代の超克」はおろか,「近代」そのものさえ完成していないという認識であった。ここから,大塚久雄の「近代的人間類型」をめぐる論稿や,丸山真男の「近代的政治意識」についての議論,さらには,川島武宜による『近代的家族関係』に向けての意識改革の提言等広く『近代主義』と呼ばれた人々の見解が登場し,欧米社会をモデルにしつつ,政治においては民主主義,経済においては封建的諸要素によって歪曲されない資本主義的秩序,社会領域では「民主的家族関係」の確立が主張されることになった。『近代主義』を主張する人々は,マルクス主義の『講座派』の歴史の発展段階図式の影響下にあったが,彼らは,目下の日本では,さしあたり真の『ブルジョア社会』の建設が急務であるとの立場から,日本の社会主義化という問題にどう対処するかについては態度を留保した。かくして,戦後の日本は,再び復活したマルクス主義および,それとの親近性を持つ『近代主義』という,いずれも進歩に向けての直線的な時間図式を手にすることになったのである。」坂本多加雄,前掲書, 65 ページ。

(43) 丸山は,公私ともども国家への一体化を強制されたことから生じる圧迫感が底辺に位置する大衆にしわ寄せされ,彼らの抑圧の捌け口として外征が不可避となったこと(「抑圧委譲の原理」),あるいは,国家指導者による「既成事実への屈伏」(成り行きであって仕方なかった,自分一人では止められなかった)や「権限への逃避」(訴追事項が自己の形式的権限外にあるという逃げ)という「無責任の体系」が愚かな戦争を引き起こしたとし,自己の信条に基づいて主体的に行動の出来る日本人の不在が問題の根本にある病理だと主張した。『増補版 現代政治の思想と行動』(未来社, 1964 年) 第 1 部参照。

(44)「騙されたということは,不正者による被害を意味するが,しかし騙されたものは正

しいとは，古来いかなる辞書にも決して書いてはいない」「「だまされていた」といって平気でいられる国民なら，おそらく今後もだまされるだろう。いや，現在でもすでに別のうそによってだまされ始めているに違いないのである。」伊丹万作「戦争責任者の問題」鹿野政直『日本の近代思想』（岩波書店，2002年）74ページ。

(45) 江藤淳『閉ざされた言語空間』（文藝春秋社，1994年）参照。GHQ からプレスコードが出たのは1945年9月19日だが，最初の1カ月間は『ニッポンタイムズ』の記事が事前検閲されただけであった。しかし10月9日から『朝日』『毎日』『読売報知』『日本経済』『東京』の5紙についても事前検閲が開始され，その後は東京，大阪その他の地方で刊行される100紙超の新聞についても同様の措置が取られた。事前検閲とは，新聞が掲載する全ての記事を発行前に検閲することで，記事のゲラと紙面の大刷りを提出させ，一つ一つの記事について，不許可，保留，削除，許可の印が押され戻された。検閲基準は日本側に告知されなかったが，進駐軍の不祥事やその行動に対する批判，あるいは日本の戦争を正当化するような記事は全て不許可とされた。柏倉康夫他『日本のメディア』（放送大学教育振興会，2007年）60ページ。

(46) 湾岸戦争後，自民党の「国際社会における日本の役割に関する特別調査会」（小沢調査会）は従来の路線を一国平和主義として否定し，我が国の国連常任理事国入りや国連軍への自衛隊の参加等を提唱した。国連の集団安全保障措置への参加は憲法が禁じる集団的自衛権とは別次元の問題と小沢らは主張する。また「国際法上は保有しているが現行憲法ではその行使が認められない」と解釈（内閣法制局による政府公式見解）されてきた集団的自衛権についても，その行使を容認すべしとの論議が高まっている。

(47) 丸山真男は，日本人の歴史意識は目的や理念がなく，「つぎつぎとなりゆく」「今」の「いきほひ」を享受する性質があると指摘する。丸山真男「歴史意識の『古層』『忠誠と反逆』（筑摩書房，1992年）参照。「私達の思考や発想の様式をいろいろな要素に分解し，それぞれの系譜を溯るならば，仏教的なもの，儒教的なもの，シャーマニズム的なもの，西欧的なもの—要するに私達の歴史にその足跡を印したあらゆる思想の断片に行き当たるであろう。問題はそれらがみな雑然と同居し，相互の論理的な関係と占めるべき位置とが一向判然としていないところにある。」丸山真男，『日本の思想』，8ページ。

(48) 丸山真男，『日本の思想』，21ページ。

(49)「日本民族の一面として，首尾一貫した論理を追って問題を追求していくとか，徹底的なところまで問題を掘り下げ，突き詰めることをしない，むしろ徹底的にすることをよしとしない傾向が日本人にはあるということがわかります。……本来の日本人の感覚は，むしろ非合理性とか，超合理性とかいうものに価値をおくような点があります。さらに，ものごとを区分する，類別するという西欧的な論理の前提を日本人は重視しません。善と悪，自と他，主体と客体，人間と自然，というようにものを類別化，対立させることによって概念を組み立てるということをしない思考形式に，日本人は慣らされています。」石田英一郎『日本文化論』（筑摩書房，1987年）163ページ。

(50)「日本には欧米のような明確な理念と指導力を持ったリーダーがいないとよく指摘される。それは日本人の多くが……（原理原則のない情緒原理主義の）メンタリティを持っているため，結局は自分によく似た人をリーダーとして選んでしまうからである。気配

りによって敵を極力作らず，何ごとも足して二で割る「言語明瞭意味不明」な竹下登氏を理念型とする政治家群がリーダーとなるのは，日本人自身が同様のメンタリティを持っているがゆえである。」中山治『日本人はなぜナメられるのか』（洋泉社，2001 年）207 ページ，同『無節操な日本人』（筑摩書房，2000 年）119 ページ。
(51) 南部仏印進駐に対する米国の強硬姿勢に，日本軍上層部は一様に驚愕した。国際情勢に対する鈍感さもあるが，生命線である石油の供給を受けている国との関係を悪化させても平気な神経，またアメリカは対日戦には踏み切らないと鷹をくくっていた思考力は，国際政治に対する日本人の甘えの意識構造を如実に示している。
(52) 平川祐弘『西欧の衝撃と日本』（講談社，1985 年）376 ページ。
(53) 岸田秀『ものぐさ精神分析』（青土社，1977 年）8～28 ページ。「要するに，近代日本はペリー・ショックによって外的自己と内的自己とに分裂し，外的自己は日本人のアイデンティティ，自尊心，内的感情などを置き去りにしてひたすら欧米諸国に迎合して外的適応のみを追求し，一方，内的自己は欧米諸国に恨みを抱き，対外関係を無視して，軍事力によるにせよ経済力によるにせよ，ひたすら日本の力の拡張のみを追求してきたわけで，この分裂が太平洋戦争を頂点とする近代の日米関係の不幸な事件を招いたし，現在も日米貿易摩擦に影を落としているわけですが，近代日本の悲劇であるこの分裂の克服，外的自己と内的自己との統一は，外的自己の側からと，内的自己の側からとの両側から進めてゆかなければならないと思います。この統一なくしては，迎合でも敵対でもない日米の真の友好関係は不可能です。」岸田秀，K・D・バトラー『黒船幻想』（河出書房，1994 年）236～7 ページ。
(54) 中山治,『無節操な日本人』，192～3 ページ。

終　章　政治学の現代的課題

1 ITの政治学

　現代社会におけるマスメディアの重要性やその影響力の大きさは改めて指摘するまでもない。第3章でも触れたが，マスメディアは市民と為政者の双方に多量の情報を媒介伝達し，国民の知る権利に奉仕し，また民意に基づく政策決定を促す一方で，その情報力をバックに絶大な影響力を行使している。国家権力と世論の双方を操作し得るマスメディアが"第四の権力"と称されるのも故なしとしない。しかも最近ではメディア権力の巨大化に加え，インターネット等電子メディアが次々と登場し，テレビ，新聞，出版といった既存メディアとの融合あるいは競合の動きが顕著である。我々は，メディアが政治や社会に与えるインパクトの大きさだけでなく，メディア世界を取り巻く環境の激変及びそれがメディアに如何なる機能変容をもたらしているかについても正しい認識を身につけねばならない。終章ではまず，21世紀に入って変化の著しいマスメディアを取り上げる。

●メディアリテラシー

　我々の社会認識や世界観，人生観の多くはメディアを通して形成されている。だがメディアが伝える情報は，客観的な事実そのものではない。あくまでそれはメディアが作りあげた一つの産物・作品であり，特定の価値観の下にコード化された表現であることを情報の受け手は明確に自覚する必要がある。メディアを活かしながらも，決してメディアに操られてはならない。メディアに対する現代人のそうした心構えや臨むべき姿勢の枢機となるのがメディアリテラシー（media literacy）である。本来リテラシーとは，「文字を読み書きする能力」の意で，メディアリテラシーという言葉は第1次世界大戦後の英国で生まれた。20世紀に入り急速に発達した映画やラジオといったマスメディアの威力について大衆に警鐘を鳴らす目的から用いられたのが，その起源といわれる。第2

次世界大戦後はカナダや米国で普及実践され，カナダのオンタリオ州では80年代後半から学校教育でもメディアリテラシーが導入された。こうした場で理解されてきたメディアリテラシーの概念は，「メディアを通じた読み取り，発信能力」であった。

ところが最近ではIT（Information and Communications Technology）やインターネットの発達により，メディアリテラシーは「情報リテラシー」や「コンピュータ（技術）リテラシー」とオーバーラップしつつある[1]。そして，膨大な情報を選別し読み取る能力だけでなく，ITの双方向性を活かした市民の側からの「情報発信力」も付加されるようになってきた。例えば鈴木みどりは「市民がメディアを社会的文脈でクリティカルに分析・評価し，メディアにアクセスし，多様な形態でコミュニケーションを創り出す力」と定義し[2]，総務省もメディアリテラシーを「①メディアを主体的に読み解く能力 ②メディアにアクセスし，活用する能力 ③メディアを通じてコミュニケーションを創造する能力，特に情報の読み手との相互作用的コミュニケーション能力を構成する複合的な能力（『放送分野における青少年とメディアリテラシーに関する調査研究会報告書』2000年）と理解している。我々はメディアから提供される情報の消極的受信者に留まってはならない。メディアに大衆（マス）として接するのではなく，個性ある一個人として主体的能動的に関わりをなすべきである。そのような観点に立てば，21世紀のメディアリテラシーとは，①メディア機器を使いこなせる能力，②メディアを批判的に読み解く能力，に限ることなく，さらに③メディアを通じて発信・表現する能力（メディア活用・表現力）をも加味したものと認識すべきであろう。

日本でもパソコンが普及する1980年代頃から，「情報リテラシー」という言葉が用いられるようになった。また高等学校では2003年から「情報」という科目が設けられ，パソコンの操作，活用，ネットワーク利用の知識等が教育されるようになった。しかしそこではパソコンの原理やOA機器の操作習熟に重点が置かれ，伝達される情報を如何に読み解くか，さらに自らが情報を如何に発信するかという視点は弱い。今後はマスメディアの情報を批判的に読み解く力の教育だけでなく，対話的なコミュニケーションを作り出せる能力の育成にも力点が置かれるべきである。

●情報と通信の融合

　ウォークマンや携帯電話，インターネット等の発達はメディアの急激な変容を生み出している。これは15世紀にドイツのグーテンベルグが印刷機を発明して以来の革命的な技術変革であり，それは脱場所化，非同期化，双方向化といった特徴に集約できる。従来のメディア世界では，発信者と受信者は固定的であった。だがインターネット世界では，誰もが受信者であると同時に発信者にもなり得る。インターネットで市民一人一人が情報の発信者となれば，草の根民主主義の運動に勢いをつけるだけでなく，世界へ向けた発信が可能なことから，個人や少数のグループでもグローバルな情報ネットワークを構築することができ，さらにまた各国のNGOやボランティア活動等とのトランスナショナルな連帯を促進加速させることにもなる。

　これまで通信と放送は，通信が1対1の双方向，放送が1対多の一方向形態をとること，また通信は秘匿（限定）性，放送は公然性をその特色とする等それぞれの性格が異なるため峻別されてきた。歴史的には無線・電話からラジオ，そしてテレビへと通信から放送（メディア）が誕生し，以後両者は別の社会システムとして整備されてきた。しかし現在では，1対多の配信が通信ネットワークで実現する等通信ネットワークと放送システムが渾然一体化しつつあり，通信と放送の垣根は急速に低下している。両者の融合によって，"公然性を有する通信"，"限定性を持った放送"という新たなカテゴリーも生まれている。インターネットのニュースや掲示板，あるいは多数の者に送られるメール等は前者の例だ[3]。

　各種ITの中でもインターネットは，参加型コミュニケーションの代表である。インターネットは印刷・配送・放送に関わるコストが不要なため，ウェブサイトを開けば誰でも簡単に不特定多数の者に向けて，放送局のように大量の情報を発信できるようになった。既に個々人がブログ等の形式で発信する市民情報が既存のメディア情報を補完しつつあり，あるいは両者が共存する環境も生まれている。双方向性と非同期性に優れたインターネットの爆発的普及により，間接民主主義の欠点を補う役割がそこに期待されているのだ。また各自がインターネットを駆使し，膨大な量の情報の中から自らの好みとニーズにあった情報をピックアップし，独自の世界観や哲学を築くという生活スタイルがこ

れからの主流になるかもしれない。

　しかし，IT は長所ばかりではない。新たに生み出した問題点も多い。発信が多くなればより多くのノイズ（雑音）も発生する。ネットを通して玉石混淆の情報が氾濫を来すため，受け手には膨大な情報の中から適切なものを選び出す努力が求められる。これまではマスメディアが知るべき価値ある情報を取捨選別し，それを大衆に伝達していたが，インターネットでは個人が情報の大海に乗り出し，自らの力で欲するものを選び取らねばならない。極論すると，これからは情報を選ぶよりも捨てるための技術や基準が必要となっているのだ。メディア・情報リテラシーが必要となる所以だ。このような情報をめぐる環境変化に伴い，既存のマスメディアが果たす役割も変わりつつある。いままでのように"より多くの情報"を"より早く伝達する"ことよりも，大衆にとって本当に必要な情報を伝え，そうではない情報を排除する"選別機能の発揮"が重要となってくるのだ (情報の大量・即時性から選別性へ)[4]。

　また検索エンジンで大量の情報が無造作かつ並列的に抽出できるため，情報の切り売り状況が現出したり，有力サイトで展開される主張や間違ったデータが瞬時に全世界に広がり，過誤の拡散や思考の単一化現象を引き起こす危険も無視できない。ネットを管理する少数者や彼に近づいた権力者によって世界規模の情報操作がなされたり，あるいは世論の扇情的情緒的な対応が強まり，国家対立の激化や国際関係の先鋭化も危惧される。さらに，インターネット情報の高い即時性が歓迎される反面，熟慮の習慣を厭う風潮を助長する恐れもある[5]。このほか，通信と放送の融合に伴う技術的な問題も生まれている。例えばこれまで国別であった放送番組がネット配信によって簡単に海外に流れるようになったため，国境を横断する放送に対する国際的なルールや基準作りが急がれている。

●メディアデモクラシー

　「権力の番人」であるはずのマスメディアだが，権力者が報道各社の競争意識を利用し，あるいは偏向差別的な取材対応を見せる等の手法で巧みに懐柔することによって，マスメディアを政権への支持・獲得や PR，大衆操作の手段となさしめる危険性が潜んでいる。メディアが巨大化する程その脅威や蒙る影響の度合いも高くなる。この問題を考えるに際しては，権力者とマスメディア

の間に生まれている共生関係に注意を払う必要がある。例えば日本では各中央省庁に「記者クラブ」が存在する。これは明治時代半ばに誕生した制度で，当時は新聞を危険視し，情報を隠そうとする明治政府に対し，未だ力の弱い新聞各社が結束して情報を引き出させる目的で発足したといわれる[6]。現在もこの制度は存続しているが，その間，権力者とメディアの関係はかっての敵対・対立一色の基調から共存共栄的な緩やかな間柄へと変化していった。各省庁はメディアの要請を受け，記者クラブを介して加盟する主要メディアに大臣，幹部らによる定例記者会見の実施や公表資料の優先的配布，取材活動への便宜供与等のサービスを行うが，その一方で例えばメディアへの意図的な情報の提供やリークによって政策に対するメディアや世論の反応を窺ったり，あるいは競合するメディア各社の調整に動き，また官とメディアとの各種取り決め（取材ルールや取材自粛の要請等）を作成することで巧みなメディア管理を行う等両者は持ちつ持たれつの関係を形作っているのだ。

　その結果，マスメディアは省庁から提供される情報（「発表モノ」）への依存体質を強め（取材力の低下，情報の画一化），無意識のうちに情報操作を受ける危険性を抱えている。多数のメディアが併存しているにも拘らず，報道内容が権力に操られ，一面的な情報しか国民に提供されない事態は，言論の活発化や多様な見解の表出を阻むことになる。またクラブ制度はメンバー以外のマスメディアを除外する等排他的な側面があり，大手メディアが優遇される一方で，新興，中小，あるいは海外のマスメディアにとっての参入障壁となり，事実上の取材差別や取材妨害の弊を誘発させる。さらに，クラブに属する大手メディアが独自に報道協定を結んだり，報道の自粛，自主規制を行う場合もある。国内各メディアが自主規制をしたため，小和田雅子さんの皇太子妃決定のニュースが国内メディアではなく，規制外の海外の新聞（「ワシントンポスト」紙）からもたらされた（1993年）のはその一例。自主規制や報道協定は取材対象の人権配慮や犯罪捜査への協力等の理由があるが，マスメディア各社にとっては特オチの恐怖から逃れられる旨味もある。その乱用は国民の知る権利を空文化し，権力監視というメディアの意義を自らの手で減殺させる危険性のあることを忘れてはならない。

　メディア相互，あるいは権力・メディア間の事情から，国民への適宜適切に

して豊富・多様な情報の提供が滞らぬようにするためには，第三者機関の設置等メディアや権力に対する監視が必要となる。メディアを監視する第三者機関として，日本では1969年に民放連とNHKが「放送番組向上協議会」を設置し，2003年には第三者機関としての機能強化を図った「放送倫理・番組向上機構（BPO）」が設立された。BPOの目的は，言論・表現の自由を確保しつつ，視聴者の基本的人権を擁護するため，放送への苦情，特に人権や青少年と放送の問題について，自主的に，独立した第三者の立場から迅速，的確に対応し，正確な放送と放送倫理の高揚に寄与することとされる[7]。また1997年に設立された「放送と人権等権利に関する委員会」（BRC）は，一般市民が放送局に問題を提起する場で，マスメディアに対する市民監視の機構といえる。視聴者からの苦情や異議申立に対してBRCは第三者の立場で裁定し，放送局に対応を求めることができる（法的拘束力はない）。

　監視のメカニズムに加えて，市民自らが情報の新たな発信者となり，メディアから流される固定画一化した情報に多様性の風穴を開ける取り組みも必要だ。それは表現の自由の発揮であるとともに，自身の知る権利を自らが担保する営みでもある。発信力としてのメディアリテラシーの重要性はここにある。メディアへの市民参加の形態として，パブリックアクセスTVがある。市民が企画の段階から主体となり，自ら製作した番組をテレビ局の施設を用いて無償で放映するもので，1970年代以降アメリカで広がり，日本でもCATV局やローカル局を中心に関心が高まっている。またコミュニティラジオ局も増加している[8]。21世紀の民主国家においては，情報に関する受発信双方向化の下で政治と向き合う決意と姿勢が市民に求められている。いまこそ我々は，上から供される「恩賜」としての政治意識を払拭し，自らが主体的に参加，遂行することによって，「活動する場」としての政治意識を身につけねばならないのである。

2　自由と平等をめぐる政治理論

　第4章で眺めたように，近世以後の政治思想の主要課題は，人間一人一人の基本的人権を擁護し，自由と平等が確保された民主主義社会を如何に実現するかにあった。ただ，自由と平等の二大原則は本来その両立が困難な関係にあり，19世紀後半〜20世紀にかけて，経済的な自由を重視する自由主義体制と平等

の実現を優先する社会主義体制の対立が生じた。冷戦と呼ばれるこの戦いは20世紀末，東欧の民主革命やソ連の崩壊により社会主義陣営の敗北と崩壊で終焉を迎え，社会システムとしての自由主義政治体制や市場経済制度 (market economy system) の優位性が立証された。

しかし，冷戦後の世界は富をめぐってのグローバルメガコンペティションの様相を呈している。市場では日々激しい競争が行われ，戦いに勝った一部の者たちが莫大な富を得る一方で，多くの人々は貧困に喘いでいる (格差問題)。社会の多元多様化に伴い共通の価値観が崩壊し，さらには冷戦期のイデオロギー対立の下で押さえ込まれていた様々な利害や価値の対立が噴出するなか，富や所得の不平等分配を招きやすい自由主義，資本主義の枠組みの中で如何に平等と公正を確保し，あるいは自由の行使と弱者保護 (国家の関与と自由の規制) の兼ね合いを図るべきかが問われている。この問題については，大きくリベラリズム，リバタリアニズム，それにコミュニタリアニズムという三つのアプローチが存在する。

● 福祉国家論としてのリベラリズム

自由主義 (liberalism) の思想は，17世紀英国のロックに源流を求めることができる。ロックは，人間は生来自由であり，如何なる人間も自らの自由な意思と選択の下に生きることが認められており，この自然権は生まれたときから先天的に備わったもので誰からも妨害されるものではないと説いた。このような考え方を基に，個人の自由を重視し，権力分立や議会制度等を伴った市民社会形成の必要性を説いたグループは古典的自由主義 (classical liberalism) と呼ばれる。経済的自由を重視し，政府の干渉を嫌い，利己的に行動する各人が市場で自由競争を行えば公正で安定した社会が実現すると主張したアダム・スミスに代表されるスコットランド古典派経済学も，この流れに含ましめることができる。

またベンサムやジョン・スチュアート・ミルに代表される功利主義は，市場を効率性の観点から正当化し，市場は「最大多数の最大幸福」を実現させるための最も効率的な制度であると主張した。自由主義の原理は「一般的福祉の最大化」の名によって擁護されたのである。彼らも市場が効率的に作動できないような領域が存在し，「市場の失敗 (market failure)」が生じ得ることは認める。

だが功利主義者は，市場の失敗よりも政府が市場の結果に介入することから引き起こされる非効率，つまり「政府の失敗（government failure）」こそ重大な問題だと認識し，効率性の観点からあくまで市場を擁護し，市場における分配に政府が介入することに批判的であった。

だが20世紀に入ると，自由市場に任せるだけでは強者と弱者の格差が拡大し，著しい富の不平等が進行することが問題となった。そこで，公共事業による景気の調整や社会保障の拡充等政府の経済への介入を重視し，富の再分配を行い，個人の実質的な自由（社会権）を保障する必要性を説いたのが経済学者ケインズ（J. M. Keynes: 1883-1946）であった。ケインズの考えを理論的根拠として，第2次世界大戦後，英国をはじめ多くの先進国は福祉国家（「大きな政府」）の途を歩むことになる。そして，政治理論，特に正義論（theory of justice）の観点から福祉国家路線の正当性を説いたのが，ジョン・ロールズ（J. Rawls: 1921-2002）であった。

ロールズによると，功利主義は人間を画一化された量として捉え，人格を目的としてではなく手段として扱っている点で問題がある。功利主義の論理を徹底すると，最大多数の最大幸福のためならば少数者を犠牲にしても構わないはずである。けだし，そこでは満足の総和ないし効用の最大化のみが問題とされ，それが個人の間にどのように配分されているかは考慮されていないからである。その結果，少数者は多数者の効用を増大するための手段となり，彼らの人格は目的として尊重されないことになる，とロールズは指摘する。こうした事態を防ぐため，ロールズは「少数者の権利」という観念を導入する。功利主義は個人の欲望を是とし，これら欲望の極大化を正とし，それに従って社会制度が配置されるべきだと考えるが，ロールズは『正義論』(1971年)において「正義こそが社会制度の第一の徳性（the first virtue）であ」り，「彼らの欲望や願望は，個人の権利を守るため，正義の原理によって制限を受けるべきだ」と主張した[9]。そして個人が権利を有する事柄に関しては，たとえ社会の効用増大のためであっても個人を犠牲にすることは許されないとした。この点でロールズの理論は，効用よりも権利に重点が移されているといえる。

反功利主義と並ぶロールズ理論のいま一つの特徴は，「分配的正義（distributive justice）」に関する彼の平等主義的な立場である。彼の平等主義

は，社会的偶然や自然的偶然から生じる不平等にも反対する。ロールズによれば「我々の能力，生まれ育った環境等社会的，自然的偶然事は運の問題であり，誰もそれに対しては権原を持たない」からである。そして出発点における社会的偶然の影響を排除するため，機会の平等を確保することに加えて「格差原理 (the difference principle)」の考えを導入する。ロールズは人間の社会活動を①政治的市民的自由を典型とする基本的自由の擁護と，②社会経済的資源の配分の二つの領域に区別し，それぞれにおいて異なる正義の原理が成立するとした。

まず①の基本的自由擁護の領域は常に②に優先し，それは正義論の最優先課題とされる。ここでは「各個人は，他のすべての人々にとっての同様な自由の体系と両立する限り，最大限の基本的自由への平等な権利を持つべきである」（正義の第１原理：平等な自由原理）。そしてこの第１原理を踏まえ，②の領域については，二つの条件が満たされる場合には一定の不平等を許容することが正義にかなうと主張した。その条件とは，①社会経済的資源獲得に有利な職業や地位につくことができる可能性が「公正な機会均等の条件の下ですべての人々に対して開かれたもの」であること（「公正な機会均等の原理」）と②不平等の存在が社会の「最も不遇な人々に最大の利益となること」（「格差原理」）である（正義の第２原理）[10]。社会的公正の基準を明らかにすべくロールズが掲げた二つの原理のうち，社会的，経済的不平等は「最も不遇な人々が最も有利となるようにせよ」という第２原理の②が，ロールズ理論に独自な「格差原理」であり，彼にとっては民主主義における博愛の具体的表現でもある。

社会主義政権の挫折からも窺えるように，人間の自由には制限を加えるべきではない。しかし，能力差があるゆえに必然的に現実の社会では格差が生じてしまうこともまた事実だ。そこで社会的に最も弱い立場の人々の利益になるという条件を守る限りにおいて，人々の自由な活動を許容するという発想に立ったのである。自由競争社会で自らの能力によって大きな成果をあげた者は，乏しい能力のゆえに成果を挙げられなかった弱者にその富を奉呈しなければならないというロールズの思考は，個人の成功や失敗を左右する能力や知識はその個人のものというよりも偶然手にした産物に過ぎないから，社会の共有財産とみなすべきであり，それがもたらす結果や差別は社会全体で公平に分け持つべきだという考え方に由来している。ロールズの正義論は，1960年代における

アメリカ公民権運動の高まりを頂点に，以後保守勢力からの反発批判の前に次第に影響力を低下させていったリベラリズムの再生を意図して発表されたといわれる。後にこの格差原理は若干修正されたが，ロールズの基本的な考え方は福祉国家論の正当性を理論的に担保するものとなった。しかし，二つの原理を選択することの合理性について十分な説明が無いこと，また「最も不遇な人々」が具体的に誰を指すのか曖昧な点や，さらにその判定を現実の社会で下すことは容易でない等の問題点が指摘されている。

● ネオ・リベラリズム

戦後，先進諸国で続いた福祉国家路線に深刻な打撃を与えたのが第4次中東戦争（1973年）であった。この戦争でアラブ諸国は石油を武器に活用し，石油価格が高騰した。この石油危機によって先進諸国の経済は重大な影響を受け，国際収支は悪化し，インフレと不況，失業率の増大に見舞われた。社会保障充実の前提である経済成長が不振に陥ったことで，それまでの大きな政府，福祉国家の路線に対する疑念が生まれてくる。そうした時代環境の中で力を得たものがネオ・コーポラティズム（neo corporatism）[11]やネオ・リベラリズム（neo liberalism）の考え方であり，特に後者は英米両国で本格的に実践され，この時代の政治潮流ともなった。ネオ・リベラリズムの経済思想は平等よりも自由を重視し，安価な政府と民間の自由な活動の擁護，競争原理の活性化を説くもので，ハイエク（F. A. Hayek: 1899-1992）やフリードマン（M. Friedman: 1912-2006）をその理論的先駆者とした[12]。オーストリア生まれの経済学者ハイエクは，ドイツやソ連の全体主義はナチズムや社会主義に固有な現象ではなく，個人主義から介入主義（集産主義と呼ぶ）に転換し福祉国家をめざすリベラリズムの国家でも同じ危険が伴うと指摘した（「隷従への道」）。

慢性的な不況に陥って財政赤字が拡大した英国では，1979年の総選挙で福祉国家，混合経済体制という戦後の基本的枠組みに挑戦した保守党のサッチャー政権が誕生し，アメリカでも"強いアメリカ"の復活をめざす共和党のレーガン政権が1980年の大統領選挙で圧勝した。両政権には共通点があった。第一に肥大化し過ぎた政府の機能を再検討し，小さな政府の実現を図った。福祉政策もその例外ではなかった。第二に経済を活性化するため，市場原理を尊重して政府の経済への介入を縮小させる一方で，高率の累進課税を緩和して減

税を実施した。この減税は累進税率の緩和によって実施されるため相対的に高額所得者有利となり，福祉国家体制を維持するために高負担を求められてきた富裕階層には歓迎された。サッチャー・レーガン両政権が推進した小さな政府路線の結果，両国の経済活動は旺盛になり，特に英国では戦後の衰退（英国病）に歯止めが掛かったと評価されたが，その反面，弱者切り捨てと格差の増大を招いたとの強い批判もなされている(13)。

●リバタリアニズム

ロールズに代表されるリベラリズムに反対し，ネオ・リベラリズムの経済思想を政治理論の面から支えたのがノージック（R. Nozick）に代表されるリバタリアニズム（自由尊重主義：libertarianism）の思想であった。ノージックは『アナーキー・国家・ユートピア』(1974年)において，ロールズの正義論を批判しその矛盾を指摘する。ロールズは平等を実現するためには豊かな者に大きな負担を負わせ，貧しい者の地位を上げようとするが，これは豊かな者を弱者のための手段に利用することである。ロールズは功利主義を批判しながら，自らも功利主義と同じように人格を手段として扱っているとノージックは批判する。そして個人の自由と権限を最も重視し，国家による再分配政策等政府が自由な活動に介入することは個々人の権利侵害と考えるノージックは，福祉国家や大きな政府を「拡張国家（extensive state）」と名付けて批判し，個人の権利の執行だけを任務とする「最小国家（a minimal state）」が正当化され得る偉大な国家として擁護する(14)。国家は構成員の人身と財産権を防衛するだけで十分とし，かっての夜警国家論への復帰を主張するのである。

ロック的な強い所有権の考えに基づき，ノージックは，所有権の源は労働にあり，価値を生み出した者だけがそれを所有する権限（entitlement）を持つと考える（権限理論）から，本人の意思に拘らず法によって納税を強制することは認められない。また交換に関しては完全に市場のメカニズムに委ねるべきであり，政府は市場に介入することなく，市場における取引の結果を尊重すべきと論じる。ただそれは，市場に委ねた方が効率がいいからではない。市場の取引の結果は，個人の自由な行動の結果であり，これに政府が介入することは，個人の自由を侵害することになるという論理からである。

ノージックは「暴力，盗み，詐欺からの保護，契約の執行などに限定され

る最小国家は正当とみなされる。それ以上の拡張国家 (extensive state) はすべて、特定のことを行うよう強制されないという人々の権利を侵害し、不当である」と述べる[15]。功利主義とはことなり、効率性や政府の失敗を強調するのではなく、あくまで個人の権利の自由という点からノージックは福祉国家論 (welfare state theory) を批判し、最小国家を主張するのである。要するに彼の理論は anti-paternalism であり、現代版の夜警国家 (night-watchman state) 論といえる[16]。

　ノージックのような個人の自由を強調する立場をリバタリアニズムと呼ぶのは、本来個人の自由を尊重するリベラリズムの語が、逆に政府による介入を肯定する福祉国家思想や社会民主主義的な文脈で使われるようになったため、それと区別する意味から用いられたものである。リベラリズムが経済的自由よりも人格的自由を重視するのに対し、経済的自由も人格的自由もともに最大限尊重すべしと説くのがリバタリアニズムの立場である[17]。たとえ福祉目的であっても、国家が権力的に個人の財を移転させることは人々の人権を侵害するとして、政府による介入・規制に反対するリバタリアニズムは、政治権力の不平等化を防ぐ最良の方法は、政治参加の範囲拡大を許すことではなく、政治権力自体を最小化することだと主張する。「市場の失敗」ゆえに国家が公共財を提供せねばならないとする論理に対しては、国家の関与は非効率的な官僚機構の肥大化と政府権力の個人生活への介入を許すとして「政府の失敗」による害悪をより問題視する。個人主義に立脚し、国家を基本的人権の最低限の保証装置として認めるに過ぎないから、国家への心情的規範的一体化にもリバタリアンは反対し、民族とのつながりの濃い近代国民国家やナショナリズムを重要視せず、多様な民族と文化を共存させる中で通商と交流を可能にしたコスモポリタン的な前近代の帝国型国家を理想とする[18]。

　ノージックが批判するように、確かにロールズの「分配的正義 (distributive justice)」の理論は、パターン化された原理による配分 (distribution by patterned principles) を強要する点で問題がある[19]。その点ではリバタリアニズムの主張は正しい。しかし、自然状態に対するロックの考えからノージックが導き出した minimal state の理論も、果たしてノージックが主張するように、如何なる権利の侵害も含まないかどうかについては疑問が残る。またグレイ (John

Gray: 1948-）も指摘するように，個人の処罰権を代行し秩序を維持するためのminimal state といえども，その維持運営のためには継続的に一定の費用を必要とする。そこに課税という形で一定の強制的要素を含まざるを得ないのである[20]。さらに問題であるのは，個人の権利侵害をすべて容認しないというノージックの立場は，個人の権利を重視するあまり，そもそも個人は社会とは離れて生存できないという現実を見落としているのではないか，という点だ。リバタリアニズムは，肥大化した国家と受動的な個人という対立の中で個人の自由を強調するが，個々の人間は，社会という共同体の中でのみ初めて生存できるものだからである。

● コミュニタリアニズム

ロールズとノージックの主張は正反対だが，ともに権利を重視する「義務論的自由主義 (deontological liberalism)」に立つ点では共通している（サンデル）[21]。これに対し「権利の政治 (politics of right)」ではなく，アリストテレスが説いた「共通善 (common good)」を意識する政治をめざすべしとの立場が存在する。それがマイケル・サンデル (M. Sandel)，アラスディア・マッキンタイアー (A. MacIntyre)，マイケル・ウォルツァーら共同体主義 (communitarianism) の考えである[22]。共同体主義は，ロールズのようなリベラリズムが指向する福祉国家を否定する点ではリバタリアンと共通するが，批判の根拠は異なっている。リバタリアニズムは，肥大化した国家と受動的な個人という対立の中で個人の自由を強調する。これに対し共同体主義は，ロールズ理論の個人主義的性格を批判し，国家と個人の対立を克服し，個人を救済するために共同体の重要性を指摘するのである。

ロールズやリベラリズムの論理は，非現実的なまでに抽象化され個人化された自我の概念の上に成り立っているとサンデルは批判する。人間のあり方を理解するには，彼がどのような環境に置かれ，どのような共同体の一員として生活しているのかを考察しなければならない。それを無視し共同体と隔離された独立の存在として個人が生活を送るならば，高い道徳能力の発達も期待できず，ロールズが意図した正義の選択も不可能となる。リベラリズムが期待する正義や公正の論理は，共同体の一員としての生活に伴う自我の陶冶と自己批判から生まれ出るものだと反論するのだ。理想とする政体や具体的な政策では，共同

体主義もリベラリズムも大差はない。相違するのは個人と共同体の関わりについての認識である。共同体主義者は，社会契約によって個人が共同体から自由に出入りすることや個人の属性を共同体と切り離すことが可能と考え，共同体の伝統や慣習から無関係に生存する人間像を描いているとして，自由主義者を批判するのである。

　リバタリアニズムが人間を個別的な存在とみなし，その能力を各人の所有物として，自分自身の判断に従ってその能力を行使する社会を良い社会とするのに対し，コミュニタリアニズムは人間を共同的なものと見て，その能力を共通の資産 (common assets) と捉え，それを共同的な目的のために行使する社会を良い社会と考える。また個人の権利を重視するリバタリアニズムは行き過ぎた福祉国家路線を是正，牽制する役目は果たしたが，権限理論 (entitlement theory) は徹底した権利指向的理論で，国家の任務と機能をあまりに限定し過ぎている。人間は過去（自分の先祖を含む）の所有と蓄積の上に存在し，不平等が必然であるにも拘らず，この理論では実質的平等の確保が図れないとコミュニタリアンは主張する[23]。

　そもそも，個人がその能力を発展させ，その権利を行使できるのは，その背後に社会（共同体）が存在しているからにほかならない。従って個人の選択や権利の行使も，その前に共同体の意志としての公共性を重視せねばならず，社会的背景としての共同体を維持するには，個人の権利や自由が一定限制限されてもやむを得ないと考えるのがコミュニタリアンの立場である。つまり社会の維持という「共通善 (common good)」が個人の権利に優越し，その限りにおいて個人の権利は一定の制約を受ける。よって，国家による不平等解消の試みをすべて個人の権利侵害と決めつけることはできず，それは個人の権利のうちに内在する制約とみるべきことになる。

　サンデルに代表されるコミュニタリアニズムは，個人の意志よりも共同体の意志としての公共性を重視する点において，アリストテレス哲学に基づいた「共通善の政治学」と要約することができる[24]。共同体主義者が論じる共通善としての「共同体」は，NGOや第3セクター，ローカルコミュニティ（地域社会）等論者により多様だが，国家と個人の間に位置する中間的なコミュニティ（共同体）を重視する点では共通している。多様なコミュニティの共存を

尊重し、より身近なコミュニティに軸足を置いており、グローバルなコミュニティやコスモポリタニズムにまで対象を拡大することには消極的だが、「国家」が必然的に排除されるものでもない[25]。共通善として共同体がめざすべき価値には、連帯や相互扶助、政治参加、自治等があげられる。英国労働党のブレアが提唱した中道左派路線「第三の道」の考えも、コミュニタリアニズムの影響を受けたといわれている。

共同体主義に対しては、個人の自由の制限を安易に許容する危険性が問題点として指摘されている[26]。またコミュニティの概念や範囲が論者により異なり、それが家族、地域社会、国家、労働組合を意味するのか、あるいは近代前の村落共同体や民族共同体のような閉鎖排他的なものを指すのか、さらに社会的にマイノリティな集団（少数民族の集団やゲイ、レズビアンコミュニティ等）も含めるのかが一様でない。さらに、多元多様的社会における価値観衝突の現実に対する自覚に欠けるといった批判も呈されている。

● 総括：共同体の再構築に向けて

自由社会において、不平等の解消実現は容易な課題ではない。この厳しい現実を少しでも是正改善すべく、ロールズのように強者の権利を侵しても弱者の権利を擁護する立場や、そのアンチテーゼとして私的権利の侵害を一切否定するノージックの論理が生まれた。しかしいずれの立場も権利の重要性に拘り過ぎて、極端な立場へと傾斜した感は否めない。ロールズの主張する公正な機会均等の原理は、実質的平等の実現をめざすものだが、人間の創意や卓越性への欲求を無視する点で問題がある[27]。他方、夜警国家論的なリバタリアニズムでは不平等の解決は望み難い。

振り返るにホッブス、ロックからロールズに至るまで、自由主義の哲学においては、個人は社会関係から離れて、自らが自分自身の所有者であり、自身の意志に従い善を選択し生きて行くものとして理解されてきた。しかし共同体主義者が批判するように、それは他者と無関係に個人が権利を持つとする点で個人主義的であり、利己主義的でさえあった。人間は他から切り離されて単独に存在することはできないし、その営為は常に他者を介して行われ、相互的である。それゆえ、何をなすべきで何をなすべきでないかは、他者との相互的対話的な関係の下で決せられるべきものである。そして善とは単に個人の主観の問

題に留まらず一定の客観性を帯びたものであり,共同体主義者はそれを共通善 (common good) と呼ぶのである。

ポストウェストファリア体制の時代においては,主権国家を越えるEUの如き巨大な地域協力機構が出現をみる一方で,宗教や歴史の共有,民族的一体感,郷土意識等精神的な連帯を基盤とする,主権国家より小規模なコミュニティも有力な政治単位として台頭し始めている。サンデルが考える「共同体 (community)」の形態も,主としてこのような地域共同体である。ポストモダンの政治哲学を考える我々も,文化や風土,生活習慣・生活体験の共有から芽生え育まれる土俗・非作為的な意識に目を向けるとともに,そうした精神的アイデンティティを拠り所とするローカル共同体を重視する必要があろう。特に戦後,地域共同体が完全に崩壊し,市民生活においてカイシャ以外の社会的接点を喪失してしまった日本にあっては,日常生活と密着したローカルコミュニティの復興と再構築は成熟した社会作りを進めるうえで喫緊の重要課題である[28]。構成員としての市民よりも共同体それ自体の価値や意義を強調することは全体主義の再来に通じるとの危惧もあるが,共同体主義がめざすのは平等で民主的なコミュニティであって,全体主義や国家主義とは全く異なる思想である。

ハンナ・アレント (Hannah Arendt: 1906-75) は,「大衆社会を耐え難いものとしているのは,それに加わっている人々の数ではなく,人々を結集させ,または分離させる力を (大衆社会が) 失っているからである」と述べているが[29],こうした大衆社会の問題点を克服し,自由と平等をバランスよく確保し得る健全な共同体を築くことは,市民社会の活力や強靱性を高めるだけでなく,全体主義に陥る危険を防ぐための取組みともなる。残念ながら,将来にわたり現実の人間社会には常に不平等が生き続けよう。他方,不可侵な個人の権利は,共同体秩序が機能する限りにおいて花開くものである。それゆえ,自由の確保や不平等克服の営みも,人間社会という共同体枠組みの中で,そのアプローチと方向性が模索されねばなるまい[30]。

近代の日本は,戦前のような超国家主義と,戦後における国家観念喪失,私益最優先の自由放任的個人主義の両極端を激しく揺れ動いてきた。権利と義務のいずれにも突出せず,これまで忘れられてきた中庸を取り戻し「個人の独立」

と「公共善の実現」という二つの目標を達成，両立させるうえで，共同体主義の考えが貴重な示唆を与えてくれるのではなかろうか。

③ 日本的思惟と精神の新たなる作興

　最後にこの問題を，日本政治思想の課題という観点から眺めてみたい。近代日本は，古代天皇制の復古を国家の基本理念に据えるとともに，江戸期に大成した儒教的な忠孝の教えを国民倫理として再生し，さらに武士道が国民レベルの民族精神として喧伝推奨された。西欧列強に追いつき，そして追い越すためには，国家の凝集力を強めるとともに勤勉禁欲の倫理を高め，かつ大和民族としての自尊心を深からしめる必要があると考えられたからにほかならない。しかし国家発展の方向が軍事的膨脹に傾斜したことから，軍国主義に馴致し，国のためには自らの生命をも喜んで投げ出す国民の育成に主眼が置かれるようになり，次第に山鹿素行の士道的な側面は薄れ，山本常朝的な「死に向かい死を受け入れる」狂情的な色彩が強まっていった。そのような結果として，天皇への絶対的忠誠（自己犠牲）と横溢した攻撃精神を軸とする大和魂の考えが流布するようになったのである。

　しかし，敗戦によってこの路線は全否定され，それに代わり，膨大豊富な物資を伴ったアメリカ的な民主主義が強制的に導入され，戦禍と貧困，飢えに苦しむ国民もこれを歓迎し，やがて幅広い支持の下で経済（物質）繁栄志向型民主主義が国民のめざすべき目標あるいは理想として定着していった。もっとも，戦後復興の過程においても，我々日本人の心底には明治期と同様に，和魂洋才や組織への高い帰属意識が働いていた。だが古いものは敗戦とともに捨て去り否定せねばならぬ対象と考えられたがゆえに，また豊富な物資や経済的に豊かな生活に国民が魅了されていく中で，精神や倫理における連続性の実態を能動肯定的に捉えようとする思惟も試みもやがて葬り去られてしまう。ルース・ベネディクトは『菊と刀』で，西欧における個人主義に対置させて日本人の集団主義，西欧の罪の文化に対して日本人のそれを恥の文化（集団の一員として生きる以上，他人と世間の目という外面的強制力で自己の生き方を規制する文化。恥をかかないことが社会生活の基本となる）と規定した。集団と個人の距離関係及びその律し方で近代と非近代を二分する姿勢には問題もあったが，戦後の日本人はそ

の集団主義を自ら否定的に捉え，それを自我の遅れ，個我の未発達と断じ，近代化の遅れを示すもの，封建社会の名残りと自虐的に受けとめた。過去の営為をことさらに否定し，その対極を善となすことで，かって日本人が心に抱いていた公への奉仕や克己と禁欲の精神も忘れ去られたまま60年余の歳月が過ぎ去っていった。

　既に触れたように，国家的な転換期を境に，過去の産物を捨て去り，新たな文物を競い挙って受容するのは日本及び日本人の特色である。新しいものに好奇の念を持ち積極的にそれを受容しようとする姿勢は，視野狭窄や閉鎖主義に陥ることを防ぐには好ましい性情といえるが，歴史に断絶をもたらし，自らの祖先，先達が育て上げてきた精神や倫理を自己否定することの弊害も大きい。また状況変化に伴う変わり身の早さは，権威権力への一貫した追性や従順・迎合性，便乗性という日本人のいまひとつの国民性を形作った[31]。さらに，それまでの基軸思想や主義をかなぐり捨てることを厭わず，その都度新たな思想や技術を先進国からの導入によって対応する，しかも国土国情の違う異国のソフトを適当に取捨選択し，当方が欲し受け入れたい部分だけを抜き取って移植するという我が国が古来より繰り返してきた他国依存の借り物付焼刃的アプローチは，日本人の思考から深みや体系的普遍的な論理，それに独自・独創性を奪う一因ともなった。新しく外から入ってくるものが善であり，過去のものが全て悪という意識の錯覚に日本人が陥っていることを戦後いち早く指摘した人物に中国文学者の竹内好がいる。少し長いが，彼の言葉に耳を傾けてみよう。

　「ヨーロッパでは，観念が現実と不調和（矛盾）になると（それはかならず矛盾する），それを超えていこうとする方向で，つまり場の発展によって，調和を求める動きがおこる。そこで観念そのものが発展する。日本では，観念が現実と不調和になると（それは運動ではないから矛盾でない），以前の原理を捨てて別の原理をさがすことからやりなおす。観念は置き去りにされ，原理は捨てられる。文学者は言葉を捨てて別の言葉をさがす。かれらが学問なり文学なりに忠実であればあるほど，ますます古いものを捨てて新しいものを取り入れるのが激しくなる。自由主義がダメなら全体主義，全体主義がダメなら共産主義，ということになる。……家が焼けたらまた建てればいいので，焼けたことをくよくよしてもはじまらぬ。死んだ

子の年をかぞえるより,また生めばいい。……日本のイデオロギーには失敗がない。それは永久に失敗することで,永久に成功している。無限の繰り返しである。そしてそれが,進歩のように観念されている。……ヨーロッパ人は,日本の近代化の速度におどろいている。日本人が敗戦の痛手を受けることの少ないのにおどろいている。……まったく,それは勤勉というよりほかにいいようがないだろう。ただ,その進歩がドレイの進歩であり,勤勉がドレイの勤勉であるだけだ。「新しい」ということと「正し」いということが重なりあって表象されるような日本人の無意識の心理傾向は,日本文化の進歩性と離して考えられぬだろう。たえず新しさを求め,たえず新しくなろうとすることで,日本人は勤勉である。だから,学問の進歩とは,より新しい学説をさがすことであり,文学の進歩とは,より新しい流派を見つけることである。……新しいものが古くなったら,別の新しいものと交換しなければならぬ,それが学問に忠実な所以だ,と考える。良心的な人ほどそう考える。なぜなら,現実とのあいだの不調和に気がつくのは良心的な人たちだから。現実は発展する,だから学説も発展しなければならぬ,というのがその理由だ。この「なければならぬ」というのは,新しいものを「求める」方向での「なければならぬ」だ。「求める」のは,与えられる予想があるからだ。そして与えられる予想は,かって与えられた,いまでも与えられている,将来も与えられるだろうという,与えられる環境のなかで形成されてきた心理傾向がもとになっている。つまり構造的にそうだ。」[32]

そして竹内は,西洋文明という異質な存在との格闘,対立の中から自らの新位置を探し求める中国と,状況追随的に周囲の環境に素早く自己を合わせていく日本を比較し,「中国は失敗したことによって成功し,日本は成功したことによって失敗した」と結論づけた。彼の指摘から半世紀余,豊かさの象徴としてのアメリカにつき従い,驚くべき速さで高度経済成長という物質重視の国作りは達成したものの,新たな国家目標や理念,進むべき明確な進路さえ見出せず行き詰まりの様相を濃くする日本と,長い混迷からようやく抜け出し中華秩序の復権と大国化の途を邁進する中国が,いまアジアに並び立っている。

知恵やシステム,文化等ソフトの重要性が高まる21世紀を生きる我々は,

こうした両国の対照的な軌跡にも千慮しつつ，いまこそ日本なる思想や国のあるべき姿に思惟を巡らさねばならない。そして，自らの国に"日本なるもの"としての明確なアイデンティティを植え付け，かつ，日本を世界に向けてはオリジナリティに溢れ，しかも普遍性の高いメッセージを発信できる真の国際大国となしたいと願うのであれば，さらにまた平和国家の理念を国家の枠を超えて人類規模で実現せんと欲するならば，民主主義の一層の浸透とそのグローバルな拡大に努めると同時に，日本伝統の思想や倫理，精神の再評価に挑み，両者を有機的に結合，止揚させる営みが日本および日本人に求められている。そのような取り組みが，日本的なる民主主義の理念やスタイルを作り出し，またそれを下支えする倫理や規範，つまり国民的な精神を築きあげることにも通じるのだ。維新後の日本が失敗，挫折した国民精神構築の試みにいま一度挑戦し大輪の華を咲かせることで，日本にとって真の近代化が達成されるのではなかろうか。

■注 釈

(1) 2006年に民主党の議員が入手した電子メールのコピーの内容を根拠に，予算委員会で政府を追及したが，後にこのコピーが偽物とわかり，同党首までが引責辞任に追い込まれるという事態に発展した。インターネットの技術に精通しておれば防げた事件であったが，ITやインターネットが情報化社会で極めて大きな影響を及ぼしつつある現実を示す出来事となった。「技術リテラシー」は，デジタルメディア等がコミュニケーションに用いられる際の技術的側面に注目した概念で，メディアリテラシーの下位に位置し，他方，「情報リテラシー」は情報に対する人間の問題解決活動全般を対象とするもので，メディアリテラシーの上層に位置する最広義の概念と言える。山内祐平『デジタル社会のリテラシー』（岩波書店，2003年）73ページ。
(2) 鈴木みどり編『メディア・リテラシーを学ぶ人のために』（世界思想社，1997年）8ページ。
(3) 柏倉康夫『日本のメディア』（放送大学教育振興会，2007年）第14章。
(4) 佐藤卓己『メディア社会』（岩波書店，2006年）167ページ。
(5) シュラムは，人々がニュースに求める期待を「快楽原理による即時報酬」と「現実原理による遅延報酬」に分ける。前者は犯罪やスポーツ，娯楽，マンガ等の扇情享楽的な記事で，大衆に即時的な快楽をもたらす。後者は政治経済文化関連の記事に多く，退屈で不快感さえもたらすが，結果的には現実世界での成功を可能にする。インターネットは快楽原理による即時報酬を極大化させるツールだが，即時的快楽から遅延化への過程が社会進歩の過程でもあることに鑑みれば，遅延報酬を高めるためのメディア教育も怠ってはならない。佐藤卓己，前掲書，212ページ。

(6) 柏倉康夫他『日本のマスメディア』(放送大学教育振興会, 2007 年) 37 ページ。
(7) 柏倉康夫, 前掲書, 144 ページ。
(8) 鈴木みどり, 前掲書, Ⅲ-1, 第 2 章, 吉見俊哉『メディア分化論』(有斐閣, 2004 年) 264 〜 5 ページ。
(9) John Rawls, *A Theory of Justice*, Harvard University Press, 1971, p.31.
(10) *Ibid.*, p.60.
(11) オイルショックを契機に, 先進国は 60 年代までの高度経済成長の終焉を余儀なくされた。そしてスタグフレーションの発生, 財政危機の深刻化, 生産性の低下といった経済問題や, 統治能力の低下, 福祉国家政策の行き詰まりといった政治的な悩みに巻き込まれてしまった。そうした政治経済的危機への対応策として, オーストリア, ノルウェー, スウェーデン等北・中欧の諸国では, 特定の政策領域に関して利害関係の深い労働組合等の圧力団体を国家の側から政策決定に関与させる等して協調路線を模索するネオ・コーポラティズム (neo corporatism) の手法が導入された。P. C. Schmitter, "Still the Century of Corporatism?", P. C. Schmitter & G. Lehmbruched., *Trends Toward Corporatist Intermediation*, Saga, 1979, p.13. 元来コーポラティズムはイタリアのファシズムを連想させる概念であるが, 先進資本主義国におけるコーポラティズムはネオコーポラティズムと呼んで, 旧来のそれと区別された。日本でもネオコーポラティズムの存在を見出すことができるが, 経済分野における協調を Hutton は co-operative capitalism と呼ぶ。Will Hutton, *The State We're In*, Vintage, 1996, p.300.
(12) Friedrich Hayek, *The Road to Serfdom*, University of Chicago Press, 1944, Milton Friedman, *Capitalism & Freedom*, University of Chicago Press, 1975.
(13) 英国社会でより問題とすべきは, わずか 1％の富裕特権階層とその他の一般労働階級との間に存在する大きな溝が従来から存在している点にこそあるというレビタス (Levitas) の主張も社会的公正を考える上で一理ある。R., Levitas, "The Concept of Social Exclusion and the New Dukheimian Hegemony", *Critical Social Policy*, 16, 1996, pp.7-17. しかし, 英国社会に根強く存在する上流階級と一般労働者階級との格差問題とは別に, ネオ・リベラリズムに基づいたサッチャー政権の下で一部の富める階級は一層その所得を拡大させ, 他方, 貧困層はその貧窮化を益々強める傾向が顕著となったことは, サッチャリズムの"負の部分"として認めざるを得ない。Carey Oppenheim and Lisa Harker, *Poverty: the facts*, 3rd, Child Poverty Action Group, 1996, pp.166-180. ネオ・マルクス主義の立場から Miliband は, サッチャー・レーガン政権が導入したネオ・リベラル的な処方箋を, 貧富の拡大, 不平等の助長に通じる時代錯誤の政策で, "上からの階級闘争 (class struggle from above)"と批判した。Ralph Miliband, *Divided Societies*, Clarendon Press, 1989. しかし, マルクス主義そのものの理論的欠点に加えて, ミリバンドの主張には無理がある。ネオ・リベラリズムの目的は市場原理の積極的導入にあり, 労働者の抑圧を主目的とするものではなかった。労働党政権の下,「大きな政府」による福祉政策等社会保障制度の充実が図られ, 労働者の生活条件の向上が進められた反面, 既得権益の慢性・拡大化により, 労働意欲の減退や生産性の低下といった問題が深刻化した。こうした弊害を是正し, 経済の活性化を図るため, サッチャー政権は労働

組合のギルド的な性格を激しく攻撃するとともに，市場原理を尊重し，また政府の介入を抑制したのである。また貧困層として社会の底辺に存在する極く一部の under class と呼ばれるアウトサイダー的な階層が形成された背景には，ネオ・リベラリズムとは別の要因である社会倫理や道徳の頽廃——Murray がいう illegitimacy ——の問題が大きく関わっていたことも考慮する必要がある。Charles Murray, *Charles Murray and the Underclass*, IEA, 1996, p.24.

(14) Robert Nozick, *Anarcy, State, and Utopia*, Basil Blackwell, 1974, p.149.

(15) Nozick, 1974, pp.i-ii.

(16) リバタリアンは許容する国家活動の範囲から，①ロスバードのように国家そのものの完全廃止を主張するアナルコキャピタリズム（無政府資本主義）②国家の役割を国防・裁判・治安等に限定する最小国家論③それ以外にある程度の福祉・サービス活動も行う小さな政府を唱える古典的自由主義の立場に，大別できる。森村進『自由はどこまで可能か』（講談社，2001 年）22 ページ。

(17) 森村進編著『リバタリアニズム読本』（勁草書房，2005 年）3 ページ。

(18) 森村進，前掲書，144 ページ。

(19) Robert Nozick, *op. cit.*, p.158.

(20) John Gray, *Liberalism*, Open University Press,1986. pp.76-77.

(21) Michael J. Sandel, *Liberalism and the Limits of Justice*, 2nd, Cambridge University Press, 1998.

(22) サンデルには上述の『自由と正義の限界』（1982 年），マッキンタイアーは『美徳なき時代』（1981 年），ウォルツァーには『正義の領分』（1983 年）等の著作がある。サンデル等の理論の概要は，菊池理夫『現代のコミュニタリアニズムと「第三の道」』（風行社，2004 年）第 2 章参照。

(23) リベラリズムに基づく福祉国家主義によって，官僚主義的国家の権限は強まり，個人は専ら経済的利益を国家に求めるだけの存在になり，あるいはリベラリズムが標榜する価値中立性によって，各人が積極的に共通善を追求していくことが困難となる。そのため政治的には個人は受動的か無関心な存在となり，国家と個人の中間に位置するコミュニティが浸食されていく。他方では，このリベラリズムを批判して登場してきたリバタリアニズムによる個人の権利（権限）の絶対化あるいはネオ・リベラリズムによる市場（万能）主義も利己主義的傾向を助長し，経済的不平等を拡大し，犯罪の増大等治安の悪化，社会的不安定を招き，この場合もコミュニティや公共精神の衰退を加速させる。しかも社会主義国家が崩壊し，経済的グローバル化の推進によってこの傾向は一層強まっているというのがコミュニタリアニズムの認識である。菊池理夫，前掲書，27 ページ。

(24) アリストテレスによれば，すべての共同体は何らかの善を目的として組織化されており，なかでも最高の善をめざす最高の共同体がポリスであり，ポリスにとって最善の国政は，市民全体に共通する共通善をめざすものであり，逆に最悪の国政は，僭主の個人的利益だけを追求する僭主制だとされる。アリストテレスにとっては，共通善の実現こそが政治の目的であった。

(25) 菊池理夫『日本を甦らせる政治思想』(講談社, 2007 年) 24 ページ。マッキンタイアーは国民国家を否定的に捉えている。
(26) コミュニタリアニズムに対するリバタリアンからの批判。「リバタリアンは，誰も自分の属している共同体への一体化を強いられるべきではないし，特定の共同体だけが公的に特権や強制的権力を与えられるべきでもないと考える。つまりリバタリアニズムは多様な共同体間での中立性を主張する。……これに対して共同体主義者は，実際にはすべての共同体を尊重しているわけではない。それは個人の意識的選択によって一時的に結び付いている変化しやすい共同体よりも，幼少時からの所属によって結ばれた，歴史と伝統を持つ，しばしば脱退が困難な共同体——民族や国家や地縁集団や家系——を尊重し優先させる。共同体主義と呼ばれる思想は，根無し草よりもルーツを尊重する傾向と反自由主義的な傾向を持っている。」森村進，前掲書，113 ページ。ただしコミュニタリアンの多くが共同体としての民族や国家を重視するものではない。
(27) Allan Bloom, "Justice: John Rawls vs The Tradition of Political Philosophy," *The American Political Science Review*, vol. LXIX , no.2, (June,1975), p.655.
(28) 「もし我々が日本人としてのアイデンティティを必要としているなら，それを獲得する唯一の妥当な方法は，市民相互間の連帯を作り出すことである。市民相互の連帯によって作り出されるネットワークを社会と呼ぶなら，今必要なのは国家とは別の次元で社会を形成することである。我々は過去において家族や村落や国家の一体性を経験することはあったが，社会の連帯を経験することは一度もなかった。おそらく，今日の日本の教育で完全に欠落していることの一つは，市民的連帯の意味を若い人たちに理解させようとする努力であろう。」阿部斉他『概説現代日本の政治』(東京大学出版会, 1990 年) 261 ページ。
(29) Hannah Arendt, *The Human Condition*, University of Chicago Press, 1958, pp.52-53.
(30) 藤原保信は，共同体主義を人間相互だけでなく，人間と自然世界との関係にも拡大すべきだと説く。藤原保信『自由主義の再検討』(岩波書店, 1993 年) 194 ページ。
(31) 相良亨は，日本人が重んじてきた「心情の純粋性」には方向性が無いことを問題視し，日本人の伝統を踏まえた客観的な規範を立てることの必要性を説いている。相良亨『誠実と日本人　増補版』(ぺりかん社, 1998 年)。
(32) 竹内好『日本とアジア』(筑摩書房, 1993 年) 31 〜 33 ページ。

参考文献 （本文注釈で取り上げたものは除く）

[第1章]
秋元律郎『権力の構造』（有斐閣，1981年）
E・バーカー『政治学原理』堀豊彦他訳（勁草書房，1969年）
グレーアム・ウォーラス『政治における人間性』石上良平他訳（創文社，1958年）
C・E・メリアム『政治権力』斉藤真・有賀弘訳（東京大学出版会，1973年）
杉田敦『権力』（岩波書店，2000年）
スティヴン・ルークス『現代権力論批判』中島吉弘訳（未来社，1995年）
D・イーストン『政治体系』山川雄巳訳（ぺりかん社，1976年）
D・イーストン『政治分析の基礎』岡村忠夫訳（みすず書房，1968年）
D・リースマン『孤独な群衆』加藤秀俊訳（みすず書房，1964年）
バーナード・クリック『現代政治学入門』添谷育志他訳（講談社，2003年）
H・D・ラスウェル『権力と人間』永井陽之助訳（東京創元社，1954年）
H・D・ラスウェル『政治』久保田きぬ子訳（岩波書店，1959年）
ハロルド・ラスキ『政治学入門』横越英一他訳（東京創元社，1965年）
フロイド・ハンター『コミュニティの権力構造』鈴木広監訳（恒星社厚生閣，1998年）
盛山和夫『権力』（東京大学出版会，2000年）
R・A・ダール『現代政治分析』高畠通敏訳（岩波書店，1999年）

[第2章]
伊藤太一『現代日本官僚制の分析』（東京大学出版会，1980年）
印南一路『すぐれた組織の意思決定』（中央公論新社，2003年）
大嶽秀夫『政策過程』（東京大学出版会，1990年）
佐藤誠三郎・松崎哲久『自民党政権』（中央公論社，1986年）
信田智人『総理大臣の権力と指導力』（東洋経済新報社，1994年）
中野実『現代日本の政策過程』（東京大学出版会，1992年）
中野実編『日本型政策決定の変容』（東洋経済新報社，1986年）
辻清明『新版日本官僚制の研究』（東京大学出版会，1969年）
村松岐夫『戦後日本の官僚制』（東洋経済新報社，1981年）

[第3章]
A・F・ベントリー『統治過程論』喜多靖郎他訳（法律文化社，1994年）
E・E・シャットシュナイダー『政党政治論』間登志夫訳（法律文化社，1962年）
W・リップマン『世論』高根正昭訳（河出書房，1963年）
猪口孝・岩井奉信『「族議員」の研究』（日本経済新聞社，1987年）
内川芳美・新井直之『日本のジャーナリズム』（有斐閣，1983年）

内田満『アメリカ圧力団体の研究』(三一書房, 1980年)
K・マンハイム『イデオロギーとユートピア』高橋徹・徳永恂訳 (中央公論社, 1976年)
白鳥令編『政治制度論』(芦書房, 1999年)
田口富久治他編『比較政治制度論 (新版)』(法律文化社, 1999年)
D・ベル『イデオロギーの終焉』岡田直之訳 (東京創元社, 1969年)
ガブリエル・タルド『世論と群衆』稲葉三千男訳 (未来社, 1964年)
デニス・カヴァナー『政治文化論』寄本勝美他訳 (早稲田大学出版部, 1978年)
的場敏博『戦後の政党システム』(有斐閣, 1990年)
三谷太一郎『日本政党政治の形成』(東京大学出版会, 1967年)
R・ベラー『社会変革と宗教倫理』河合秀和訳 (未来社, 1973年)

[第4章]
アンソニー・D・スミス『ナショナリズムの生命力』(晶文社, 1998年)
S・ノイマン『大衆国家と独裁』岩永健吉郎訳 (みすず書房, 1983年)
F・ノイマン『ビヒモス』岡本友孝訳 (みすず書房, 1963年)
エミール・レーデラー『大衆の国家』青井和夫他訳 (創元社, 1961年)
エリック・J・ホブズボーム『ナショナリズムの歴史と現在』浜林正夫他訳 (大月書店, 2001年)
大澤真幸編『ナショナリズム論の名著50』(平凡社, 2002年)
勝田吉太郎他『政治思想史入門』(有斐閣, 1969年)
K・マルクス, F・エンゲルス『ドイツ・イデオロギー』古在由重訳 (岩波書店, 1956年)
佐々木毅『人類の知的遺産24 マキアヴェッリ』(講談社, 1978年)
G・H・ミード『西洋近代思想史 (上・下)』魚津郁夫他訳 (講談社, 1994年)
アルベルト・シュヴェーグラー『西洋哲学史 改版 (上・下)』谷川徹三他訳 (岩波書店, 1958年)
谷川稔『国民国家とナショナリズム』(山川出版社, 1999年)
ディオゲネス・ラエルティオス『ギリシア哲学者列伝 (上・中・下)』(岩波書店, 1984～89年)
藤原保信『西洋政治理論史』(早稲田大学出版部, 1985年)
升味準之輔『増補 ユートピアと権力 (上・下)』(東京大学出版会, 1986年)
水田洋『マルクス主義入門』(社会思想社, 1971年)

[第5章]
石田一良編『体系日本史叢書23 思想史Ⅱ』(山川出版社, 1990年)
鹿野政直『近代日本思想案内』(岩波書店, 1999年)
相良亨『近世の儒教思想』(塙書房, 1966年)
相良亨『日本思想史入門』(ペリカン社, 1984年)
相良亨『本居宣長』(東京大学出版会, 1978年)
田原嗣郎『徳川思想史研究』(未来社, 1967年)
前田勉『近世日本の儒学と兵学』(ペリカン社, 1996年)

松本三之介『国学政治思想の研究』（未来社，1972 年）
和辻哲郎『日本倫理思想史（上・下）』（岩波書店，1979 年）

[終　章]

アミタイ・エツィオーニ『新しい黄金律』永安幸正監訳（麗沢大学出版会，2001 年）
柏倉康夫『情報化社会研究メディアの発展と社会』（放送大学教育振興会，2005 年）
カナダ・オンタリオ州教育省編『メディア・リテラシー』FCT 訳（リベルタ出版，1992 年）
ジョン・グレイ『自由主義』藤原保信他訳（昭和堂，1991 年）
ジョン・グレイ『自由主義の二つの顔』松野弘訳（ミネルヴァ書房，2006 年）
ジョン・ロールズ『公正としての正義　再説』田中成明他訳（岩波書店，2004 年）
菅谷明子『メディア・リテラシー』（岩波書店，2000 年）
W・キムリッカ『新版現代政治理論』千葉眞他訳（日本経済評論社，2005 年）
フリードリッヒ・ハイエク『隷従への道（改版）』一谷藤一郎他訳（東京創元社，1992 年）
マリー・ロスバード『自由の倫理学』森村進他訳（勁草書房，1982 年）
ミルトン・フリードマン『資本主義と自由』熊谷尚夫他訳（マグロウヒル好学社，1975 年）
レオ・シュトラウス『リベラリズム』石崎嘉彦他訳（ナカニシヤ出版，2006 年）
John Rawls, Justice as Fairness, *Philosophical Review*, vol.67, 1958.
Robert Nozick, *Philosophical Explanations*, Harvard University Press, 1981.
Stephen K. White, *Political Theory and Postmodernism*, Cambridge University Press, 1991.

著者紹介

西川　吉光（にしかわ　よしみつ）

東洋大学国際地域学部教授

専　攻	国際政治学，国際安全保障論，政治外交史，政軍関係論
略　歴	1955年　大阪生まれ
	1977年　国家公務員上級職（法律甲種）試験合格
	1978年　大阪大学法学部卒業，防衛庁に入庁
	以後，内閣安全保障会議参事官補，防衛庁長官官房企画官，防衛庁及び防衛施設庁の各課長，防衛研究所研究室長等を歴任。
学　位	法学博士（大阪大学），社会科学修士及び国際関係論修士（英国リーズ大学）
主要著書	『現代安全保障政策論』
	『国際政治と軍事力』
	『ポスト冷戦の国際政治と日本の国家戦略』
	『ヘゲモニーの国際関係史』（国際安全保障学会賞受賞）
	『現代国際関係史1～4』
	『紛争解決と国連・国際法』
	『日本政治外交史論（上・下）』
	『激動するアジア国際政治』
	『国際地域協力論』
	『国際平和協力論』
	『日本の外交政策』
	『ヨーロッパ国際関係史』
	『覇権と地域協力の国際政治学』
	等多数

現代政治の理論と思想──現代政治学提要

2008年3月15日　第1版第1刷発行

　　　　　　　　　　　　　　　　　　　　著　者　西川　吉光

発行者　田中　千津子　　〒153-0064　東京都目黒区下目黒3-6-1
　　　　　　　　　　　　電　話　03（3715）1501（代）
　　　　　　　　　　　　FAX　03（3715）2012
発行所　株式会社　学文社　　http://www.gakubunsha.com

ⓒ Yoshimitsu NISHIKAWA 2008　　印刷所　新灯印刷
　　　　　　　　　　　　　　　　　製本所　小泉企画

乱丁・落丁の場合は本社でお取替えします。
定価は売上カード，カバーに表示。

ISBN978-4-7620-1738-4

西川吉光著 **日 本 の 外 交 政 策** ——現状と課題，展望—— A 5 判　232頁　定価 2730円	外交史，地域・分野別外交，外交戦略の3点を時間・空間軸から総合・体系的に把握，現代日本の外交政策の特色と問題点を導き出すとともに，今後のめざすべき方向や戦略，あるべき姿を提言する。 1351-5 C3031	
西川吉光著 **ヨーロッパ国際関係史** A 5 判　240頁　定価 2730円	諸列強が歴史の大舞台で演じた駆け引き，権謀術数，交渉の妙技等，今日なお学ぶに値する豊潤な知恵と発想が満載。現在及び将来の国際社会を生きるうえで礎となるヨーロッパ国際関係の通史。 1644-8 C3031	
西川吉光著 **覇権と地域協力の国際政治学** A 5 判　264頁　定価 2940円	「覇権ゲーム」と，「(地域)協力ゲーム」という二つの相異なった政治ゲームの展開を軸に，冷戦終焉後の国際政治構造の特性や潮流，それに関連した世界各地域の政治情勢を分析した。 1645-5 C3031	
中川洋一郎著 **ヨーロッパ《普遍》文明の世界制覇** ——鉄砲と十字架—— A 5 判　282頁　定価 3045円	なぜヨーロッパ文明は現代世界を覆いつくすにいたったのか。古代史まで遡り，日本も含め各時代・各文明史を眺め，現代を鑑みるに，ヨーロッパ文明の普遍性と偽善性を解明し警笛を鳴らした熱い文明論。 1244-0 C3033	
中川洋一郎著 **暴力なき社会主義？** ——フランス第二帝政下のクレディ・モビリエ—— A 5 判　200頁　定価 2310円	サン＝シモン主義者であったペレール兄弟の創った銀行「クレディ・モビリエ」を，暴力なきマクロレベルでの壮大な社会主義実験として捉え，その最盛と崩壊をたどり，社会主義と暴力との因果性をさぐる。 1334-8 C3033	
野上健治著 **社会環境学のアイデンティティ** ——接続可能な経済社会システムの実現—— A 5 判　248頁　定価 2730円	「環境問題」に対して既存の学問分野が直面している限界を超え，新たに総合的・複合的な概念装置と方法論をもつ学問体系"社会環境学"を呈示。接続可能な経済社会システムの実現とは。 1349-2 C3030	
E. ケドゥーリー著 小林正之・栄田卓弘・奥村大作訳 **ナショナリズム**〔第二版〕 A 5 判　274頁　定価 2100円	ナショナリズムの知的起源を跡付け，歴史的変遷を追い，組織的思想とそこから引き出される結果との意味を探る。ナショナリズムの政治史を鳥瞰し，「思想と行為との関係」を追及した名著。 1266-2 C3031	
T.パーソンズ著　油井清光監訳 **知識社会学と思想史** 四六判　128頁　定価 1575円	社会学理論の哲学的立場を問うパーソンズの未公刊草稿。「知識社会学」の枠組みに仮託しながら，近代思想の史的展開の分析をふまえ，ユートピア論という独自の観点から現代社会論を展開した。 1276-1 C3036	